지금 바로
써먹는
심리학

RIP IT UP

Copyright © 2012 by Richard Wiseman
All rights reserved.

Korean translation © 2019 by Woongjin Think Big Co., Ltd.
Korean translation rights arranged with PEW Literary Agency Limited acting jointly with
C+W, a trading name of Conville & Walsh Limited, through EYA(Eric Yang Agency).

지금 바로 써먹는 심리학

실험실을 나온 괴짜 교수의 기발한 심리학 뒤집기

리처드 와이즈먼 지음
박세연 옮김

웅진 지식하우스

차례

들어가는 말 이 책 한번 찢어보실래요? ····· 8

1장

연필을 입에 물기만 해도 행복해진다

체크무늬 바지를 입은 심리학의 아버지 ····· 15
감정은 어떻게 만들어질까

사진 찍을 때 '치즈'라고 말하는 진짜 이유 ····· 28
'느끼는 것처럼' 행동할 때 뇌가 반응한다 | 범국민 행복감 높이기 프로젝트

즐거움에도 공식이 있다 ····· 40
세계적인 유행을 불러온 '웃음 클럽' | 행복해지고 싶다면 박수를 쳐라 |
기분이 좋아지는 혼잣말 주문

2장

최고의 사랑을 위한 심리학의 조언

사랑을 파헤친 괴짜 심리학 ····· 57
가방 속 사나이 '블랙 잭'의 정체 | 심리학, 사랑의 비밀을 파헤치다 |
솔로를 지원하고 커플을 보호하라

행동이 감정을 결정한다 ····· 70
지금, 운명의 상대를 기다리고 있다면 |
반대할수록 사랑이 불타오르는 과학적인 이유

심리학, 실험실에서 사랑을 제조하다 ····· 86
영화 속 '연애 조작단'이 가능하다고? | 사랑의 신비를 무너뜨린
엡스타인의 실험 | 오래된 연인들을 위한 심리학의 조언

3장 마음을 치유하는 뜻밖의 방법들

몸이 마비되면 감정도 둔해진다 ······ 103
편도샘을 잘라도 웃을 수 있는 이유 | 실컷 성질을 부리면 화가 풀릴까? | 가장 효과적인 분노 해소법을 찾아라 | 금방 마음이 차분해지는 진정 훈련 | 두려움은 어디서 비롯되는가 | 천천히 조금씩 둔감해지기 | 공황의 악순환을 이기는 법

우울한 마음이 시작되는 곳 ······ 136
우울한 사람이 문제를 바라보는 방식 | 보톡스로 우울증을 고쳤다고?

4장 내 의지력을 조종하는 작은 행동들

인센티브가 아무런 효과가 없는 이유 ······ 153
보상의 역설 : 상이 오히려 벌이 되는 까닭 | 가정 원칙으로 동기부여 끌어올리기

사소한 미끼로 낚은 커다란 변화 ······ 163
"일단 가볍게 서약만 해주세요"

심리학과 다이어트가 만났을 때 ······ 171
당신은 눈으로 먹는 타입입니까 | 습관의 노예에서 벗어나는 법 | 뭔가 다른 일을 해봅시다 | 근육은 '의지력'과 무슨 상관이 있을까

5장 작지만 강력한 설득의 비밀

미군 포로들은 왜 북한을 선택했을까 191
우리는 모두 음모론자다 | 인간은 믿음과는 다르게 움직인다 | 흡연 예방 프로젝트가 실패한 이유

자신이 한 말만 믿는 사람들 201
미군을 공산주의자로 만든 설득법 | 고개 끄덕이기의 놀라운 힘

우리의 믿음은 어떻게 조작되는가 213

내가 먹지 못한 포도가 신 이유 218
가까워지고 싶다면 온도를 높여라

소속감 만들기와 적대감 만들기 229
우정은 직소 퍼즐처럼 피어난다

6장 '척'하는 사이에 운명이 된다

뇌 속에는 성격이 없다 243

자존감을 조종하는 기술 249
자존감이 높아지는 행동에 숨은 비밀 | 양손으로 만들어내는 자신감

검정 유니폼이 승리를 부른다 258
창조적인 사람이 되는 최고의 행동법

감옥에서 찾은 자아의 비밀 268
정체성의 연극에서 주연 맡기 | 내가 원하는 자아를 만들어보자 | 매력적인 아바타가 현실을 바꾼다

젊음을 되찾는 시간 여행 286

나가는 말 뭔가 다른 것을 해봅시다 ··· 296
감사의 글 ·· 311
주석 ·· 312

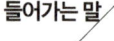

이 책 한번 찢어보실래요?

 이른바 자기 계발의 대가 또는 비즈니스 코치라고 스스로를 소개하는 사람들은 한결같이 이렇게 주문한다. "인생을 바꾸고 싶다면 사고방식부터 바꿔라." 그들은 또 이렇게 말한다. "매일 긍정적인 생각을 하면 인생이 행복해진다.", "꿈을 꾸는 자만이 성공을 쟁취할 수 있다.", "백만장자처럼 생각해야 부자가 될 수 있다." 모두 그럴싸하게 들린다.
 하지만 다양한 연구 결과에 따르면, 아쉽게도 이러한 방법은 모두 별 효과가 없다고 한다. 날마다 긍정적으로 생각하기도 힘들고, 이상적인 자아상을 그려본다고 직장 생활이 갑자기 달라지는 것도 아니며, 백만장자인 듯 생각한다고 해서 벼락부자가 되지도 않는다. 다행히 한 세기도 훨씬 전에 빅토리아 시대의 위대한 철학자 윌리엄 제임스는 실질적인 변화를 이끌어내는 획기적인 아이디어를 세상의 여러 영역에 내놓았다. 이후 전 세계적으로 수많은 학자들이 제임스의 이론을 검증하기 위해 다양한 실험을 했고, 그 결과 제임스의 이론을 일상에 적용할 수 있다는 사실을 확인했다.

더욱 중요한 점은, 그의 이론을 기반으로 행복감은 높이고, 걱정과 불안감은 낮추며, 사랑을 나누고, 삶의 만족도를 끌어올리며, 몸매를 가꾸고, 의지력과 자신감을 회복하며, 노화를 방지하는 쉽고도 효과적인 다양한 훈련 방법이 아직까지도 계속 등장하고 있다는 사실이다. 그리고 그중 상당수가 수많은 과학 컨퍼런스와 여러 학술 잡지에 소개되고 있다. 하지만 아직 대중적으로는 널리 알려지지 않았다.

변화를 위한 간단한 시도

전작인 『59초59Seconds』에서 나는 다양한 심리학 실험을 소개했다. 그리고 이 책 『지금 바로 써먹는 심리학』에서는 바로 그러한 실험들을 기반으로 제임스가 제시했던 놀라운 아이디어들을 알기 쉽게 소개하고자 한다. 책을 읽어나가는 동안, 여러분은 그동안 자신이 얼마나 많은 것을 오해하고 있었는지, 또 변화가 반드시 거창할 필요는 없다는 사실을 깨닫게 될 것이다. 더불어 일상생활에서 다양한 변화를 이끌어낼 수 있는 여러 가지 간단한 아이디어를 배우게 될 것이다.

이야기를 이끌어나가는 내내, 나는 여러분에게 먼저 행동을 바꾸라는 주문을 할 것이다. 그리고 그 핵심 메시지를 강조하기 위해 여러분이 지금까지 한번도 수행해보지 않았을 다소 괴상한 과제를 내줄 것이다. 이를테면 이 책을 찢어보라는 식이다. 내가 이렇게 말하면 아마도 여러분의 머릿속에는 다음과 같은 생각이 떠오를 것이다. '안 돼! 책을 찢다니. 바보 같은 짓이야!' 하지만 여기에 행동의 핵심이 있다.

여러분이 친구에게 나쁜 습관을 고치라고 조언한다면, 그 친구는 아마 그럴 수 없는 이유를 장황한 목록으로 읊어줄 것이다. 그러한 반응은 어찌 보면 당연하다(행동은 순식간에 마음속을 파고들어 습관이라는 오랜 친구로 자리 잡기 때문이다). 습관은 변화를 가로막는 가장 큰 장벽이다. 그리고 이 문제를 해결하기 위한 가장 현실적인 방법은 태어나서 한번도 해본 적 없는 새로운 일에 과감하게 도전하는 것이다. 책을 찢는 일도 바로 그런 것이다. 심리적으로는 좀 불편하지만 큰 피해가 없는 일을 하나씩 시도해보는 것이다. 혹시 지금 전자책으로 읽고 있다면 책을 찢지는 못할 것이다. 그래도 상관없다. 사고방식을 뜯어고치라고 재촉하는 자기계발서 중 한 권을 골라서 찢으면 된다. 물론 농담이다.

지금부터 나는 이 책 전반에 걸쳐 행동을 통해 변화를 일으킬 수 있는 다양한 시도를 권할 것이다. 불쾌한 느낌은 아닐 테니 안심하자. 아마 사소하지만 새로운 느낌을 감지할 수 있을 것이다. 그때마다 머리와 가슴속에 떠오르는 중요하고 의미 있는 변화를 느껴보길 바란다.

이제 변화를 위한 새로운 아이디어에 도전할 시간이 왔다. 앞으로 다양한 과학적 방법을 활용해 심리학에 대한, 그리고 일상의 행동에 대한 선입견을 뒤집어볼 것이다. 그리고 인생을 바꿀 수 있는 쉽고 빠르면서도 강력한 방법을 소개할 것이다. 자, 이제 똑바로 앉아 심호흡을 하고 새로운 세계로 들어갈 마음의 준비를 하자.

1

연필을 입에 물기만 해도 행복해진다

행복을 탐구한 천재 심리학자
윌리엄 제임스의 아이디어를 만나보자.
이제까지와는 완전히 다른
삶의 방식이 기다리고 있다.

체크무늬 바지를 입은 심리학의 아버지

1879년 독일 심리학자 빌헬름 분트Wilhelm Wundt는 세계 최초로 연구실을 기반으로 심리 실험을 실시했다. 라이프치히대학교의 작은 연구실에서 이루어진 그 역사적인 실험을 살펴보면, 빅토리아 시대를 산 과학자들이 인간의 마음에 대해 어떻게 생각했는지 이해할 수 있다.

분트는 관심이 가는 모든 주제를 연구하는 과정에서 실험심리학을 탄생시켰다. 그는 사람들이 왜 사랑에 빠지고, 신을 숭배하며, 때로는 살인 충동까지 느끼는지 알고 싶었다. '유머 감각 없는 고집불통'[1] 심리학자 분트는 이를 위해 황동으로 만든 공을 가지고 조금은 이상한 실험에 도전했다. 분트는 두 명의 학생과 함께 작은 탁자 주위에 모

---

1 연필을 입에 물기만 해도 행복해진다

여 앉았다. 탁자 위에는 정교하게 만든 금속 스탠드를 올려놓고, 거기에 타이머와 스위치를 연결한다. 스탠드 위에 황동 구를 조심스럽게 놓아두면 한 학생이 스위치 바로 위에 손을 올려둔다. 그리고 그 공이 자동적으로 스탠드에서 내려오기 시작하면 타이머가 작동한다. 마침내 공이 탁자 바닥에 도달한 순간, 그 학생은 잽싸게 스위치를 눌러 타이머를 멈춘다. 그렇게 그 시간을 계속 기록한다. 이와 같은 방법으로 분트는 심리학 역사상 최초로 실험 데이터라는 것을 만들었다.

여러분은 아마도 분트가 이 실험을 하루나 이틀 정도 진행하고 또 다른 흥미로운 실험으로 넘어갔으리라고 생각할 것이다. 그러나 분트는 이후 몇 년 동안 수백 명의 피실험자, 즉 실험에 참여하는 사람들과 똑같은 실험을 계속했다. 물리학자들이 세상의 원리를 이해하기 위해 집요하게 탐구를 계속하는 것처럼, 분트와 동료들은 그 실험을 통해 인간 심리를 이루는 근본 요소를 발견하고자 했다.

여기서 분트는 일부 피실험자들에게는 공이 탁자로 떨어지자마자 잽싸게 스위치를 누르도록 한 반면, 다른 사람들에게는 공이 떨어지는 소리를 완전히 인지하고 나서 스위치를 누르게 했다. 다시 말해 첫 번째 그룹에는 공의 움직임에 최대한 집중하도록 했고, 두 번째 그룹에는 공의 움직임에 대한 스스로의 인식에 집중하도록 했다. 이런 식으로 실험하는 동안 분트는 첫 번째 그룹 사람들은 반사적으로 반응했고, 두 번째 그룹은 의식적인 의사 결정을 거쳐 행동했을 것이라고 생각했다. 그러나 어쩌면 당연하게도 피실험자 대부분이 처음에는 분트가 설명하는 두 가지 지시의 차이점을 확실히 이해하지 못했다. 결국 분트는 제대로 된 데이터를 얻기 위해 1만 번 이상 실험해야만 했다.

분트는 이렇게 해서 얻은 어마어마한 데이터를 꼼꼼히 살펴보았다. 그 결과 단순히 반사적으로 반응한 첫 번째 그룹의 경우 평균 시간이 0.1초로 나타났으며, 그 실험이 피실험자들에게 그다지 강한 인상을 남기지는 못했다는 사실을 확인했다. 반면 공이 떨어지는 소리에 의식적으로 집중한 두 번째 그룹의 경우, 평균 시간이 0.2초였으며 그들은 공이 떨어지는 순간을 좀 더 생생하게 기억하는 것으로 드러났다.

분트는 반사적 반응에 관한 신비를 풀기 위해 이후에도 이와 유사한 수백 가지 실험을 진행했다. 그가 보여준 새로운 접근 방식은 학계에 큰 반향을 불러일으켰고, 실제로 심리를 주제로 한 19세기의 학술적 시도 대부분은 분트의 발자취를 따랐다. 황동 구 실험을 그대로 재현하지는 않았으나, 유럽 전역의 많은 과학자들은 그 실험에서 분명 강한 인상을 받았다.

하지만 미국의 젊은 심리학자인 윌리엄 제임스William James는 분트의 접근 방식에 동조하지 않았다. 철학자이기도 한 그는 대단히 뛰어난 인물이었다. 1842년 뉴욕에서 태어난 그의 아버지는 인맥이 넓은 재력가로서, 다소 특이한 성격에 다섯 자녀의 교육을 위해 평생을 바친 종교 철학자였다.[2] 그러한 아버지의 열성 덕분에 제임스는 어린 시절 개인 교습을 받으며 유럽의 유명 박물관 및 미술관을 돌아다녔다. 또 헨리 소로나 알프레드 테니슨, 호러스 그릴리 같은 당대의 유명 인사들을 직접 만나볼 수 있었다. 덕분에 제임스뿐만 아니라 그의 동생 헨리는 소설가로, 누이인 앨리스는 일기 작가로 명성을 쌓았다. 제임스는 어릴 때 미술교육을 받았지만 20대에 접어들면서 포기하고, 하버드대학교 의과대학에 진학해 화학과 해부학을 공부했다.

1872년에는 가족의 오랜 친구이자 하버드대학교 총장인 찰스 엘리엇의 추천으로 척추동물 생리학 강의를 맡았다. 이후 제임스는 심리학의 신비에 매료되었고, 1875년 미국 최초로 심리학 강의를 시작했다. 그 강의는 나중에 "내가 참석한 첫 번째 심리학 강의는 바로 내가 맡은 첫 번째 강의였다"라는 말로 유명해졌다. 분트가 제시한 다양한 아이디어에 자극받은 제임스는 심리학이 인간의 삶에 대단히 중요한 영향을 미치는 학문이라고 확신했다.

그러나 그는 황동 구 실험에는 별 감흥을 얻지 못했고, 좀 더 흥미롭고 실용적인 주제로 시선을 돌렸다. 이를테면 신을 믿는 것이 올바른 삶의 태도인지, 삶을 가치 있게 만드는 것은 무엇인지, 그리고 자유의지가 정말로 존재하는지 같은 질문을 파고들기 시작했다.

제임스는 비단 인간 심리에 대한 접근 방식에서만 분트와 견해를 달리한 것이 아니었다. 분트가 형식적이고 엄격하며 강의도 진지하고 저작 역시 추상적이고 다소 지루했던 반면, 제임스는 거침없이 자유로웠고 종종 '실크 모자에 지팡이, 코트와 붉은 체크무늬 바지' 차림으로 캠퍼스를 돌아다녔다. 언제나 농담과 가벼운 화제로 대화를 나누었고, 심지어 학생들에게 좀 더 엄숙한 모습을 보여달라는 주문을 받기까지 했다. 또 그는 항상 쉽고 재미있는 방식으로 글을 썼다(이를테면 이런 식이다. "한 마리의 가엾은 바퀴벌레가 짝사랑의 비탄에 빠져 있는 한, 이곳은 결코 도덕적인 세상이 될 수 없다.").

제임스는 연구 방식에서도 분트와 달랐다. 분트는 방대한 피실험자 집단을 모집하고 치밀한 계획을 바탕으로 실험을 추진했다. 실험 첫날에는 피실험자로 참여한 학생들을 줄 세워두고 실험을 소개하는 자료를 나눠주곤 했다. 그리고 실험이 끝나면 재판관이나 배심원처럼 행동했다. 이러한 분위기 때문에 학생들은 위대한 스승의 이론을 반박할지도 모르는 실험 결과를 감히 제출할 엄두를 내지 못했다.[3] 반면 제임스는 학생들이 스스럼없이 자신의 생각을 이야기하도록 격려했고, 무엇보다 자신의 생각을 강요하는 것을 싫어했다. 한번은 동료 교수가 학생들에게 정리 작업을 떠넘기는 장면을 목격하고는 강하게 불만을 제기하기도 했다.

이 위대한 두 사상가는 서로에 대한 적개심을 숨기지 않았다. 제임스는 시적인 표현을 종종 사용했는데 이 때문에 몇몇 평론가는 그의 동생 헨리가 심리학자처럼 소설을 쓰는 반면, 제임스는 소설가처럼 심리학 논문을 쓴다고 지적했다. 분트 역시 그런 제임스를 탐탁지 않게 생각했고, 제임스의 논문에 대한 질문을 받으면 이렇게 대답했다.

"화려하기는 하지만 심리학이라고 볼 수는 없다."

반면 제임스는 분트가 책을 쓸 때마다 이론을 바꾸고 있다며 이렇게 비판했다.

"안타깝지만 워털루는 절대 정복하지 못할 것이다. …… 아무리 잘라도 토막난 벌레처럼 기어 다니면서 …… 결코 죽지 않을 것이다."

당시 분트의 지지자들이 수적으로 대단히 우세했지만, 그래도 제임스는 자신의 입장을 고수했다. 유럽 전역의 수많은 심리학자들이 분트의 고전적인 황동 구 실험을 조금씩 복잡한 형태로 변형해 다양한 방식으로 실험하는 데 집중하는 동안, 제임스는 여전히 붉은 체크무늬 바지를 입고 캠퍼스를 걸어 다니면서 인생의 의미에 대해 스스로 생각해보도록 학생들을 격려했다.

이러한 제임스의 고집은 오랜 세월이 지난 후 보상을 받았다. 오늘날 그 어떤 심리학 교과서를 뒤져봐도 분트의 황동 구 실험에 대한 언급은 찾아보기 힘들다. 반면 제임스의 이론은 많은 학자들이 널리 인용하고 있으며, 제임스는 현대 심리학의 아버지로 추앙받는다. 1890년에 처음으로 출판된 제임스의 두 권짜리 대표작『심리학의 원리Principles of Psychology』에 대해, 최근에 한 유명 역사가는 "지금까지 나온 심리학 서적 중 가장 세련되고 도발적이며 동시에 지적인 책"이라고 평가했다.[4] 이 책은 행동심리학을 공부하는 학생들에게는 여전히 필독서로 남아 있다. 하버드대학교 심리학부는 제임스의 이름을 딴 건물을 짓기도 했고, 미국 심리학협회는 '윌리엄 제임스 펠로 어워드'라는 상을 제정해 매년 중요한 업적을 세운 학자들에게 수여하고 있다.

제임스의 인생에서 전성기는 아마도 사람들이 당연하게 여기고 있던 미스터리의 실체를 밝혀낸 순간일 것이다. 1892년, 제임스는 인간 심리를 파헤치기 위한 접근 방식을 고민하고 있었다. 당시 자신을 사로잡고 있던 다양한 심리 현상을 그는 이렇게 소개했다.

기쁠 때 우리는 왜 얼굴을 찡그리지 않고 웃음을 지을까? 많은 사람들 앞에서 우리는 왜 친구와 이야기하듯 편안하게 말하지 못할까? 어떤 이성 앞에 서면 왜 가슴이 떨리는 것일까? 사람들은 말한다. "당연히 기쁘니까 웃고, 사람들 앞에 서니까 떨리고, 마음을 빼앗을 만큼 완벽하게 아름다우니까 사랑을 느낄 수밖에!"[5]

그러나 제임스는 누구나 당연하게 여기는 심리 현상의 실체를 파헤침으로써 사회적으로 논란을 불러일으킨 심리학 이론을 창조해냈고, 인간 심리에 대한 기존의 이해를 완전히 뒤집어놓았다.

감정은 어떻게 만들어질까

1880년대가 저물 무렵 제임스는 감정과 행동의 관계에 주목했다. 일반인 입장에서 볼 때, 세계적으로 유명한 철학자이자 심리학자가 이처럼 당연하게 느껴지는 문제를 선택했다는 사실은 쉽게 납득이 가지 않는다. 상식적으로 우리는 어떤 사건이나 기억에서 특정한 감정을 느끼고, 이 감정은 신체 반응에 영향을 준다. 가령, 늦은 밤 으슥한 골목길을 걷거나, 상사에게서 연봉이 올랐다는 통보를 받거나, 다섯 살 무렵 계단에서 넘어진 기억이 문득 떠오른다고 해 보자. 그러면 이러한 사건이나 기억이 특정한 감정을 자극한다. 어두운 골목을 걸으면 긴장되고, 연봉이 인상되었다는 소식을 들으면 신나고, 계단에서 넘어진 기억이 떠오르면 아찔하다.

이렇게 자극받은 감정은 신체 반응을 촉발한다. 긴장감이 들면 식은땀이 나고, 신나면 저절로 웃음이 나며, 아찔한 기분이 들면 표정이 일그러진다. 이처럼 인간의 감정과 행동은 직접적으로 연결되어 있다. 여기에는 어떠한 미스터리도 없다.

- 긴장감이 든다 → 식은땀이 난다
- 신이 난다 → 웃는다
- 아찔하다 → 표정이 일그러진다

하지만 이와 같은 직접적인 심리 현상을 다룬 이전의 다양한 실험을 통해 제임스는 기존 상식이 잘못된 것일 수도 있겠다는 의구심을 품었다. 예를 들어 기억에 관한 제임스의 실험 사례를 살펴보자. 당시 많은 과학자들은 기억력을 사용하면 할수록 발달하는 근력과 같은 것으로 이해했다. 하지만 제임스는 이러한 생각에 의문을 품었다.[6] 그는 진실을 밝혀내기 위해 여드레 동안 빅토르 위고의 「사티로스」라는 시 158행을 암기하는 데 도전했다. 그 과정에서 그는 한 행을 암기하는 데 평균 50초 정도 걸린다는 사실을 확인했다. 자신의 암기 근육을 단련하기 위해, 제임스는 30일 동안 매일 20초씩 밀턴의 『실락원』 1권을 외우는 연습을 했다. '사용하면 할수록 발달한다'는 기존의 생각이 옳다면, 다시 「사티로스」로 되돌아가 그다음 158행을 외울 때 예전보다 더 적은 시간이 걸려야만 했다. 하지만 실험 결과는 오히려 시간이 더 걸리는 것으로 나타났다. '근력으로서의 기억력memoryasmuscle' 가설이 틀린 것이다.

이후 제임스는 인간의 감정을 바라보는 기존 상식을 대체할 이론이 존재하는지 고민했다. 그리고 사람들이 다른 사람의 감정을 추측하는 방법을 주제로 인간 감정에 대한 지적인 여정을 시작했다.

여러분 앞에 사진 두 장이 놓여있다고 가정해보자. 첫 번째 사진에서는 두 남녀가 서로를 바라보며 웃고 있다. 두 번째 사진에서는 사람들이 바쁘게 일을 하고 있다. 사진 속 이들은 어떤 감정을 느끼고 있을까?

사실 별로 어렵지 않은 문제다. 첫 번째 사진을 보면, 서로에게 매력을 느끼는 연인이 행복한 한때를 보내고 있다고 추측할 수 있다. 반면 두 번째 사진을 보면 모두들 휴가를 그리워하고 있을 것이라고 추측할 수 있다.

이 간단한 실험은 세계적인 동물학자 찰스 다윈Charles Darwin이 1800년대 중반에 처음 실시한 연구에서 따온 것이다. 다윈은 평생 총 22권의 책을 썼다. 여기에는 역사적인 저작인 『종의 기원Origin of Species』은 물론이고, 별로 알려지지 않은 「지렁이의 작용에 의한 토양의 형성」 같은 논문이 포함되어 있다. 그리고 1872년 감정을 주제로 한 「인간과 동물의 감정 표현」이라는 논문에서 다윈은 감정을 주제로 한 최초의 심리학 실험을 소개했다.[7]

그에 앞서 프랑스 의사 기욤-벵자맹-아망 뒤셴Guillaume-Benjamin-Amand Duchenne은 피실험자들의 얼굴 근육에 전기 충격을 가하는 방식으로 안면 해부학을 연구했다. 뒤셴의 연구 결과를 살펴보던 다윈은 사람들의 표정을 보고 아주 쉽게 감정을 추측할 수 있다는 사실에 흥미를 느꼈다. 그래서 그 자료 사진을 동료들에게 보여주면서 어떤 표정이 어떤 감정을 나타내는지 맞혀보도록 했다. 예상대로 동료들 역시 표정과 감정을 쉽게 연결했다. 이러한 사실로 미루어볼 때, 모든 인간에게는 공통적으로 얼굴 표정으로 상대방의 감정을 추측하는 능력이 있다고 말할 수 있다.

다윈의 논문에서 이와 같은 사례를 접한 제임스는 똑같은 접근 방식을 자신의 심리학 연구에 적용했다. 다윈은 모든 인간에게 다른 사람의 표정에서 감정을 정확하게 유추하는 탁월한 능력이 있다는 사실을 밝혀냈다. 제임스는 이를 기반으로 사람들이 특정한 감정을 경험하는 심리적인 메커니즘을 밝혀낼 수 있을 것이라고 믿었다. 그래서 우리가 다른 사람의 표정에서 감정을 읽어내는 것과 똑같은 방식으로, 자신의 반응에서 특정한 감정을 경험하게 된다는 가설을 세웠다.

이 말은 감정이란 자기 자신의 반응을 관찰함으로써 경험하게 되는 일종의 결과물이라는 뜻이다. 이러한 관점에서 바라본다면 행복하기 때문에 웃는 것이 아니라, 웃기 때문에 행복하다(이처럼 놀라운 가설을 제시하면서 제임스는 이러한 은유를 사용했다. "곰을 두려워하기 때문에 도망가는 것이 아니라, 도망가기 때문에 곰을 두려워하는 것이다."). 뜨거운 난로에서 손을 재빨리 떼는 것, 농담을 듣자마자 웃음을 터뜨리는 것, 달려오는 곰을 보고 도망치는 것과 같이 인간은 자극에 본능적으로 반응을 보이고, 그 순간 우리 뇌가 자신의 반응을 관찰함으로써 특정한 감정을 경험하게 된다고 제임스는 설명한다. 달려오는 곰을 보자마자 사람들은 도망친다. 그리고 우리의 뇌는 허겁지겁 도망치는 자신의 모습을 보고 자신이 곰을 '두려워'한다고 인식한다.

최근 좀 더 현대적으로 다듬어진 제임스 이론은 감정과 행동의 관계를 이차선 도로로 묘사한다. 예를 들어 인간은 행복하기 때문에 웃기도 하지만, 동시에 웃기 때문에 행복감을 느끼기도 한다.

제임스는 자신의 가설을 공식적으로 검증하려고 하지 않았다. 아마 검증 작업이 대단히 지루하거나 지적 보상을 충분히 얻을 수 없다고 생각했던 것 같다("황동 구와 수학 공식으로 가득한 심리학 연구는 나를 질리게 만든다."). 제임스는 다만 열정적인 실용주의자였으며, 자신의 가설에서 실용적 가치를 이끌어낼 수 있다는 사실을 확인하고자 한 사람이었다. 여기서 어떤 행동이 특정한 감정을 촉발한다는 말은, 그러한 행동을 함으로써 의식적으로 특정한 감정을 이끌어낼 수 있다는 말이다. 이를 제임스는 다음과 같이 표현했다.

"어떤 성격을 원한다면 이미 그런 성격을 가지고 있는 사람처럼 행동하라."

제임스의 이 간단하면서도 강력한 이론을 우리는 '가정 원칙As If Principle'이라 부를 것이다.

상식적인 인과관계

· 행복하다 → 웃는다

· 무섭다 → 도망친다

가정 원칙이 말하는 인과관계

· 웃는다 → 행복하다

· 도망친다 → 무섭다

가정 원칙은 제임스 심리학의 기반을 이루는 이론이다. 한 연설에서 제임스는 가정 원칙의 중요성을 강조하면서 이를 '병 속의 번개bottled lightning'라고 불렀다. 그는 이렇게 말했다.

"……의도적으로 좋은 기분을 만들어내려면 …… 벌떡 일어나 신나는 생각을 하고, 언제 어디서나 활기차게 말하고 움직이면 된다. …… 나쁜 감정과 씨름하다 보면 우리 관심은 온통 부정적인 쪽으로만 흘러가 거기서 헤어나오지 못하게 된다……."[8]

하지만 제임스는 일부 심리학자들의 가혹한 비판에 시달려야만 했다. 빌헬름 분트는 자신의 이론을 제시하면서 제임스의 가설을 '수박 겉핥기식의 심리학적 설명'이라고 비난했다. 그는 "분석할 수 없는 단순한 과정으로, 지성의 영역에 지각이 있다면 감성의 영역에는 감정이 있다"라는 말로 감정을 설명했다. 당시 제임스는 자신의 가설을 옹호하기 위해 노력했지만, 당시 보수적인 심리학계의 시선에서 그의 이론은 지나치게 급진적인 주장이었다. 결국 제임스의 가설은 '시대를 너무 앞서간'이라는 꼬리표를 달고 창고에 처박히는 신세가 되고 말았다. 그리고 60여 년이 흘렀다.

사진 찍을 때 '치즈'라고 말하는 진짜 이유

1960년대 후반, 제임스 레어드James Laird는 로체스터대학교에서 임상심리학 박사과정을 밟고 있었다.⁹ 그는 훈련 과정의 일환으로 한쪽에서만 보이는 거울이 달린 실험실에서 한 환자를 인터뷰하게 되었다. 인터뷰를 진행하는 동안 감독관은 옆방에서 거울을 통해 모든 상황을 지켜보고 있었다. 그런데 인터뷰를 하던 중, 그는 환자의 표정에서 미묘한 웃음을 포착했다. 순간 그는 환자가 어떤 감정을 느끼고 있는지 궁금했다.

인터뷰를 마치고 차를 몰고 집으로 돌아오는 길에도 레어드의 머릿속에는 그 웃음이 계속 떠올랐다. 그래서 그는 그 환자와 똑같은 표정을 지으면서 그 감정을 상상해보았다. 그런데 그런 표정을 지을 때마다 이상하게 기분이 좋아지는 걸 느낄 수 있었다. 반대로 얼굴을 찡그리자 기분이 안 좋아졌다. 그는 그렇게 이상한 표정을 지으면서 집으로 돌아오는 길이 자신의 인생을 완전히 바꾸어놓을 줄은 꿈에도 알지 못했다. 집에 도착하자마자 레어드는 곧장 책장으로 달려가 감정심리학에 관련된 책이 있는지 살펴보았다. 그가 처음 뽑아 든 책이 바로 윌리엄 제임스의 『심리학 원리』였다.

레어드는 오랫동안 잠들어 있던 제임스의 이론을 하나하나 읽어나갔다. 그리고 차 안에서 웃음을 지으면서 행복한 감정을 느끼게 된 이유를 이해했다. 그는 제임스의 심리학 가설이 너무도 오랜 시간 묻혀 있었으며, 지금까지 한번도 제대로 검증을 받지 못했다는 사실에 충격을 받았다. 결국 레어드는 스스로 제임스의 가설을 검증하기 위해 실험 자원자를 모집했다. 그는 사람들에게 웃거나 찡그릴 때 어떤 느낌이 드는지 말해보라고 했다. 제임스의 가설이 옳다면, 웃음을 지은 사람은 찡그린 사람보다 행복감을 더 많이 느껴야 했다.

이 실험에서 레어드는 피실험자들이 실험 취지에 맞춰 자신의 감정을 조작해서 보고할 위험이 있다는 것을 인식하고, 그들이 실험 의도와는 상관없이 자연스럽게 웃거나 찡그리도록 만들고 싶었다. 그러다가 기발한 아이디어를 떠올렸다.

레어드는 피실험자들에게 안면 근육의 전기적 반응을 검사하는 실험을 할 것이라고 설명하면서 눈썹 가운데, 입 가장자리, 턱 가장

자리에 전극을 붙였다. 그런 다음 실험 결과에 영향을 줄 수 있으니, 오류를 방지하기 위해 실험하는 동안 일어나는 감정의 변화를 알려달라고 했다. 사실 이 실험에서 전극은 가짜였다. 그것은 피실험자들이 자연스럽게 웃거나 찡그리도록 만들기 위한 핑곗거리였다. 이를테면 눈썹 사이 전극이 맞닿게 해서 화난 표정을 유도하고, 턱 주위에 붙은 전극을 맞닿게 해서 자연스럽게 입을 꽉 다물도록 했다. 그리고 입꼬리 부근은 전극을 귀 쪽으로 잡아당기도록 함으로써 웃는 표정을 유도했다.

이렇게 특정한 표정을 짓도록 해놓고 레어드는 사람들에게 공격, 불안, 기쁨, 후회 등 다양한 항목으로 이루어진 감정 목록을 보여주었다. 그리고 그중 다양한 표정을 지을 때 든 느낌을 각각 지목해보도록 했다. 결과는 놀라웠다. 지금으로부터 100년도 훨씬 전에 제임스가 예측한 그대로, 사람들은 웃는 표정을 지으면서 행복감을 느꼈고, 찡그리면서 분노를 느끼는 것으로 드러났다.

실험을 모두 마치고 나서, 레어드는 피실험자들과 면담하며 실험하는 동안 다양한 감정을 느낀 이유를 물어보았다. 하지만 특정한 표정을 지었기 때문이라고 대답한 사람은 거의 없었다. 대부분이 이유를 제대로 설명하지 못했다. 그중 한 사람은 실험 중 자신이 찡그린 표정을 지은 순간에 대해 이렇게 설명했다.

"화가 날 이유는 하나도 없었어요. 그냥 이상하게도 화가 나는 생각이 들더라고요. 물론 말도 안 되죠. 실험 중이라는 것도, 화를 낼 만한 이유가 전혀 없다는 사실도 잘 알고 있었으니까요. 하지만 그땐 어쩔 수 없었어요."

그 놀라운 효과를 검증하기 위해, 이후 많은 과학자들이 다양한 방법으로 레어드의 획기적인 실험을 재현해보았다. 그들은 얼굴에 가짜 전극을 붙이는 대신 나름대로 기발한 아이디어를 활용했다. 예를 들어 사진을 찍을 때 '치즈'라고 말하는 데 착안한 미시간대학교 연구 팀은 발음에 따라 웃는 표정이나 불쾌한 표정을 짓도록 했다.[10]

또 워싱턴대학교 연구 팀은 양 눈썹 안쪽에 골프 티 두 개를 붙여두는 아이디어를 냈다.[11] 한 그룹에는 눈썹을 오므려 골프 티가 서로 닿도록 해서 불쾌한 표정을 짓도록 유도하고, 다른 그룹에는 골프 티가 닿지 않도록 해서 중립적인 표정을 유지하도록 했다.

이러한 사례 중 가장 유명한 것은 독일 연구 팀의 실험이다. 그들은 피실험자들에게 전신 마비 환자들이 글을 쓸 수 있도록 도와주는 새로운 방법을 연구 중이라고 설명했다.[12] 그리고 그중 절반에게는 이로 연필을 물고 있도록 하고(웃는 표정), 다른 절반에게는 입술로 연필을 물고 있도록 했다(찡그린 표정). 그 결과 'ee' 발음을 하도록 하든, 골프 티를 떨어져 있게 하든, 이로 연필을 물고 있도록 하든 간에, 웃는 표정을 지은 사람들이 더 높은 행복감을 느꼈다고 보고한 것으로 드러났다.

이러한 다양한 실험의 결과는 한목소리로 레어드의 실험이 옳았으며, 그렇기 때문에 제임스의 이론도 타당한 것이라고 주장한다. 이후 이러한 실험 결과에 자극을 받은 많은 과학자들은 가정 원칙이 우리의 머리와 몸에 미치는 영향에 대해 연구했다.

'느끼는 것처럼' 행동할 때 뇌가 반응한다

캘리포니아대학교 심리학 교수 폴 에크먼Paul Ekman은 인간의 표정과 감정 연구에 평생을 바쳤다. 오랜 연구 끝에 그는 마침내 인간의 표정에 관한 지침서를 완성했다. 이는 43개 안면 근육의 조합으로 수천 가지 표정을 만들어내는 원리를 설명하는 무려 500쪽짜리 논문이다. 뿐만 아니라 전 세계 사법기관에 표정으로 거짓말을 알아내는 다양한 방법을 전수했고, 미국 인기 드라마 〈라이 투 미Lie to Me〉 제작에도 많은 도움을 주었다.

심리학자로서 첫발을 내디디면서, 에크먼은 단순한 표정 변화로 사람들을 편안하게 또는 화나게 만들 수 있다는 사실에 강한 호기심을 느꼈다. 그래서 가정 원칙이 어떤 방식으로 우리 몸에 영향을 주는지 알아보기로 했다. 에크먼은 피실험자들에게 심장박동과 피부 온도를 지속적으로 점검하는 장치를 부착했다.[13] 그리고 그 상태에서 피실험자들에게 두 가지 과제를 수행하도록 했다. 첫째, 생각만 해도 화가 치미는 과거 사건을 생생하게 떠올리도록 했다. 둘째, 화가 난 표정을 짓도록 했다. 눈썹은 내리고 눈꺼풀은 위로 올리며, 입꼬리는 내린 채 꽉 다물고 있는 표정이었다. 마찬가지로 두려움이나 슬픔, 행복, 놀라움, 혐오 등 다양한 감정을 자극하는 기억을 떠올리고 나서 각각에 해당하는 표정을 짓게 했다.

예상대로 기억을 떠올리는 시도는 특정한 패턴의 반응을 자극하는 것으로 드러났다. 예를 들어 두려움에 관한 기억은 심박 수는 높이고 피부 온도는 떨어뜨리며, 행복한 기억은 심박 수는 떨어뜨리고 피부 온도는 높이는 것으로 나타났다. 그런데 놀라운 사실은, 각각의 감정에 해당하는 표정을 지을 때도 기억을 떠올릴 때와 정확하게 똑같은 심리적 패턴이 나타났다는 점이다. 즉, 두려운 표정을 지을 때 심박 수는 치솟고 피부 온도는 떨어졌다. 마찬가지로 웃는 표정을 지을 때 심박 수는 떨어지고 피부 온도는 상승했다.

이러한 현상이 인류의 보편적인 메커니즘인지 확인하기 위해, 에크먼 연구 팀은 서부 인도네시아에 있는 외딴섬 주민을 대상으로 동일한 실험을 실시했다.[14] 결과는 서구 국가들에서 한 실험과 같았다. 이는 제임스의 가정 원칙이 특정 문화의 산물이 아니라, 진화 과정을 통해 인간의 심리에 깊이 새겨진 본능의 산물이라는 사실을 말해준다.

에크먼의 연구 결과는 특정한 감정을 경험하는 것처럼 행동하는 것이, 감정 상태뿐만 아니라 몸에도 직접적이고 강력한 영향을 미친다는 사실을 보여주었다. 최근 일부 학자들은 이러한 접근 방식에 첨단 기술을 접목해 가정 원칙이 뇌에 미치는 영향을 살펴보고 있다. 사람 머리에서 척추 맨 윗부분과 맞닿아 있는 두뇌 부위를 살펴보면 아몬드처럼 생긴 두 개의 조직을 볼 수 있다. 라틴어로 아몬드를 의미하는 '아미그달라amygdala', 즉 편도체라고 부르는 이 조직은 작지만 강력한 힘을 발휘하며 일상생활에서 많은 중요한 기능을 담당한다. 감정적 경험, 그중에서도 특히 두려움과 관련해 아미그달라는 핵심적인 역할을 한다.

두려움과 밀접한 관계가 있는 아미그달라의 정체는 최근 'SM' 이라는 이름으로 알려진 특이한 환자에 관한 연구를 통해 드러났다.[15] SM은 '우르바흐-비테Urbach-Wiethe'라는 희귀병을 앓고 있었는데, 이는 아미그달라의 기능에 문제를 유발하는 유전적 질병이다. 연구 팀과 인터뷰를 하는 동안 SM은 당연히 두려움을 느껴야 하는 상황에서도 전혀 그러지 않았던 사례를 들려주었다. 가장 대표적인 것이 공원에서 강도를 만난 사건이었다. 강도는 목에 칼을 들이대며 죽이겠다고 협박했지만, 그녀는 두려움을 전혀 느끼지 않았다. 오히려 주변에 있는 교회를 보고 강도에게 나직이 이렇게 말했다고 한다. "절 죽이려면 먼저 수호천사들에게 허락을 받고 오세요." 강도는 의외의 반응에 당황했고 결국 그녀를 풀어주었다.

그녀의 이야기에 흥미를 느낀 연구원들은 인위적으로 무서운 상황을 연출해보았다. 이를테면 외국에서 건너온 동물을 판매하는 매장에 데리고 가서 뱀과 거미를 만지게 했다. SM은 두려워하는 반응을 보이지 않았고, 연구 팀은 오히려 그녀가 위험한 동물을 함부로 만지지 못하도록 제지해야만 했다. 귀신이 출몰한다는 집으로 데리고 가서 공포 영화를 보여주기도 했다. 하지만 그녀는 역시 아무런 반응도 보이지 않았다. 이러한 실험 결과는 아미그달라가 두려움을 느끼는 데 결정적인 역할을 한다는 사실을 보여준다.

몇 년 전, 일부 과학자들은 제임스의 가설을 입증할 결정적인 검증 작업에 돌입했다. 그것은 사람들을 뇌 스캐너에 넣고, 그 속에서 두려움을 느낄 때 짓는 표정을 재현해보도록 하는 것이었다.[16] 그

동안 시도한 다양한 실험 방법과는 달리, 이번 실험에서는 피실험자에게 그 느낌을 일일이 물어볼 필요가 없었다. 대신 스캐너로 피실험자의 머릿속을 직접 들여다보기만 하면 되었다. 연구 팀은 아미그달라가 고도로 활성화된 상태를 보고 피실험자가 두려움을 느낀다는 사실을 객관적으로 확인할 수 있었다. 이러한 과학적인 방법을 통해 과학자들은 특정한 감정을 '느끼는 것처럼' 하는 행동이 뇌에 직접적인 영향을 미친다는 사실을 밝혀냈다.

오늘날 많은 과학자들이 실험실에서 가정 원칙을 활용해 행복감을 높이고, 머리와 몸에 직접적인 영향을 주는 방법을 시도하고 있다. 그렇다면 실험실 밖에서도 똑같은 효과를 발휘할 수 있을까? 또는 사회 전반으로 행복감을 높일 수 있을까? 이제 이 질문에 대한 대답을 찾아보자.

범국민 행복감 높이기 프로젝트

몇 년 전 나는 행복에 관한 대규모 프로젝트의 일환으로 영국 전역에서 수천 명을 끌어모았다. 수많은 심리학자들이 시도한 행복감을 자극하는 다양한 방법을 살펴보면서, 이 중 어느 것이 가장 효과적인지 확인해보기로 했다. 또 많은 연구가 행복감은 전염된다고 말하고 있기 때문에,[17] 행복한 사람 수천 명을 촉매로 활용해 사회 전체 구성원의 행복감을 높일 수 있는지 알아보고자 했다.

본격적인 연구에 들어가기 전, 실험 대상으로 지목한 특정 국가의 사회적 행복감을 평가하는 설문 조사를 실시했다. 그 설문 조사에 참여한 사람들은 7점 만점으로 자신의 행복감을 평가했다. 여기서 1점은 '전혀 즐겁지 않다'에, 7점은 '아주 기분이 좋다'에 해당했다. 조사 결과 45퍼센트의 사람들이 5~7점을 매긴 것으로 나타났다.

다음으로 그 국가의 언론 매체를 통해 프로젝트를 홍보했다. 그리고 프로젝트에 참여하기를 원하는 사람들을 대상으로, 우리 웹사이트를 방문해 자신의 행복 지수를 평가해보도록 했다. 여기에 2만 6000명이 넘는 사람들이 참여했다. 다음으로 우리는 참여자를 무작위로 여러 그룹으로 나누고, 각 그룹의 행복감을 높이기 위해 다양한 방법을 실천해보도록 했다. 일부 그룹에는 가장 일반적인 방법으로, 감사하는 마음이나 행복한 기억을 떠올리게 하는 이른바 '행복하다고 생각하기'를 실천하도록 했다. 그리고 다른 그룹에는 제임스의 가정 원칙에 따라 매일 몇 초 동안 웃음을 짓는 방법을 따라 하도록 했다.

우리는 참여자들에게 일주일 후 다시 웹사이트에 들어가 행복감을 또 한 번 평가해달라고 요청했다. 그 결과, 웃는 표정을 짓는 방법을 실천한 그룹의 행복감이 더 많이 상승했다. 이는 가정 원칙이 실험실 밖에서도 작용하며, 높아진 행복감이 상당 기간 지속된다는 사실을 입증한다.

프로젝트를 모두 마치고 나서 우리 연구 팀은 국가적 차원에서 행복 지수를 묻는 설문 조사를 다시 한번 실시했다. 우리는 사람들에게 마찬가지로 7점을 기준으로 행복감을 매겨보라고 했고, 52퍼센트의 사람들이 5~7점이라고 답했다. 이는 앞 실험보다 7퍼센트가 증가한 결과다. 그 나라 전체 인구가 6000만 명임을 감안할 때, 7퍼센트 상승은 400만 명에 달하는 사람들이 프로젝트 이후 더 행복해졌다는 의미다.

그 결과가 순전히 우리 프로젝트 때문이었을까? 단정적으로 말하기는 힘들지만, 그래도 프로젝트가 진행되는 동안 일조량 증가나 강우량의 감소, 혹은 가슴을 벅차게 만들거나 비극적인 뉴스 등 국가 전반의 심리 상태에 큰 영향을 미칠 만한 사건은 일어나지 않았다. 이러한 점으로 미루어볼 때, 윌리엄 제임스의 이론이 나라 전체를 행복하게 만드는 데 기여할 수 있다고 조심스럽게 결론을 내릴 수 있다.

행복을 부르는 20초 미소 훈련

20세기가 시작될 무렵, 러시아 모스크바 예술극장의 감독인 콘스탄틴 스타니슬랍스키Constantin Stanislavski는 메소드 연기method acting(극 중 인물과의 동일시를 추구하는 극사실주의적 연기 방법 _ 옮긴이)를 창안해 연극계에 혁신을 불러왔다. 메소드 연기의 핵심은 실제로 극 중 인물이 되어봄으로써 무대에서 진정한 감정 연기를 펼칠 수 있다는 것이다. "어떤 감정을 진짜로 느껴보기 위해서 어떤 행동을 취해야 할까?"라는 질문을 던진다는 의미에서 '매직 이프magic if'라고도 하는 메소드 연기는 말런 브랜도나 워런 비티, 로버트 드 니로 같은 세계적인 명배우들이 활용한 것으로도 널리 알려져 있다.

제임스의 가정 원칙을 검증하기 위해 심리학자들이 사용한 방법도 메소드 연기와 같은 것이다. 가정 원칙의 실효성을 검증하는 한 실험에 여러분이 피실험자로 참여한다고 상상해보자. 여기서 여러분은 자신의 감정 상태를 1점(맨홀에 빠졌을 때)에서 10점(가장 싫어하는 사람이 맨홀에 빠졌을 때)으로 평가한다.

우선 웃는 표정을 짓는다. 여기서 말하는 웃는 표정이란 아무런 느낌 없이 순식간에 지나가는 표정이 아니다. 웃는 표정을 제대로 짓기 위해서 다음 지시를 따르자.

1. 거울 앞에 앉는다.
2. 이마와 뺨의 긴장을 풀고 입을 살짝 벌린다. 이는 심리학 실험에서 말하는 '중립적' 표정으로, 아무것도 그리지 않은 텅 빈 캔버스다.
3. 양쪽 입꼬리를 귀 쪽으로 잡아당긴다. 가능한 한 큰 웃음을 지으면서 뺨을 움직여 눈가에 주름을 만든다. 마지막으로 눈썹을 올린 상태로 20초간 유지한다.
4. 다시 원래의 표정으로 돌아와서 방금 어떤 느낌이 들었는지 생각해본다.

실험하기 전보다 기분이 더 좋아졌는가? 맨홀 점수(1~10점)로 몇 점을 주고 싶은가? 이 실험을 하고 나서 대부분 행복감이 더 증가했다고 말했다. 한 세기 훨씬 전에 제임스가 예측한 대로, 불과 몇 초간에 이루어진 표정 변화가 감정 상태에 중대한 영향을 미치는 것이다.

효과를 극대화하고 싶다면 이러한 훈련을 습관으로 만들자. 이를 위해 함박웃음을 짓고 있는 자신의 자화상을 활용하는 방법을 추천한다. A4 용지 한 장, 그리고 가로세로 5센티미터 크기의 작은 종이 한 장을 준비하고 각각에 자화상을 그려보자. 가능한 한 유머러스하고 행복한 표정으로 그리자. 마지막으로 큰 자화상은 잘 보이는 곳에 붙여놓고, 작은 자화상은 지갑에 넣어두자. 그 자화상을 볼 때마다 웃음 짓는 습관을 상기하게 될 것이다.

즐거움에도
공식이 있다

　제임스는 표정뿐 아니라 움직이고 말하는 등 행동의 모든 요소가 감정에 영향을 미친다고 생각했다. 이후 수많은 심리학자들이 이를 검증하기 위해 그가 주장한 대로 움직이거나 말하고 있다. 다양한 연구 결과에 따르면 인간의 얼굴 표정에 몇 가지 기본적인 유형이 있는 것처럼, 걷는 방식에도 크게 여섯 가지 유형이 있다고 한다. 이를테면 '성큼성큼 걷기'는 다리를 길게 뻗고 살짝 점프하듯 팔을 앞뒤로 흔들며 걷는 경쾌한 걸음걸이를 말한다. 반면 '질질 끄는 걷기'는 어깨를 축 늘어뜨리고 작은 보폭으로 걷는 걸음걸이다. 이러한 걸음걸이에 관한 연구 결과는 특정 형태의 걸음걸이가 특정 감정을 이끌어낸다는 사실을 보여준다. 즉 성큼성큼 걷기가 행복감을 높인다면, 질질 끄는 걷기는 우울한 감정을 자극한다.

애틀랜틱대학교의 심리학자 세라 스노드그래스Sara Snodgrass는 걸음걸이의 변화가 감정 상태에 미치는 영향을 연구했다.[18] 이 연구에서 스노드그래스는 피실험자들에게 신체 활동에 따른 심박 수의 변화를 조사하고 있다고 거짓으로 설명하고 3분 동안 걷도록 했다. 먼저 피실험자 중 절반에게는 고개를 들고 힘차게 팔을 휘두르면서 성큼성큼 걷도록 했다. 그리고 나머지 절반에게는 땅바닥을 보고 발을 질질 끌면서 작은 보폭으로 걷게끔 했다. 마치 몬티 파이튼의 코미디 프로그램 〈미니스트리 오브 실리 워크Ministry of Silly Walks〉의 한 장면을 그대로 옮겨놓은 것 같은 실험이었다. 그리고 나서 스노드그래스는 피실험자들의 행복감을 다시 한번 확인해보았다. 그 결과, 성큼성큼 걸은 사람들의 행복감이 질질 끌면서 걸은 사람들보다 훨씬 더 높아진 것으로 드러났다.

가정 원칙은 친밀감 형성에도 큰 도움을 준다. 독일 하이델베르크대학교의 자비네 코흐Sabine Koch는 육체적 움직임이 마음에 영향을 미친다는 사실에 흥미를 느끼고, 춤에 담긴 심리학을 연구했다. 이를 통해 코흐는 부드럽게 움직일 때는 행복감이 상승하는 데 반해, 딱딱하고 직선적으로 움직일 때는 행복감이 떨어진다는 사실을 밝혀냈다.[19] 그러나 일상생활에서 항상 부드럽게 움직이기란 쉽지 않은 일이다. 그런 이유로 코흐는 좀 더 현실적인 대안으로 악수에 주목했다.

코흐는 실험 보조 요원에게 특정한 악수 방식을 알려주었다. 먼저 일부 보조 요원에게는 부드럽게 손을 흔드는 방식을, 다른 요원들에게는 강하게 아래위로 손을 흔드는 방식을 익히도록 했다. 그러고 나서 보조 요원으로 하여금 50명 정도의 피실험자와 적극적으로 악수를 나누도록 했다. 악수를 나눈 뒤 코흐는 피실험자들에게 그때 받은 느낌을 물어보았다. 결과는 인상적이었다. 부드럽게 악수를 한 피실험자가 훨씬 높은 행복감을 느꼈다고 보고했으며, 자신과 악수를 나눈 보조 요원을 좀 더 친밀하고 호의적이며 개방적이라고 평가했다. 부드러운 악수가 행복감을 자극하는 역할을 한 것이다. 바로 이러한 이유로 피실험자는 좀 더 높은 행복감과 친밀감을 느낄 수 있었다.

또 다른 연구는 대화할 때 사용하는 용어와 말하는 방식 또한 감정에 영향을 준다고 말하고 있다. 1960년대 후반, 미국의 임상심리학자 에밋 벨텐Emmett Velten은 긍정적인 감정을 쉽고 빠르게 이끌어내는 방법을 연구했다.[20] 가장 먼저 벨텐은 행복하고 자신감이 넘치는 듯 말할 때 어떤 감정을 자극하는지 알아보기로 했다. 이를 위해 벨텐은 지원자를 모집해 두 그룹으로 나누고, 각 그룹에 카드 한 꾸러미를 주었다. 첫 번째 그룹에 준 카드 맨 위에는 각각의 카드에 적힌 문장을 큰 소리로 읽어보라는 설명이 쓰여 있었다. 그 아래 카드에는 다음과 같은 문장이 적혀 있었다.

"오늘은 여느 날에 비해 더 좋거나 더 나쁘지도 않다."

피실험자들은 그 문장을 큰 소리로 읽고 다음 카드로 넘어갔다.

"그래도 오늘은 기분이 좋다."

이러한 식으로 피실험자들은 천천히 예순 번째 카드까지 과제를 수행했다. 이 카드 꾸러미에서 각각의 문장은 점점 긍정적인 느낌으로 변해갔다. 두 번째 그룹 역시 똑같은 과제를 수행했다. 하지만 그 카드에는 감정 상태와는 무관한 문장이 쓰여 있었다.

"토성이 태양에 가려 보이지 않을 때가 있다."

"오리엔트 특급열차는 파리와 이스탄불 구간을 왕복한다."

"호프 다이아몬드는 남아프리카에서 런던까지 우편으로 배송되었다."

카드를 모두 읽고 나자 벨텐은 피실험자들에게 각자의 행복감을 평가해보도록 했다. 그러자 첫 번째 그룹의 감정 상태는 더 좋아진 반면, 두 번째 그룹은 그대로인 것으로 나타났다. 훗날 벨텐의 연구 결과에 강한 인상을 받은 전 세계 수많은 심리학자들이 사람들은 감정 상태를 끌어올리는 데 있어 그의 방법을 적극적으로 활용했다.[21]

가정 원칙의 힘을 입증하는 데 성공한 연구 결과로 다른 사례도 있다. 하와이대학교의 일레인 해트필드 Elaine Hatfield 연구 팀은 한 피실험자 그룹에 친구들이 자신을 위해 깜짝 생일 파티를 벌이는 가상 시나리오를 읽도록 했다.[22] 반면 다른 그룹에는 가족이 큰 병에 걸렸다는 소식을 알게 되는 가상 시나리오를 읽도록 했다. 그 결과, 각기 다른 내용의 시나리오를 읽는 경험이 감정 상태에 큰 영향을 미치는 것으로 드러났다. 예상대로 좋은 일에 대해 들은 사람들이 가족이 큰 병에 걸렸다는 소식을 들은 사람들보다 감정 상태가 훨씬 좋아진 것으로 나타났다. 이 연구 결과는 자신이 지금 긍정적이거나 부정적인 감정 상태에 있는 것처럼 상상하면서 이야기를 하는 행동이 실제 감정에 큰 영향을 미친다는 사실을 말해준다.

가정 원칙은 웃는 표정뿐만이 아니라, 걷고 이야기하고 특정한 표현을 선택하는 등 모든 일상적인 행동과 관련이 있다. 가정 원칙을 검증한 여러 연구 결과에 자극을 받은 많은 심리학자들이, 가정 원칙을 기반으로 감정 상태를 빠르게 끌어올리는 다양한 방법을 지속적으로 연구하고 있다.

세계적인 유행을 불러온 '웃음 클럽'

인도의 의사 마단 카타리아Madan Kataria는 1995년에 뭄바이에서 가정의로 일하고 있었다. 어느 날 웃음에 담긴 과학에 관한 글을 읽다가 웃음에 의학적 효능이 있다는 사실을 깨달은 그는, 일상생활에서 더 많은 웃음을 만들어내는 일을 해야겠다고 결심했다. 그러고는 좀 이상해 보이는 행동을 시작했다. 아침 7시에 인근 공원으로 가서 네 명을 모아놓고 농담을 하면서 웃도록 한 것이다. 그들 모두는 대단히 즐거워했고, 이에 용기를 얻은 카타리아는 다음 주에 똑같은 일을 다시 한번 시도했다. 그런 식으로 그 모임은 커져갔고 나중에는 50명이 넘는 사람들이 그 시간에 몰려들었다. 세계 최초로 웃음 클럽이 탄생한 것이다.

웃음 클럽에 참여한 사람들은 원으로 빙 둘러서서 차례로 돌아가며 농담을 한마디씩 했다. 처음에는 분위기가 꽤 좋았지만, 몇 주가 지나며 농담이 모두 바닥나면서 억지스러운 이야기가 나오기 시작했다. 급기야 웃음이 완전히 멈추었다. 게다가 성적인 농담에 진절머리가 난 여성 두 명이 클럽을 떠나겠다고 했다. 카타리아는 웃음을 되찾을 새로운 방법을 찾아내야만 했다.

그렇게 해서 탄생한 것이 세상을 바꾸는 '하하ha-ha'의 순간이다. 카타리아는 농담 없이도 웃을 수 있다면 그 효능이 동일할 것이라고 생각했다. 그래서 그저 그런 농담을 모두 치워버리고 새로운 접근 방식을 시도했다. 그는 사람들이 정말 재미있는 농담을 들은 것처럼 웃도록 했고, 그러자 그들은 실제로 기분이 좋아지는 걸 느꼈다고 말했다. 이 느낌은 모임 전체에 전염되었고 순식간에 모든 사람이 낄낄거리기 시작했다. 이러한 카타리아의 획기적인 웃음 비법은 삽시간에 다른 모임으로 퍼져나갔으며, 세계적인 유명세를 얻기에 이르렀다.

미국 디킨슨대학교의 심리학자 찰스 섀퍼Charles Schaefer는 웃음 클럽의 이야기를 듣고 강한 인상을 받았다. 그래서 우스운 농담을 들은 것처럼 웃는 것이 정말로 기분을 좋게 만드는지 확인해보기로 했다.[23] 섀퍼는 실험을 위해 직접 웃음 클럽을 만들어 웃음과 미소의 효과를 비교했다.

우선 섀퍼는 피실험자를 세 그룹으로 나누었다. 첫 번째 그룹에는 1분 동안 미소를 짓게 하고, 두 번째 그룹에는 1분 동안 크게 웃도록 했다. 두 번째 그룹에서 배가 아프도록 격렬하게 웃는 것이 육체적인 움직임으로 작용할 수도 있다는 우려에, 섀퍼는 세 번째 그룹에는 똑같이 격렬하게 움직이지만 웃는 것과는 거리가 먼 과제를 내주기로 했다. 이들이 늑대처럼 울도록 한 것이다.

'늑대처럼 울기'는 분명 기발한 아이디어였지만 한 가지 문제가 있었다. 늑대처럼 울라는 섀퍼의 설명에 세 번째 그룹은 당황했다. 잠자고 있는 내면의 늑대 인간을 어떻게 불러내야 할지 갈피를 잡지 못했기 때문이다. 결국 섀퍼는 학생들 앞에서 직접 보름달을 바라보며 울부짖는 늑대를 연기해야 했다. 논문에서 그는 연구원이 직접 행동을 보여줌으로써 피실험자들을 더욱 적극적으로 참여시킬 수 있다고 설명한다.

이렇게 세 그룹에 미소를 짓고, 웃음을 터뜨리고, 늑대 울음소리를 내게 한 다음, 섀퍼는 사람들에게 느낌을 물었다. 예상대로 미소를 짓고 웃음을 터뜨린 사람들은 기분이 더 좋아졌다고 말했다. 미소를 지은 사람들은 행복감이 높아졌다고 보고했고, 크게 웃은 사람들은 대단히 신이 났다고 대답했다. 반면 늑대 울음소리를 낸 세 번째 그룹은 행복감에서 아무런 변화도 없음을 보고했다. 이는 웃음이 육체적 행동과는 다른 기능을 했다는 의미다.

이러한 연구 결과를 통해 섀퍼는 제임스의 가설을 다시 한번 입증했다. 다만 아쉽게도 여기서 섀퍼는 세 번째 그룹 학생들이 혹시 개 사료를 먹고 싶어 하는지, 아니면 은색 총알 silver bullet(늑대 인간을 죽일 수 있는 유일한 무기라고 알려져 있음_옮긴이)을 두려워하지는 않는지에 대해서는 생각해보지 않았다. 섀퍼의 연구 결과는 웃음 클럽이 세계적인 유행이 된 이유를 알려준다.

행복해지고 싶다면 박수를 쳐라

웃음의 과학에 이어, 심리학자들은 한밤중에 춤을 추는 것 같은 또 다른 즐거운 활동을 주제로 연구를 시작했다. 행복한 사람은 춤을 춘다. 그렇다면 거꾸로, 춤을 추는 사람은 행복할까? 이를 확인하기 위해 경북대학교 김성운 연구 팀은 300명가량의 학생을 대상으로 한 가지 실험을 했다.[24] 연구 팀은 학생들을 네 그룹으로 나누었다. 첫 번째 그룹에는 한 시간짜리 에어로빅 수업을, 두 번째 그룹에는 건강관리 수업을, 세 번째 그룹에는 신나는 힙합 댄스 수업을, 네 번째 그룹에는 아이스스케이팅 수업을 듣도록 했다. 수업을 모두 마치고 나서 연구 팀은 감정 상태에 관한 설문 조사를 실시했다.

운동이 행복감을 높인다는 주장은 오늘날 널리 알려진 사실이다. 신체 활동이 엔도르핀이라는 쾌감 관련 호르몬 분비를 자극한다는 점에서, 연구 팀 역시 학생들 모두 수업을 들은 후 기분이 더 좋아졌을 것이라고 기대했다. 그렇다면 힙합 댄스의 경우, 학생들은 스스로 행복한 사람인 것처럼 수업에 참여한 만큼 행복감이 더 높아졌을까? 설문 결과, 연구 팀의 예상대로 힙합 댄스 수업을 들은 학생들의 행복감이 가장 많이 상승했다.

물론 힙합 말고도 다양한 춤을 통해 감정 상태를 끌어올릴 수 있다. 내 동료인 하트퍼드셔대학교의 피터 로밧Peter Lovatt 박사는 춤을 주제로 연구한다. 영국에서 '닥터 댄스'라는 별명으로 알려진 그는 몸매 좋은 사람들이 춤을 더 잘 추는지(그렇다), 그리고 아빠들의 춤은 왜 보는 이의 얼굴을 화끈거리게 만드는지(자신의 능력을 과대평가하기 때문이다) 등 다양한 연구 자료를 검토해보았다.

몇 년 전에는 10주간의 실험을 통해 춤이 기분에 어떤 영향을 미치는지 직접 체험해보기도 했다.[25] 로밧은 매주 캠퍼스에서 자원자를 모집하고 새로운 형태의 춤을 배운 뒤 어떤 느낌이 드는지 확인했다. 폭스트롯에서 플라멩코, 살사에서 스윙에 이르기까지 학생들은 모두 즐겁게 실험에 참여했고 실제로 기분이 더 좋아졌다고 답변했다. 정말로 기분이 좋다고 상상하면서 하는 행동이 실제로 기분을 좋게 만들어주었던 것이다. 이 실험에서 로밧은 스코틀랜드 민속춤이나 라인 댄스처럼 사람들과 어울리면서 누구나 쉽게 배울 수 있는 반복적인 춤이 특히 효과적이라는 사실까지 확인했다.

17세기 에스파냐 소설가이자 시인인 미겔 데 세르반테스는 이렇게 말했다.

"노래하는 자는 병을 쫓아버린다."

정말 그럴까? 영국 크라이스트처치대학교의 그렌빌 핸콕스Grenville Hancox는 세계적으로 유명한 클라리넷 연주자이자 지휘자이며 과학자다. 음악이 인간의 마음에 미치는 영향에 대해 궁금해하던 핸

콕스는 노래를 부르는 행위가 사람을 행복하게 만드는지 확인하기 위해 다양한 대규모 연구 프로젝트에 도전했다. 그중 한 실험에서 그는 합창단원 500명과 인터뷰를 했다. 이를 통해 노래 부르는 행위가 사람들을 행복하게 만들어준다는 사실을 확인할 수 있었다.[26]

독일 프랑크푸르트에 있는 괴테대학교의 군터 크로이츠Gunter Kreutz는 똑같은 주제에 좀 더 엄격한 방식으로 접근했다.[27] 크로이츠는 리허설 중인 합창단을 방문해 단원들에게 모차르트의 레퀴엠 일부를 부르게 한 뒤 행복감을 평가해보도록 했다. 일주일 후, 크로이츠는 다시 한번 리허설 시간에 쳐들어가 지난주와 동일한 소절에 해당하는 음악을 들려주고 행복감을 평가해보도록 했다. 그 결과, 음악을 듣는 것도 행복감을 높이는 데 기여했지만, 노래를 직접 부르는 편이 더 행복감을 높인다는 사실을 확인할 수 있었다.

즐거운 활동에 대한 연구 결과와 가정 원칙이 전하는 메시지는 분명하다. 단지 행복한 생각을 떠올리는 것보다 자신이 정말로 좋은 기분을 느끼고 있는 것처럼 행동하는 편이 좀 더 빠르고 효과적으로 행복감을 높인다는 사실이다. 고개를 똑바로 들자. 웃으면서 경쾌하게 걷자. 행복한 표현을 써서 이야기하고, 춤추고, 노래하자. 좋아하는 일을 적극적으로 찾아서 실행하자. 행복해지고 싶다면 박수를 쳐보자.

기분이 좋아지는 혼잣말 주문

혼잣말로도 기분을 전환할 수 있을까? 다음 두 가지 방법을 통해 그 답을 알아보자. 첫째, 다음 문장들을 혼자 큰 소리로 읽어보자. 친구들에게 이야기하는 것처럼 편안하고 자신 있게 말해보자. 여유를 갖고 천천히 읽으면서 한 문장을 마치면 잠시 호흡을 정리하자. 처음에는 좀 어색하겠지만 금방 익숙해질 것이다.

- 오늘 나 자신이 마음에 든다.
- 성공할 수 있을 것 같다.
- 주변 사람들이 내게 친절해서 기분이 좋다.
- 일단 마음먹은 일은 대체로 잘해나간다.
- 나는 열정적으로 살아가고 있다.
- 지금 활력이 넘치고, 즐기면서 일을 하고 있다.
- 오늘 특히 일을 더 잘하는 것 같다.
- 모든 일이 잘 풀릴 것 같고, 만나는 사람들마다 쉽게 어울릴 수 있을 것 같다.
- 오늘 나 자신은 물론 세상 모든 게 다 좋아 보인다.
- 창조적인 아이디어가 마구 샘솟는다.
- 많은 친구들이 평생 내 곁에 남아 있을 것이다.
- 앞으로 인생을 계획대로 살아나갈 수 있을 것이다.
- 기분이 너무 좋아서 신나는 음악을 듣고 싶다.

- 일을 충분히 즐기고 있고, 나 자신이 정말 마음에 든다.
- 오늘은 너무나 행복한 하루다!

20분 웃음 클럽

웃음 클럽마다 제각각 다른 방식을 적용한다. 여기서는 웃음 클럽의 기본적이고 공통적인 형태와 방법을 간략하게 소개한다. 우선 적당한 간격으로 원을 그리며 둘러선다. 리더 역할을 맡은 사람이 원 중간에 선다. 총 시간은 20분 정도이며, 각 단계는 40초 정도로 이루어진다. 가장 일반적인 단계는 다음과 같다.

1. **하하호호** : "하하호호"라고 외치면서 첫 번째 '하'와 '호'에서 박수를 친다. 이때 하하호호 소리는 입이 아니라 배 속에서 우러나와야 한다. 이 소리를 내는 동안 사람들은 계속 웃는 표정을 유지한다.

2. **다 같이 흔들기** : 빙 둘러 원을 만들고 서로 손을 잡는다. 리더가 "지금!"이라고 외치면 천천히 웃기 시작한다. 그리고 리더의 손짓에 따라 서서히 중심으로 모여들면서 점점 더 크게 웃는다. 리더가 다시 신호를 보내면 제 자리로 돌아가면서 천천히 웃음소리를 낮춘다.

3. **포효하는 사자** : 입을 쩍 벌리고 혀를 쭉 내밀면서 눈을 최대한 크게 뜬다. 그리고 한 손을 들어 올려 사자의 자세를 취한다. 리더의 지시에 따라 20초간 사자처럼 포효한다.

4. **허밍하는 새** : 두 사람씩 짝을 지어 입술을 다문 채 웃는 표정으로 허밍을 한다. 그동안 상대방의 눈을 서로 응시한다.

5. **비웃기** : 리더가 원을 두 그룹으로 나눈다. 그리고 상대편 그룹을 손가락질하면서 웃도록 한다. 단, 감정 조절이나 심리 상태 때문에 어려움을 겪고 있는 사람들에게는 삼갈 것.

지금 바로
써먹는
심리학

2

최고의
사랑을 위한
심리학의
조언

사랑과 연애, 더 쉽게 할 수는 없을까?
상대를 강하게 끌어당기는 데이트 기술을 배우고,
오래오래 사랑을 가꿀 수 있는 비결을 알아보자.

사랑을 파헤친
괴짜 심리학

영국의 찰스 왕세자는 1981년에 다이애나와의 약혼을 발표했다. 앤터니 카튜라는 기자는 한 악명 높은 TV 인터뷰 프로그램에서 세기의 커플에게 결혼을 앞둔 심정을 물어보았다. 그런데 찰스는 약간 머뭇거리며 기쁘고 행복하다고 대답했다. 이에 카튜는 바로 이렇게 물었다.

"서로 사랑하시죠?"

이 질문에 다이애나는 즉각 그렇다고 했지만, 찰스는 진지한 표정으로 이렇게 중얼거렸다.

"……그 '사랑'이 무슨 의미든 간에요……."

물론 사랑의 정확한 의미에 혼란을 느낀 사람은 비단 찰스 왕세자뿐만이 아니다. 역사적으로 수많은 시인과 음악가, 작가가 사랑이라는 감정을 정의하는 데 많은 어려움을 겪었다. 고대 그리스의 철학자 아리스토텔레스는 사랑을 '서로 다른 두 육체에 살고 있는 하나의 영혼'이라고 정의했다. 반면, 영국의 시인 엘리자베스 브라우닝은 사랑의 의미를 이렇게 묘사했다.

"내가 하고 내가 꿈꾸는 모든 곳에 당신이 있습니다. 포도주에서 포도 맛이 나는 것과 같은 이치라고나 할까요……."

배우 존 베리모어는 좀 더 현실적인 차원에서 이렇게 정의를 내렸다. "사랑이란 아름다운 여인을 만나서 결국 그녀가 해덕haddock(대구과의 생선_옮긴이)처럼 생겼다는 사실을 깨닫기까지 누릴 수 있는 즐거운 기간이다."

이처럼 사랑은 정의하기 대단히 어려운 감정이지만, 분명한 사실은 이 감정이 우리 모두에게 커다란 영향을 미친다는 점이다. 얼마 전 이라크의 니퍼 밸리 지역에서 탐사를 하던 고고학자들은 세상에서 가장 오래된 연애편지를 발굴했다고 발표했다. 무려 4000년 전 점토판에 새긴 그 사랑의 시는 한 여사제가 약혼자에게 쓴 것으로, 다가오는 첫날밤에 대한 설렘을 고백하고 있다. "당신은 너무나 멋져요. 저를 완전히 사로잡았죠. 당신 앞에 서면 가슴이 두근거려요."

사랑에는 국경이 없다. 아마존에서 애리조나에 이르기까지, 사하라 사막에서 시베리아 벌판에 이르기까지 세상 모든 곳에서 사람들은 사랑의 기쁨과 아픔을 똑같이 겪는다. 과거 공산주의자들은 이러한 사랑의 힘을 사회에서 몰아내고자 했으나 성공을 거두지는 못했다. 19세기경 셰이커교도와 모르몬교도들은 사랑을 거짓된 욕망으로 규정하고 신도들이 사랑에 빠지지 못하도록 했다. 그럼에도 사랑은 위험한 밀통의 모습으로 이어지고 있었다. 이처럼 세상 모든 곳에 존재하는 사랑이라는 감정에 심리학자들은 오랫동안 많은 관심을 기울여왔다. 하지만 최근 들어서야 사랑의 신비는 비로소 그 모습을 조금씩 드러내고 있다. 그것도 아주 기이한 사건들로부터.

가방 속 사나이 '블랙 잭'의 정체

1967년 오리건주립대학교의 찰스 괴칭거Charles Goetzinger 교수는 '설득의 과학'이라는 제목으로 강의를 했다. 그런데 학생들은 첫날 강의실에 들어서면서 깜짝 놀랄 만한 장면을 목격했다.[1] 강의실 맨 앞줄에 커다란 검은색 가방을 뒤집어쓴 사람이 앉아 있었던 것이다. 가방 아래 두 구멍으로는 맨발이 비죽 나와 있었다.

괴칭거는 학생들에게 앞으로 이 학생이 검은 가방을 뒤집어쓰고 강의를 들을 것이며, 철저하게 자신의 정체를 숨기고 싶어 한다고 일러두었다. 그날 이후 학생들은 얼굴도 모르는 그 친구를 '블랙 백Black Bag'이라고 불렀다. 일주일에 세 번, 블랙 백은 강의 시간마다 똑같은 모습으로 그 자리를 지켰다. 설득을 주제로 3분 발표를 하는 시간에 블랙 백은 학생들 앞에서 아무 말 없이 서 있다가 그냥 들어갔다. 그 수업을 듣던 학생들은 처음에 블랙 백에 대해 적대감을 드러냈다. 어떤 학생은 우산으로 그를 찔러보기도 했고, 다른 학생은 '걷어차세요'라고 쓴 종이를 등에 붙여두기도 했으며, 다른 학생은 주먹을 휘두르며 위협하기까지 했다.

그런데 얼마 지나지 않아 지역 언론들이 블랙 백의 괴이한 행동에 관심을 보이면서 그 이야기가 전국적으로 알려지게 되었다. 미국 전역의 기자들이 괴칭거의 강의실로 몰려들었고, CBS의 전설적 인물인 월터 크롱카이트까지 가방 속 학생과 인터뷰를 하고자 했다. 《라이프Life》는 블랙 백에 대한 기사를 여러 면에 걸쳐 보도했다.

그런데 이상한 일이 벌어지기 시작했다. 수업 시작 후 몇 주가 지나자 블랙 백이 누군지, 어떻게 생겼는지 전혀 알지 못한 상태에서 주먹을 휘두르고 우산으로 찔러대던 학생들의 공격적인 태도가 서서히 공감과 애정으로 바뀌어갔다. 따돌림이 인정으로 변화하면서 학생들은 이름도 모르는 그 친구를 좋아하게 되었고, 함께 어울리면서 그의 정체성을 지켜주고자 했다. 괴칭거가 블랙 백이 자신의 정체를 밝혀야 하는지를 놓고 투표를 제안했을 때, 대다수의 학생들은 그 생각에 반대했다.

마지막 강의가 끝나갈 무렵, 강의실 밖에는 수많은 카메라들이 블랙 백이 나오기만을 기다리며 진을 치고 있었다. 그런데 학생들은 사전에 아무런 이야기도 없었지만 인간 벽을 만들어 친구가 몰려든 기자들을 뚫고 안전하게 강의실을 빠져나갈 수 있도록 보호했다. 친구들의 선의에 고마워하며 블랙 백은 이렇게 말했다.

"저는 가방 속에 든 한 사람일 뿐입니다."

블랙 백의 정체는 아직까지 미스터리로 남아 있다.

언론과 대중은 괴칭거의 학생들이 얼굴도 모르는 친구를 좋아하게 된 이유에 대해 심리학자들의 설명을 듣고 싶어 했다. 하지만 심리학자들조차 이를 어떻게 설명해야 좋을지 감을 잡지 못했다. 1960년대 이전만 하더라도 심리학자 대부분이 우정이나 매력, 사랑에 대한 실험적인 접근 자체를 금기시했다. 대학들 역시 인간 심리에 대해 관념적이고 지나치게 성적인 방식으로 접근하는 프로이트 심리학과 어떻게든 거리를 두고자 했으며, 교수나 연구원이 인간의 개인적인 영역은 건드리지 못하도록 막았다.

만약 이러한 금기를 깨뜨리면 혹독한 대가를 치러야 했다. 이를테면 사랑의 감정을 자극하기 위해 다른 사람의 귀에 입김을 불어넣은 적이 있는지 설문 조사를 실시했던 한 교수는 이 때문에 가혹한 비판에 시달려야만 했다.[2]

1960년대 초, 어떻게 사람이 다른 사람을 좋아하고 사랑하게 되는지에 대해 심리학계는 지극히 초보적인 설명만 내놓고 있었다. 하지만 당시의 지식만으로는 블랙 백 사례를 제대로 설명해낼 수 없다는 사실을 깨달은 일부 학자들은 우정과 매력, 그리고 사랑이라는 주제를 연구하기 위해 척박한 심리학의 들판을 서서히 어슬렁거리기 시작했다. 1975년 심리학자 해트필드는 미국 국립과학재단에서 연구비를 지원받아 사랑과 매력에 관한 최초의 체계적인 연구 프로젝트를 추진했다. 많은 학자들이 이를 획기적인 시도라고 평가했지만, 이를 탐탁지 않게 바라보는 시선도 있었다. 특히 미국 상원의원인 윌리엄 프록스마이어는 해트필드의 연구를 맹비난했고, 급기야 예산을 낭비한 사업에 주는 상인 '황금 양털상Golden Fleece Award'까지 수여했다. 그는 공개적으로 이렇게 지적했다.

> 2억 명의 미국인들은 인생의 신비를 그대로 남겨두길 원한다. 남성이 여성에게, 그리고 여성이 남성에게 빠지는 이유를 알고 싶어 하는 사람은 세상에 없다. …… 그러므로 미국 국립과학재단은 이번 사랑 소동에서 즉각 빠져나오길 바란다. 사랑 문제는 엘리자베스 브라우닝이나 어빙 벌린에게 남겨두자. "무지가 축복이라면, 박식은 어리석음일지니"라는 시인 포프의 말은 그야말로 진리였던 것이다.

하지만 해트필드는 묵묵히 자신의 길을 걸어갔다. 초기 연구들 중 하나로[3] 해트필드는 플로리다주립대학교 동료인 사랑 전문가 러셀 클라크Russell Clark와 함께 "매력 넘치는 이성이 함께 밤을 보내자고 한다면 행운을 잡은 것인가?"라는 단도직입적인 질문을 가지고 설문 조사를 했다. 해트필드와 클라크는 다섯 명의 여성과 네 명의 남성으로 하여금 캠퍼스 내에서 전혀 모르는 사람에게 다가가 이렇게 말하도록 했다.

"당신을 지켜보고 있었습니다. 너무 매력적이군요. 오늘 밤 나랑 같이 있을래요?"

그리고 상대방의 반응을 꼼꼼히 관찰했다. 마지막에 이들은 사회심리학 실험 중이며 연구를 위해 그런 질문을 던진 것이라고 설명했다(설명을 듣고 난 뒤 사람들의 반응에 대해서는 아무런 언급이 없다). 「섹스 제안에서 드러난 성별 차이Gender Differences in Receptivity to Sexual Offers」라는 제목으로 발표한 논문에서, 클라크와 해트필드는 남성과 여성의 반응에 큰 차이가 있었다고 보고한다. 실험 결과 여성들은 단 한 명도 섹스 제안을 수락하지 않은 반면, 남성들은 75퍼센트나 이를 수락한 것으로 나타났다.

당연하게도 해트필드의 논문은 사회적인 논란을 불러일으켰다. 어떤 이는 그 연구 결과가 사회적 강자가 약자를 이용하는 방식을 적나라하게 보여주는 사례라고 비판했고, '남성은 천박하다'는 가설을 입증한 것에 불과하다고 지적하는 사람도 있었다.

해트필드의 연구는 의도하지 않게 대중문화에도 영향을 미쳤다. 1998년 영국의 재즈밴드인 터치 앤드 고Touch and Go는 해트필드의 실험 대본을 낭송하는 여성의 목소리를 샘플링해 〈Would You…?〉라는 곡을 만들었다. 이 노래는 영국 싱글 차트 3위까지 올랐고, 유튜브에서 조회 수 200만 건을 기록했다. 초기 연구의 성공에 힘입은 해트필드와 동료들은 매력을 주제로 다양한 실험을 이어나갔다.

이후 해트필드 연구 팀은 다양한 연구를 통해 지속적인 접촉이 우정과 사랑의 강도를 크게 높일 수 있다는 사실을 보여주었다. 그들의 연구 결과에 따르면, 오랫동안 함께 지낼수록 좋아하고 급기야 사랑하게 될 가능성이 높아진다. 심리학자들은 이러한 연구 결과를 통해 왜 사람들이 근처에 사는 이성과 결혼을 하는지, 그리고 괴칭거의 수업을 들었던 학생들이 어떻게 블랙 백에게 호감을 가지게 되었는지 설명하고 있다. 실제로 해트필드의 연구 결과를 읽고 좋아하는 여성에서 무려 700통이 넘는 연애편지를 쓴 끝에 결혼에 성공한 남성의 사례도 있다.

이처럼 사랑을 주제로 한 심리학 연구 결과가 하나씩 세상에 나오면서 어느덧 거대한 심리학 흐름으로 자리 잡았다. 1970년대 중반 이후 심리학자 수백 명이 수천 건의 실험을 수행했으며, 그 과정에서 인간의 마음이라고 하는 미스터리가 조금씩 실체를 드러내고 있다.[4]

심리학, 사랑의 비밀을 파헤치다

큐피드의 비밀에 관한 연구들은 아주 다양한 방식을 취하고 있다. 예를 들면 바에서 싱글 남녀가 시시덕대는 모습을 몰래 관찰하고, 과학적인 방식으로 새로운 차원의 스피드 데이트speed dating(여러 이성을 잠깐씩 돌아가며 만나보게 하는 행사_옮긴이)를 주최하며, 거짓 개인 광고를 게재하고, 키스를 나누는 동안 테스토스테론 수치를 측정하며, 행복하게 결혼에 골인한 커플의 일상을 관찰하는 등 그야말로 다양하다.

하지만 결론은 언제나 사랑이란 결코 쉽게 알아낼 수 없는 감정이라는 것이다. 1970년대 초, 돈 번Donn Byrne이라는 심리학자는 다음과 같은 사랑의 방정식을 발표했다.

$$Y = m[\Sigma PR/(\Sigma PR + \Sigma NR)] + k$$

위 수식에서 Y는 매력, PR은 긍정적 강화, NR은 부정적 강화, 그리고 k는 상수를 의미한다.[5] 번이 내놓은 사랑 방정식에 대한 사람들의 반응을 다음과 같은 수식으로 표현할 수 있다.

$$X < 1$$

여기서 X는 번의 방정식에 깊은 인상을 받은 사람의 수를 의미한다. 번보다 더 실용적인 접근 방식을 선택한 심리학자들도 있다. 그들은 사람들 모두 무의식적으로 자신이 바라는 조건을 갖추었으며, 그 조건을 모두 충족시키는 이성을 만날 때 열정이 솟구치면서 사랑이 시작된다고 말한다. 이러한 생각을 기반으로 한 연구는 비록 큐피드의 화살이 목표물을 발견하는 방법을 밝혀내지는 못했지만, 그래도 사랑에는 두 가지 기본적인 유형이 있다는 사실을 발견했다.[6]

첫째, '열정적 사랑'은 가슴 떨림, 반함, 감정적 상승과 같은 현상을 수반하는 사랑이다. 다음 날 해가 뜰 때까지 수화기를 놓지 못하는 연인이 여기에 해당한다. 일부 심리학자들은 열정적 사랑을 좀더 낭만적인 시선으로 바라본다. 그들은 언제나 함께 있고 싶어 하고 끊임없이 서로를 갈망하는 연인의 아름다운 모습에 초점을 맞춘다. 반면 사랑의 장밋빛 포장지를 벗겨내고 현실적인 차원에서 파고드는 방식을 선택한 심리학자들도 있다. 그들은 마약 및 알코올 의존증의 경우와 마찬가지로 뇌의 특정 부위가 활성화된다는 차원에서 열정적인 사랑을 설명한다.

둘째, '공감적 사랑'은 매력보다는 친밀감에 더 가까운 유형이다. 이러한 사랑에는 끈질긴 구애 끝에 첫 키스를 나누는 짜릿함은 없지만, 대신 장기적인 관계를 기반으로 한 안정감과 편안함이 자리 잡고 있다.

오랫동안 많은 심리학자들은 설문 조사를 통해 사랑의 두 가지 유형을 확인했다. 몇 년 전 해트필드 연구 팀은 세 유형(막 시작한, 갓 결혼한, 결혼한 지 오래된)의 커플을 대상으로 설문 조사를 실시했다.[7] 그리고 이를 통해 사랑의 형태가 시간에 따라 어떻게 진화하는지 확인해보았다.

먼저 좋은 소식을 들려주면, 막 시작하는 연인은 높은 수준의 열정적 사랑과 적절한 수준의 공감적 사랑을 경험한다. 다음으로 더 좋은 소식이 있으니, 신혼부부는 둘 다 높은 수준에서 열정적 사랑과 공감적 사랑을 경험한다. 세 번째로 그다지 좋지 않은 소식으로는, 결혼 후 1년이 지나면 열정적 사랑과 공감적 사랑 모두 원점으로 돌아간다는 것이다.

마지막으로 나쁜 소식도 있다. 결혼 후 30년 동안 두 유형의 사랑 모두 지속적으로 줄어드는데, 그중에서도 열정적 사랑이 더욱 빠른 속도로 감퇴한다. 어느 순간 사랑이 갑자기 사라지지는 않지만,

분명한 사실은 시간에 따라 계속 줄어든다는 것이다. 하지만 다행히 아직 희망은 남아 있다. 차차 살펴보겠지만, 일단 사랑의 본질을 이해하고 나면 장기적인 차원에서도 얼마든지 열정적 사랑을 꾸준히 유지할 수 있다.

인간이 사랑을 갈망하는 존재라는 점에서 해트필드의 연구 결과는 비극적이다. 하지만 바로 이러한 특성 때문에 사랑을 지속시키는 묘약에 대한 인류의 관심이 시들해진 적이 역사상 한번도 없었던 것은 아닐까?

솔로를 지원하고 커플을 보호하라

수백 년 동안 수많은 마법사와 마녀는 사랑에 빠지게 만드는 주문과 묘약을 갖고 있다고 주장했다. 비잔틴 제국 사람들은 당나귀 젖과 꿀로 만든 '사랑의 케이크'를 먹을 때 큐피드의 화살이 날아온다고 믿었다. 중세에는 작은 토마토가 '사랑의 사과'로 알려졌고, 때문에 청교도 지도자들은 토마토에 독이 들었다는 소문을 퍼뜨려 신도들이 먹지 못하도록 했다. 하지만 결국 마법사의 주문과 당나귀 젖, 토마토가 아무런 효력이 없다는 사실을 깨달은 사람들은 운명적인 사랑을 찾기 위해 좀 더 현실적인 방법으로 눈을 돌렸다. 이를테면 신문에 개인 광고personal ad(특히 애인을 구하기 위해 신문 등에 내는 광고_옮긴이)를 게재하는 것처럼 말이다.

사실 개인 광고의 역사는 무척 길다. 1695년에 영국에서 출판된 『농업과 상업을 위한 자료집The Collection for the Improvement of Husbandry and Trade』이라는 책자까지 그 기원을 찾아 올라갈 수 있다.[8] 이 책자에서 아라비아 종마와 중고 침대를 판매하는 광고 사이에서 부유한 신사가 낸 개인 광고를 찾아볼 수 있는데, 그는 3000파운드의 재산을 가진 귀부인을 찾고 있다. 안타깝게도 그 광고가 결실을 맺었는지 여부에 대한 기록은 나와 있지 않다.

하지만 이렇게 시작된 개인 광고는 순식간에 유행했고, 사람들은 점점 더 적극적이고 흥미로운 방식으로 개인 광고를 게재했다. 한 18세기 광고는 '신체적 장애가 없는' 사람을 찾고 있고, 또 다른 광고는 '발목이 가느다란'이라는 구체적인 표현도 명기하고 있다. 심지어 '재산이 200~300파운드인 여성, 혹은 여자 없이 돈만 있어도 좋음'이라는 문구까지 발견할 수 있다.

그 후 몇백 년 동안 사랑을 주제로 한 연구의 열기는 식을 줄 몰랐다. 1950년대에는 두 명의 야심 찬 하버드대학교 학생들이 '오퍼레이션 매치Operation Match'라는 최초의 컴퓨터 기반 매칭 프로그램을 개발했다. 그 시스템의 성능을 시험해보기 위해, 두 학생은 7000명을 대상으로 성격을 파악할 수 있는 설문 조사를 실시했다. 이렇게 해서 얻은 설문 결과를 펀칭 카드로 만들어, 당시만 해도 작은 방만 한 컴퓨터에 집어넣었다. 6주 후, 두 학생은 설문 조사에 참여한 사람들에게 그들에게 꼭 맞는 이성의 주소와 연락처 목록을 발송했다. 오늘날 온라인 만남 사이트 역시 이와 같은 시스템을 기반으로 한다. 그리고 최첨단 프로그램을 개발하고, 좀 더 폭넓은 항목을 고려함으로써 더욱 정확한 매칭 정보를 회원에게 제공한다.

이러한 데이트 정보 시장에서 가장 최근의 혁신은 1990년대 후반에 일어났다. 야코브 데요Yaacov Deyo는 유대인 젊은이들의 만남을 주선하는 과정에서 처음으로 스피드 데이트라는 행사를 주최했다. 그의 아이디어는 즉각 퍼져나갔고, 지금도 전 세계 수많은 솔로들이 짧은 대화를 통해 짝을 찾는다.

그러나 아직까지도 사랑 산업은 큐피드의 화살을 따라다니는 사람들의 욕망을 완전히 충족시키지는 못하고 있다. 그래서 관계에 문제가 있는 커플은 카운슬러를 찾거나 자기계발서에서 조언을 찾는다. 하지만 이러한 방법이 과연 효과가 있을까? 관련 연구에 따르면, 스피드 데이트 행사를 통해 만남에 성공할 확률은 4퍼센트 정도다.[9] 온라인 데이트 시장의 확률은 좀 더 높다. 한 대형 온라인 데이트 회사가 실시한 조사에 따르면, 3년 동안 관계를 유지하고 있는 커플 중 17퍼센트 정도가 온라인 사이트를 통해 만났다.

하지만 사랑을 좇는 사람들에게 최근에 나온 통계 수치는 다소 우울하다. 미국의 경우 초혼에서는 절반 정도가, 재혼에서는 2/3가, 그리고 세 번째 결혼에서는 3/4이 실패를 겪는다고 한다. 가정 원칙을 활용해 행복감을 높일 수 있다는 연구 결과에 자극을 받은 많은 심리학자들은 이후 솔로가 운명의 상대를 발견할 수 있도록, 그리고 어려움을 겪는 커플이 위기를 극복하도록 도와줄 방법을 찾기 시작했다. 이제 스탠리 샤흐터Stanley Schachter 박사의 이야기를 들어보자.

행동이 감정을 결정한다

마지막으로 강렬한 감정을 느낀 것이 언제인지 기억이 나는가? 연설을 하면서 떨었거나, 취업 면접을 보면서 손에 땀을 쥐었거나, 좋아하는 사람과 데이트를 하고 돌아오는 길에 짜릿함을 느꼈거나, 누군가에게 모욕을 당하고 화가 난 적은? 그게 어떠한 감정이든, 사이코패스가 아닌 이상 그러한 감정을 느끼면서 강렬한 신체 반응이 나타나는 것을 경험했을 것이다. 이를테면 심장이 두근대고 입술이 마르며, 식은땀이 흘렀을 것이다.

감정을 주제로 한 초기 연구에서 많은 심리학자들은 다양한 감정이 육체적 감각에 영향을 미치는 패턴을 규명하고자 했다. 이를 위해 피실험자를 모아놓고서 여러 가지 센서를 몸에 부착하고, 모욕을 주어 화나게 만들고, 갑자기 큰 소음을 내서 위협하고, 케이크를 선물해 행복감을 준 다음, 사람들의 반응을 면밀히 살피면서 감정이 신체 반응으로 이어지는 패턴을 확인해보았다. 분노는 호흡이 가빠지고 심박 수가 증가하는 신체 반응과 관련이 있을까? 두려움은 입술이 마르고 식은땀을 흘리는 반응과 관계가 있을까? 행복감은 심박 수와 호흡이 편안해지는 반응과 연관이 있을까?

하지만 오랜 시간에 걸쳐 감정에 관한 심리학 이론을 집대성하기 위해 노력하는 동안 심리학자들은 뭔가 크게 잘못되었음을 깨달았다. 피실험자 대부분이 매우 다양한 감정을 경험했지만, 이에 따른 신체 반응은 그리 다양하지 않았기 때문이다. 뭔가 중요한 비밀을 놓쳤던 것이다.

1960년대 들어서면서 스탠리 샤흐터라는 심리학자가 그 비밀을 파헤치기 시작했다. 컬럼비아대학교에서 비만, 니코틴중독, 컬트 현상, 욕망 등 다양한 흥미로운 주제를 가지고 연구한 샤흐터는 연구 초기에 지금은 고전으로 알려진 유명한 실험을 수행했다. 그 실험을 통해 샤흐터는 감정적인 경험을 할 때 인간의 몸에서 무슨 일이 벌어지는지 알아보고자 했다.[10]

여러분이 이번 실험에 피실험자로 참여한다고 상상해보자. 어떤 생각을 하며 길을 걷는데 비타민 혼합물인 수프록신이 시력에 미치는 영향을 조사하는 실험에 참여할 지원자를 모집한다는 포스터가 문득 눈에 들어온다. 잠깐만 고생하면 꽤 짭짤한 수입을 얻을 수 있다는 생각에 적혀 있는 번호로 전화를 건다. 그리고 내일 아침 샤흐터 박사의 실험실에 나가기로 약속을 잡는다.

다음 날 아침, 실험실에 도착하자마자 한 연구원이 다가오더니 대뜸 수프록신 주사를 놓는다. 그리고 시간이 좀 지나야 효과가 나타나니 대기실에 있으라고 말한다. 대기실에 들어서서 먼저 와 있던 한 남자와 인사를 나눈다. 이야기를 주고받다 보니 그 사람도 이번 실험에 자원했고, 마찬가지로 수프록신의 효과가 나타나기를 기다리는 중이라고 한다.

그런데 몇 분이 지나자, 그 남자가 갑자기 활기를 띠기 시작한다. 대기실 한쪽 구석에 세워져 있던 훌라후프를 가지고 오더니 마구 돌려댄다. 농담을 건네고, 소파 위에 올라서고, 종이로 공을 만들어 쓰레기통으로 슛을 날린다. 그렇게 15분 정도 지나자, 연구원이 대기실로 들어오더니 감정 상태에 관한 짧은 설문지를 작성하라고 한다. 설문지만 완성해 제출하면 그걸로 모든 실험이 끝난다는 것이다.

많은 심리학 실험이 그러하듯이, 이 실험에도 모종의 속임수가 숨어 있다. 샤흐터는 근본적인 가정부터 잘못되었기 때문에 감정과 육체적 반응의 관계에 대한 연구가 실패할 수밖에 없었다고 생각했다. 그는 특정한 감정이 심박 수가 높아지거나 호흡이 가빠지거나 식은땀을 흘리는 등 특정한 신체 반응으로 이어지는 것은 아니라고 보았다. 감정은 매우 다양한 반면, 신체 반응은 종류가 많지 않았기에 샤흐터는 그 패턴이 더 단순한 형태로 이루어져야 한다고 생각했다.

샤흐터는 인간의 심리적 메커니즘이 마치 청군과 백군이 줄다리기를 하는 것처럼 작동하면서 특정한 신체 반응을 유발한다고 가정했다. 줄다리기 한편에는 청군이 있다. 청군이 힘을 내면 에너지가 넘치면서 흥분감이 샘솟는다. 아드레날린과 혈당량이 증가하면서 에너지를 공급하고, 심박 수와 호흡 또한 증가해 근육에 더 많은 산소를 제공한다. 또 부상 시 출혈을 최소화하기 위해 모세혈관을 위축시키고 더 많은 에너지를 만들어내기 위해 소화액을 분비한다. 다시 말해 우리 몸은 이른바 '투쟁-도주' 모드로 돌입한다. 그러나 이러한 상태에서 실제로 싸우거나 도망치지 않는다면, 사용되지 않고 몸속에 남아 있는 에너지 때문에 현기증을 느끼거나, 무릎에 힘이 빠지거나, 속이 메스껍거나, 몸이 떨리는 현상이 나타난다.

줄다리기 반대편에는 백군이 있다. 백군이 힘을 내면 우리 몸은 차분해진다. 심장박동은 느려지고 소화 체계도 정상으로 돌아온다. 편안히 드러누워 있거나 여유로운 시간을 즐길 때 백군이 경기를 지배한다. 심박 수와 호흡이 감소한다. 하지만 갑자기 벌떡 일어나 뛰기 시작하면, 청군이 다시 주도권을 쥐면서 심박 수와 호흡도 다시 상승한다.

대부분의 경우 청군과 백군은 주변 환경에 따라 서로 협력하면서 신체 반응을 조절한다. 예를 들어 멀리서 호랑이를 발견하는 순간, 청군이 즉각 주도권을 잡고 심박 수를 높인다. 하지만 이곳이 동물원이라는 사실을 상기하는 순간, 다시 백군이 주도권을 잡으면서 심박 수를 늦춘다.

샤흐터의 주장에 따르면 특정 감정이 특정 신체 반응으로 이어지지는 않는다. 다만 양적인 차이에 기여할 뿐이다. 하지만 샤흐터에게는 중대한 문제가 남아 있었다. 신체 반응에서는 오직 정도의 차이만 있을 뿐인데, 감정은 어떻게 그토록 다양하게 나타나는 것일까? 이 질문에 대해 샤흐터는 육체에서 뇌로 초점을 옮겨야 한다고 말한다.

앞으로 격렬한 육체 활동을 하게 되면, 샤흐터의 주장에 따라 스스로에게 일어나는 변화를 주시하면서 거기 해당하는 감정에 이름을 붙여보자. 예를 들어 누군가가 여러분에게 언성을 높이자 심박 수가 빨라졌다면, 그 원인이 되는 감정을 분노라고 명명할 수 있을 것이다. 반면 매력적인 이성을 만났을 때 심박 수가 높아졌다면, 이에 해당하는 감정은 욕망이라고 말할 수 있을 것이다.

이러한 방식으로 샤흐터는 인간의 감정에 관한 기존 인식을 완전히 뒤집어놓았다. 상식적인 차원에서 사람들은 특정한 감정이 특정한 신체 반응으로 이어진다고 말한다. 사자를 보고 두려움을 느끼면 손에서 땀이 난다. 롤러코스터를 보면 흥분하며 이는 심박 수의 증가로 이어진다. 하지만 샤흐터는 완전히 반대로 설명한다. 사자를 보자마자 손바닥에 땀이 난다. 그러고 나서 자신이 위험한 상황에 처해 있다고 생각하면서 두려움을 느낀다. 롤러코스터를 보자마자 심박 수가 증가한다. 그러고 나서 자신이 지금 놀이동산에 있다는 사실을 깨닫고 흥분을 느낀다.

이러한 측면에서 샤흐터의 주장은 가정 원칙의 연장 선상에 있다고 볼 수 있다. 제임스는 자신의 표정과 행동을 인지하고 나서 감정을 느끼게 된다고 주장했다. 샤흐터는 제임스의 이러한 아이디어를 신체 반응으로 확장해서 해석했다.

상식적인 설명

· 돌진해 오는 차를 본다 → 두려움을 느낀다 → 가슴이 떨린다

· 유명인을 만난다 → 흥분을 느낀다 → 땀이 난다

샤흐터의 설명

· 돌진해 오는 차를 본다 → 가슴이 떨린다 → 상황을 인식한다 → 두려움을 느낀다

· 유명인을 만난다 → 땀이 난다 → 상황을 인식한다 → 흥분을 느낀다

가정 원칙을 확장한 샤흐터의 주장이 옳다면 이는 상당히 흥미로운 추측으로 이어진다. 다시 말해 심박 수가 증가하는 상황을 경험할 때, 그 상황에 따라 아주 다양한 감정을 느낄 수 있다는 말이다. 이러한 방식으로 우리는 대기실에서 훌라후프를 돌리던 활기찬 남자와 함께 보낸 시간을 이해할 수 있다. 사실 이 실험에서 비타민 합성 물질 '수프록신'은 존재하지 않는다. 게다가 이 실험은 시력과는 아무런 관계가 없다. 지금쯤 눈치챘겠지만, 대기실의 그 남자는 연구 보조 요원이었다.

실험 도중 맞은 주사에는 아드레날린이 들어 있었는데 이는 피실험자를 흥분하게 만드는 역할을 한다. 아드레날린이 몸에 흡수되면서 청군이 행동을 개시하며, 이에 따라 심박 수가 높아지고 손이 떨리면서 입은 바싹 마른다. 샤흐터 버전의 가정 원칙으로 이러한 현상을 설명하면 어떻게 될까?

여러분은 다소 이상한 이 신체 반응에 대해 활기찬 남자가 신이 나 돌아다니는 모습을 보았기 때문이라고 생각하게 된다. 이 때문에 자신의 기분이 좋아진 것이라고 결론을 내린다. 샤흐터의 실험 결과 역시 이러한 설명을 뒷받침해준다. 유쾌한 그 남자와 함께 대기실에 있었던 피실험자들은 설문지를 작성하면서 '이상하게 기분이 좋다'라는 박스에 표시한 것으로 나타났다.

가정 원칙의 시선으로 볼 때, 똑같은 신체 반응을 경험하더라도 주변 상황에 따라 사람들은 다양한 감정을 느끼게 된다. 이러한 현상을 분명하게 확인하기 위해 샤흐터는 2부 실험에 돌입했다. 다시 한번 피실험자를 실험실로 불러들여 '수프록신'(실제로는 이전과 마찬가지로 아드레날린) 주사를 놓고, 대기실에서 감정에 관련된 설문지를 작성하도록 했다.

하지만 다른 점은, 1부 실험에서 '유쾌한 남자' 역할을 맡았던 보조 요원이 이번에는 훌라후프를 돌리는 대신 설문지에 대해 강하게 불만을 제기하는 '분노한 남자' 역할을 수행했다는 점이다. 다소 개인적인 질문이 등장할 때마다(예를 들면 '여러분의 어머니는 얼마나 많은 남성과 혼외 관계를 가졌는가?'와 같은 질문) 분노 씨는 설문에 대해 조금씩 짜증을 내기 시작하다가, 결국 설문지를 찢어버리고 대기실을 뛰쳐나갔다.

분노한 남자의 이러한 행동은 아드레날린 주사로 심박 수가 높아진 피실험자들이 자신의 감정을 해석하는 데 어떠한 영향을 주었을까? 예상대로 2부 피실험자들은 설문지에서 분노의 감정을 느꼈다고 대답했다.

이처럼 1, 2부 실험에서 피실험자들은 모두 동일한 신체 반응을 경험했다. 그러나 1부에서는 유쾌 씨의 모습을 보고 높아진 심박 수를 긍정적인 감정으로 해석했고, 기분이 좋다고 대답했다. 반면 2부에서는 분노 씨의 화난 모습을 보고 높아진 심박 수를 부정적인 감정으로 해석했고, 그래서 기분이 나빠졌다고 대답했다.

실험 결과에 신중을 기하기 위해, 샤흐터는 피실험자들의 감정이 훌라후프 놀이나 어머니의 도덕성에 대한 질문에 영향을 받은 것이 아니라는 사실을 확실히 해두고자 했다. 이를 위해 샤흐터는 몇 가지 추가 실험을 진행했다. 그는 두 그룹의 피실험자를 모집해 아드레날린 대신 비활성 염류 용액을 주사했다. 그들은 심박 수가 증가하는 신체적 반응을 경험하지 못했고, 설문에서도 유쾌 씨나 분노 씨와 함께 시간을 보내고 나서도 행복감이나 분노 같은 특별한 감정을 느끼지 못했다고 대답했다.

우리는 가정 원칙을 가지고 감정에 관한 다양한 현상을 설명할 수 있다. 이를테면 너무 슬프거나 너무 행복할 때 사람들은 똑같이 눈물을 흘린다. 감정에 관한 기존 이론으로는 서로 다른 감정이 동일한 행동을 자극하는 현상을 제대로 설명할 수 없다. 반면 샤흐터의 접근 방식에 따르면 모든 감정은 신체 반응과 연결되어 있으며, 감정의 강도가 똑같으면 동일한 신체 반응이 나타날 수 있다.

흥미롭게도 다양한 연구들이 기온이 상승하면 사람들은 공격적인 비난을 더 자주 하게 된다고 말한다.[11] 여기서도 다시 한번 가정 원칙으로 이러한 현상을 설명할 수 있다. 일반적으로 날씨가 더워지면 심박 수가 증가하고 땀도 더 많이 흐른다. 그러면 사람들은 이러한 신체 반응에 대해 합당한 이유를 찾기 위해 주변을 두리번거리다가 결국 분노를 지목하게 된다. 대단히 흥미로운 설명이다. 하지만 정말로 그럴까?

이를 객관적으로 입증하기 위해, 한 연구 팀은 섭씨 35도까지 점차 온도를 높여가면서 참여자들이 서로 전기 충격을 가하도록 실험했다. 그 결과, 온도가 올라갈수록 서로에게 가하는 충격의 정도가 더 강해지는 현상을 확인할 수 있었다. 다음으로 연구 팀은 피실험자들에게 찬물을 마시게 함으로써 잠시 기분을 진정시켰다. 그러고 나서 다시 한번 전기 충격을 가하도록 했을 때, 사람들은 훨씬 덜 공격적인 모습을 보였다.[12] 그렇지만 가정 원칙에 가장 큰 영향을 받은 것은 싸움이 아니라, 사랑을 갈망하는 사람들이었다.

지금, 운명의 상대를 기다리고 있다면

샤흐터는 신체 반응과 감정의 관계를 주크박스에 비유해서 설명한다. 주크박스에 동전을 넣으면 음악이 나오는 것처럼, 외부에서 일어난 사건은 특정 신체 반응을 촉발한다. 그리고 주크박스에서 원하는 곡을 고를 수 있는 것처럼, 무의식적으로 주변 상황을 살피면서 자신에게 일어난 신체 반응을 어떻게 해석할지 선택하고 이에 따라 특정 감정을 경험하게 된다. 샤흐터는 제임스의 발자취를 따라가면서도, 자신만의 고유한 형태로 가정 원칙을 활용함으로써 의도적으로 행복과 분노의 감정을 만들어내는 데 성공했다.

그렇다면 마찬가지로 사랑도 인위적으로 만들어낼 수 있는 것일까? 메릴랜드대학교 그레고리 화이트Gregory White와 그의 동료들은 심박 수와 사랑에 관한 두 가지 획기적인 실험을 했다.[13] 두 실험에서 연구 팀은 남성 피실험자들의 심박 수를 높여놓고, 매력적인 여성이 등장해 자신의 취미에 대해 이야기하는 영상을 틀어주었다. 그런 다음 그 남성들에게 그녀가 얼마나 섹시한지, 그녀와 키스를 나누고 싶은지 물어보았다.

첫 번째 실험에서 화이트는 한 그룹의 남성들에게 제자리 뛰기를 2분 동안 하도록 하고(높은 심박 수), 다른 그룹에는 몇 초 동안만 하도록 했다(낮은 심박 수). 두 번째 실험에서는 한 그룹의 남성들에게는 코미디언인 스티브 마틴의 앨범 〈A Wild and Crazy Guy〉를 반복적으로 틀어주거나, 선교사들을 처형하는 끔찍한 이야기를 들려주었다(높은 심박 수). 반면 다른 그룹에는 개구리의 혈액순환 체계에 관한 다소 지루한 강의를 들려주었다(낮은 심박 수).

화이트의 예상대로, 2분 동안 제자리 뛰기를 하거나 스티브 마틴의 앨범과 선교사를 죽이는 이야기를 듣고 심박 수가 증가한 남성들은, 잠깐 동안 달리거나 개구리 생리학 강의를 들은 남성들에 비해 비디오 속 여성을 좀 더 매력적으로 평가했다.

이와 비슷한 많은 실험이 있다.[14] 그중 가장 유명한 것은 심리학자 도널드 더턴Donald Dutton과 아서 애런Arthur Aron의 실험이다. 두 사람은 설문 조사원으로 가장한 여성 보조 연구원을 영국 컬럼비아의 카필라노강을 가로지르는 두 다리 위에서 남성들에게 접근하도록 했다.[15] 그중 하나는 바람이 불면 요동을 치는 다리고, 다른 하나는 끄떡없는 튼튼한 다리였다. 이 실험에서 흔들리는 다리는 남성들의 심박 수를 높이는 역할을 했으며, 심박 수가 높아진 남성들은 흔들림이 유발한 불안함을 사랑의 신호로 잘못 해석하고 여성 설문 조사원에게 좀 더 후한 매력 점수를 주었다.

한편 텍사스대학교의 심리학자 신디 메스턴Cindy Meston과 페니 프롤리히Penny Frohlich는 놀이 기구가 가득한 테마파크에 가서 롤러코스터를 타기 전과 타고 난 후 남성들을 만나 인터뷰를 해보았다.[16] 그들은 여성의 사진을 보여주고 매력을 평가하도록 했는데, 롤러코스터를 타고 난 후에 더 높은 점수를 준 것으로 나타났다. 그 이유는 긴장감으로 손에 나는 땀을 사랑의 신호로 잘못 해석했기 때문이다.

이 실험은 운명의 상대를 기다리는 싱글에게 특히 중요한 메시지를 던진다. 결론적으로 이 실험은 성공적인 데이트를 하려면 시골길을 걷거나 명상 수업을 들을 게 아니라 롤러코스터를 타고, 흔들리는 다리를 함께 걷고, 코미디 프로그램이나 무서운 영화를 같이 보는 편이 낫다고 조언하고 있는 것이다. 가정 원칙의 이러한 측면을 기반으로 사랑에 관한 또 다른 궁금증을 해결할 수 있다.

반대할수록 사랑이 불타오르는 과학적인 이유

가질 수 없는 사랑에 대한 갈망은 계속 높아만 간다. 그래서 짝사랑은 종종 파국으로 이어진다. 자신을 거절한 여성을 납치한 한 남성은 결국 눈물을 흘리며 이렇게 토로했다. "거절당했다는 사실이 그녀를 더 원하도록 만들었습니다."

일반적으로 자신에게 나쁜 감정을 불러일으키는 사람은 좋아하지 않는다고 말하는 기존 심리학으로는 이와 같은 비이성적인 행동을 설명할 수 없다. 하지만 가정 원칙의 시선으로 바라본다면 쉽게 납득할 수 있다. 정말로 갈망하는 대상을 얻지 못할 때 분노가 치밀고 짜증이 난다. 사랑에 빠졌는데 그 뜻을 이루지 못하면, 사람들은 그들이 겪는 심리적 혼란을 자신의 강렬한 열정 때문이라고 잘못 해석하는 경향이 있다. 그렇기 때문에 더 많은 거절은 더 큰 집착을 부른다.

바로 이러한 관점에서 우리는 사랑을 가로막는 장벽이 인간 심리에 미치는 다소 이해하기 어려운 영향력을 설명할 수 있다. 그리스 작가 바실리스 바실리코스의 이야기에는 상상의 동물 두 마리가 등장한다. 하나는 상반신은 새, 하반신은 물고기의 모습을 하고 있다. 다른 하나는 상반신은 물고기, 하반신은 새의 모습을 하고 있다. 두 동물은 서로 사랑에 빠지지만, 결코 하나가 될 수 없는 자신들의 비극적인 운명에 괴로워한다. 그러다 그중 하나가 그들의 운명을 긍정적인 시선으로 바라보면서 이렇게 말한다.

"그렇지 않아. 우린 지금 행복하다고. 이렇게 떨어져 있기 때문에 계속 사랑할 수 있는 거야."

이처럼 사랑을 가로막는 장벽이 오히려 사랑을 더 불타오르게 만든다는 사실을 깨달은 작가는 물론 바실리코스뿐만은 아니었다. 로마 신화 중 '피라무스와 티스베'를 보면 사랑하는 두 연인이 집안의 반대로 서로 만나지 못한다. 둘은 서로 인접한 두 집에 따로 갇힌 채 벽에 난 구멍으로 이야기를 주고받는다. 『그리스 로마 신화』를 쓴 에디스 해밀턴은 이렇게 설명한다.

"사랑은 막는다고 되는 게 아니다. 덮으면 덮을수록 그 불꽃은 더 활활 타오르게 마련이다."

마찬가지로 셰익스피어의 비극 『로미오와 줄리엣』에서도 가문의 반대는 두 사람의 사랑을 더 뜨겁게 달구었을 뿐이다.

이러한 일이 현실에서도 나타나는지 확인하기 위해 콜로라도 대학교의 리처드 드리스콜 Richard Driscoll은 1년 동안 100쌍 이상의 커플을 추적하면서 부모의 반대와 열정의 상관관계를 살펴보았다.[17]

그 결과, 부모의 반대가 심할수록 사랑이 더욱 뜨거워진다는 사실을 분명히 확인할 수 있었다. 드리스콜은 셰익스피어에게 경의를 표하는 마음으로 이러한 심리적 현상에 '로미오와 줄리엣 효과'라는 이름을 붙였다.

'눈에서 멀어지면 마음에서도 멀어진다'고 말하는 기존 심리학의 관점에서 볼 때, 두 연인을 떼어놓으면 열정도 서서히 식어버릴 것이라고 예상할 수 있다. 그러나 이러한 관점으로는 '로미오와 줄리엣 효과'를 설명할 수 없다. 그럼 가정 원칙을 적용하면? 멀리 떨어뜨려놓을수록 절망감은 높아만 가고, 연인들은 이러한 절망감을 뜨거운 사랑의 신호로 착각한다.

가정 원칙을 기반으로 사랑이 끝날 무렵에 나타나는 이른바 '반동 효과'까지 설명할 수 있다. 사랑이 파국을 맞이할 때 사람들은 불안감을 느낀다. 그런데 그러한 불안감이 채 사라지기도 전에 새로운 사랑이 찾아오면, 사람들은 그 불안감을 강한 열정으로 잘못 해석한다. 한 가지 실험이 이를 입증한다. 연구 팀은 남성 피실험자들을 대상으로 성격 테스트를 실시하고 나서 일부에게는 긍정적인 피드백(편안한 느낌)을, 다른 일부에게는 부정적인 피드백(불안한 느낌)을 주었다. 그리고 카페에 앉아 있으라고 한 다음 매력적인 여성이 그들에게 다가가도록 했다. 예상대로 이러한 상황에서 부정적인 피드백을 받은 남성들이 긍정적인 피드백을 받은 사람들보다 그 여성을 더욱 매력적으로 평가한 것으로 나타났다.[18]

일명 '스톡홀름 증후군Stockholm syndrome'이라고도 하는 심리 효과 역시 샤흐터 버전의 가정 원칙을 지지한다. 스톡홀름 증후군이란 인질로 잡힌 사람이 인질범에게 애착을 보이는 비합리적인 심리 현상을 말한다. 놀랍게도 스톡홀름 증후군은 상당히 보편적으로 나타나는 심리 현상으로, FBI 인질 보호 데이터 시스템에 따르면 1/3에 가까운 인질이 이러한 현상을 보인다고 한다.

흥미로운 사실은, 스톡홀름 증후군은 인질범이 어느 정도의 친절함을 베풀 때에만 발생한다는 것이다. 이러한 현상이 나타나는 이유는, 인질로 붙잡혀 있는 극단적으로 불안한 상황에서 사람들은 자신의 불안감을 인질범에 대한 애정의 신호로 잘못 해석하기 때문이다. 같은 맥락에서 우리는 폭력을 행사하는 남편에게서 쉽게 벗어나지 못하는 아내의 심리도 이해할 수 있다.

오랫동안 심리학자들은 감정이 신체 반응에 영향을 미친다고 믿었다. 분노는 심장을 뛰게 만들고, 불안감은 식은땀을 흘리게 한다. 반면 샤흐터는 행동이 감정을 결정한다는 제임스의 가정 원칙을 기반으로, 신체 반응을 해석하는 방식이 감정을 결정한다는 사실을 보여주었다. 심장이 빨리 뛰는 동일한 신체 반응에 대해서도, 사람들은 자신이 처한 상황에 따라 분노나 행복 또는 사랑의 신호로 각각 다른 해석을 내린다. 샤흐터의 이론에 따르면 사람들에게 코미디 영화를 보여주고, 흔들리는 다리 위를 걷게 하며, 무서운 롤러코스터를 타도록 함으로써 사랑의 감정까지 의도적으로 만들어낼 수 있다.

사랑에 관한 또 다른 궁금증도 해결할 수 있다. 이를테면 거절이 어떻게 집착을 낳는지, 사랑의 장벽이 어떻게 열정의 불꽃을 활활 타오르게 만드는지, 그리고 폭력을 행사하는 남편에게서 왜 쉽게 벗어나지 못하는지에 관한 과학적인 설명을 내놓을 수 있다. 이와 같은 일련의 연구 결과에 영감을 얻은 많은 심리학자들은 가정 원칙을 기반으로 사랑의 실체를 밝혀내는 일에 도전했다.

심리학, 실험실에서 사랑을 제조하다

20세기가 시작될 무렵 독자적으로 연구를 진행한 빅토리아 시대의 과학자 프랜시스 골턴Francis Galton 경은 평생 수많은 특이한 심리학적 현상을 탐구했다.[19] '언제 어디서나 측정한다'를 모토로 삼은 골턴은 동료 학자들의 강의를 듣는 학생들을 대상으로 지루함의 정도를 측정했고, 성직자의 평균수명을 기준으로 기도의 위력을 평가했으며, 완벽한 차를 우려내는 방법을 알아내기 위해 몇 달 동안 실험을 하기도 했다.

골턴은 「성격의 측정Measurement of Character」이라는 논문에서, 연인이 서로에게 느끼는 '매력'의 정도를 측정해 사랑을 평가할 수 있다고 주장했다.[20] 그는 연인들이 탁자에 앉을 때 종종 서로를 향해 앞으로 기울여 앉는 모습을 확인했다. 그러한 자세를 취하면 자연스럽게 의자의 네 다리 중 앞 두 다리에 더 많은 무게가 실린다. 이 점에 착안한 위대한 과학자는 조그마한 다이얼 형태의 압력계를 의자 다리에 보이지 않게 부착해 사랑의 정도를 객관적으로 측정하는 아이디어를 냈다. 하지만 골턴은 여기에 대해 이렇게만 설명했다.

"몇몇 과감한 실험을 기획했지만, 다른 연구들에 정신이 팔려 제대로 마무리하지 못한 적이 많았다."

더욱 아쉬운 점은 동시대를 살았던 학자들 중 골턴의 아이디어를 가지고 실제로 실험을 한 사람이 아무도 없었다는 사실이다. 연인의 행동을 관찰함으로써 사랑을 측정할 수 있다는 골턴의 아이디어는 그렇게 해서 묻히고 말았다.

오랫동안 잠들어 있던 골턴의 아이디어는 1970년대 들어 비로소 빛을 보았다. 당시 과학자들은 몰래 압력계를 설치하는 방법 대신 좀 더 객관적인 방식을 선택했다. 한 열정적인 소규모 연구 팀은 심리학자들이 잘 찾지 않는 술집과 클럽을 몇 년에 걸쳐 드나들었다. 거기서 그들은 연인들의 행동을 몰래 관찰했다. 그들의 예상대로 사랑에 빠진 연인들은 가까이 붙어 앉아 오랜 시간 서로의 눈을 바라보고, 탁자 아래로 발 장난을 치고, 서로의 몸짓을 따라 하고, 손과 팔을 부비며 비밀스러운 말을 속삭였다.[21] 가정 원칙을 활용하면 행복감을 의도적으로 만들어낼 수 있다는 아이디어를 기반으로, 많은 심리학자들은 사랑에 빠진 것처럼 행동할 때 정말로 사랑의 감정을 느낄 수 있는지 확인해보고자 했다.

이러한 초기 연구들 중 하나로 케네스 거겐Kenneth Gergen의 실험을 꼽을 수 있다.[22] 연인들은 주로 으슥한 곳에서 사랑을 속삭인다는 점에 착안해, 거겐은 완전히 초면인 남녀를 그러한 환경에 놓아두었을 때 어떠한 일이 벌어지는지 살펴보기로 했다.

이를 위해 바닥과 벽을 모두 패딩 재질로 덮은 방에서 남성 네 명과 여성 네 명이 한 시간 동안 함께 시간을 보내도록 했다. 다음으로는 실내 조명을 모두 끈 상태에서 또 다른 남성 네 명과 여성 네 명이 한 시간 동안 있도록 했다. 이 실험에서 거겐은 일반 카메라와 적외선 카메라를 통해 방에서 일어나는 모든 일을 촬영했다. 실험이 끝난 후에는 사람들과 인터뷰를 했다.

「어둠 속 일탈Deviance in the Dark」이라는 논문에서 거겐은 그 실험 결과를 소개했다. 불이 켜진 상태에서는 피실험자 중 어느 누구도 서로를 만지거나 껴안지 않았으며, 30퍼센트 정도가 성적인 자극을 느낀 것으로 나타났다.

그런데 어두운 상태에서는 완전히 다른 결과가 나타났다. 90퍼센트 정도가 서로의 몸을 만졌으며, 50퍼센트는 껴안기까지 했다. 또 80퍼센트가 성적인 자극을 받았다고 답했다. 사람들은 좀 더 편안하게 인생의 비밀 이야기를 나누었고, 서로의 매력도 역시 더욱 높게 평가한 것으로 드러났다. 심지어 몇몇 사람들은 이성의 얼굴을 쓰다듬거나 키스를 나누기도 했다.

일반적인 연인들이 사랑을 나누는 환경에 처해 있다는 생각만으로 사람들은 자신이 정말로 큐피드의 화살을 맞은 것처럼 행동했으며, 서로에게 더 많은 매력을 느꼈다. 이는 분명 놀라운 연구 결과이기는 하지만, 실험실에서 만들어낸 사랑이라는 거대한 빙산의 일각에 불과했다.

영화 속 '연애 조작단'이 가능하다고?

심리학자 대니얼 웨그너Daniel Wegner는 웃음이 사람을 행복하게 만든다는 아이디어에서 영감을 얻었다. 그는 완전히 처음 보는 두 사람이 마치 연인인 것처럼 상대에게 장난을 치게 함으로써 서로에 대한 호감을 높일 수 있을 것이라고 기대했다.[23] 제임스의 가설을 연구한 많은 심리학자들이 피실험자들이 대답을 조작할 가능성을 차단하기 위해 거짓으로 실험 내용을 설명한 것처럼, 웨그너 역시 포커 게임에 관한 심리학 실험을 한다고 거짓으로 설명했다.

그런 다음에는 사람들을 네 그룹으로 나누었다. 각 그룹은 서로를 전혀 알지 못하는 두 명의 남자와 두 명의 여자로 이루어졌다. 그런 뒤 남자 한 명과 여자 한 명씩 팀을 이루어 함께 포커를 치도록 했다. 그리고 각 팀을 서로 다른 방으로 불러 게임 규칙을 설명해주었는데, 두 팀 중 한 팀에게는 암호를 몰래 주고받는 속임수를 알려주었다. 이를테면 발을 서로 맞닿게 하고 있다가 중요한 순간에 신호를 보내 정보를 주고받도록 하는 식이었다. 암호의 진정한 목적은 두 사람이 마치 연인처럼 장난을 치도록 하기 위한 것이었다. 웨그너는 포커 게임을 마치고 나서 피실험자들과 인터뷰를 했고, 그 결과 무의식적으로 장난을 친 남녀들이 서로의 매력을 더 높게 평가한 것으로 나타났다.

이처럼 실험실에서 사랑을 만들어낸 심리학자는 웨그너 말고도 많다. 2004년, 아서 애런Arthur Aron과 바버라 프레일리Barbara Fraley는 안대와 빨대를 이용해 다소 기이하면서도 아이디어가 돋보이는 실험을 수행했다.[24] 애런과 프레일리는 만난 적 없는 두 사람이 젊은 연인처럼 즐거운 시간을 보내고 난 뒤 서로에 대해 더 가깝게 느끼게 될 것이라고 기대했다. 이를 확인하기 위해 남녀 피실험자들을 무작위로 짝 짓고 두 그룹으로 나누었다.

첫 번째 그룹의 경우, 한 사람은 안대로 눈을 가리고 다른 사람은 빨대를 물고 있도록 했다. 그리고 빨대를 물고 있는 동료가 읽어주는 지시 사항에 따라 상대방이 춤 스텝을 익히도록 했다. 다음으로 안대와 빨대를 모두 제거하고 한쪽에는 종이와 펜을 주고, 다른 한쪽에는 나무나 집 같은 단순한 사물의 이름을 알려주었다. 이때 펜을 든 쪽은 상대방의 설명에 따라 그림을 그렸다. 반면 두 번째 그룹에서는 빨대와 안대를 사용하지 않고 춤 스텝을 익히게 하고 나서, 똑같은 방식으로 그림을 그리도록 했다.

모든 상황이 끝나고 나서 애런과 프레일리는 피실험자들에게 상대방에 대한 친밀함의 정도를 두 원이 겹치는 모양으로 그려보도록 했다. 그 결과, 안대와 빨대를 가지고 마치 연인인 것처럼 행동한 커플들이 서로를 더 친밀하게 느낀 것으로 드러났다.

오랫동안 많은 심리학자들이 이와 비슷한 실험을 시도했다. 어떤 실험에서는 초능력을 테스트한다고 설명하면서 서로의 눈을 응시하도록 했고, 다른 실험에서는 전혀 모르는 사람들끼리 비밀스러운 이야기를 나누도록 했다. 그리고 이러한 다양한 실험 모두 얼마든지 의도적으로 사랑의 감정을 불러낼 수 있다는 사실을 보여주었다.[25]

사랑의 신비를 무너뜨린 엡스타인의 실험

이와 같은 다양한 실험에 자극받은 미국 심리학자 로버트 엡스타인Robert Epstein은 여기서 한 걸음 더 나아갔다. "이러한 방법을 잘 활용하면 실험실 밖에서도 사랑을 만들어낼 수 있지 않을까?"라는 호기심이 그 출발점이었다.

엡스타인의 이력은 상당히 특이하다.[26] 그는 10대 후반에 랍비가 되라는 신의 소명을 받아 모든 걸 버리고 이스라엘로 떠났다. 그러나 6개월 뒤 계시를 잘못 해석했다는 사실을 깨닫고 고향으로 돌아와 '인류를 위한 의미 있고 장기적인 공헌'을 하기로 결심한다. 그리고 심리학에 대한 관심을 키워나가다가 하버드대학교에 진학했다. 이후 4년 동안 무려 21편의 논문을 발표했는데, 심리학부 학장은 박사 논문을 면제해주면서 적절한 시점에 논문을 묶어 출판하라고 조언했다. 졸업 후 엡스타인은 저명한 심리학 잡지《사이콜로지 투데이Psychology Today》의 편집자가 되었다(심리학자들은 이 잡지의 과월호를 '사이콜로지 예스터데이'라는 애칭으로 부른다). 이후 2003년에 편집자를 그만두고 다시 창조성, 스트레스, 사춘기, 사랑 등 다양한 주제를 가지고 심리학 연구에 매진하고 있다.

엡스타인은 서구 세계가 동화, 로맨스 소설, 할리우드 블록버스터가 들려주는, 사랑에 대한 위험천만한 거짓말에서 헤어나지 못하고 있다고 말한다.[27] 서구에서는 여인이 갑옷 입은 기사를 기다리며, 사랑이란 마법의 키스와 묘약 또는 신의 뜻으로 생겨나는 신비스러운 감정이라는 이야기를 듣고 자라난다. 성인이 되어서도 운명의 상대를 기다리다가 결국 해피엔드로 끝나는 영화를 보고 소설을 읽는다. 하지만 엡스타인은 사랑에 대한 이와 같은 왜곡된 이미지가 사람들의 마음을 파고들어 삶을 오히려 더 황폐하게 만든다고 지적한다.

엡스타인에 따르면 사랑은 결코 신비로운 감정이 아니며, 단 한 명의 운명의 상대란 존재하지 않는다. 또 사랑이라는 감정은 심리학적인 원리에 따라 발전하며, 연인처럼 행동함으로써 사랑의 감정을 인위적으로 만들어낼 수 있다고 주장한다. 말도 안 되는 소리라고 생각하는 사람도 있겠지만, 많은 연구 결과가 엡스타인의 손을 들어주고 있다.

실제로 많은 배우들이 촬영을 하다가 상대 역할을 맡은 배우와 사랑에 빠진다. 리처드 버턴과 엘리자베스 테일러는〈클레오파트라〉를 찍다가 사랑에 빠졌고, 브래드 피트와 앤젤리나 졸리는 〈미스터 & 미세스 스미스〉에서 부부 역할을 맡아 연기하다가 연인이 되었다. 〈벅시〉에서 갱스터 벅시 시겔 역을 맡은 워런 비티, 그리고 벅시가 사랑에 빠진 할리우드 여배우 역을 맡은 아네트 베닝도 촬영을 마치고 곧바로 결혼에 골인했다.

2002년 6월, 당시 40대 후반의 싱글남이던 엡스타인은 사랑에 관한 자신의 이론을 증명하기 위해 '과감하면서도 개인적인' 실험을 하겠노라고 발표했다.[28] 《사이콜로지 투데이》의 한 기사에서, 그는 전혀 모르는 남녀를 서로 사랑하도록 만들 수 있다는 자신의 주장을 증명하기 위해 실험에 참여할 여성을 찾고 있다고 발표했다. 이 실험에서 엡스타인은 참여한 여성과 함께 일반적인 데이트가 아니라, 사랑의 감정을 만들어내기 위해 특별히 고안된 다양한 프로그램에 따라 6~12개월을 보내게 될 것이라고 설명했다(다른 이성을 만나지 않고, 사랑의 감정에 보탬이 되는 다양한 활동을 함께 즐기면서 말이다). 그리고 그 후에 서로의 경험에 대해 함께 책을 쓰기로 했다(책 제목도 정해놓았다. '만들어나가는 사랑 : 우리가 사랑을 만들어낸 비결, 그리고 실천 방안').

여기서 엡스타인은 이 실험이 그저 떠들썩한 이벤트가 아니라 사랑의 본질을 파헤치는 진지한 심리학 연구라는 사실을 강조했고, 여러 유명 출판사가 이에 많은 관심을 보였다. 언론은 그의 발표를 즉각 기사에 실었고, 이를 본 1000여 명의 여성이 응모했다. 엡스타인은 최종 후보 15명을 만나보았지만 실험에 참여할 한 사람을 결정하지는 못했다. 나중에 그는 이에 대해 신청한 여성 모두 사랑에

관한 실험보다 개인적인 인기에 더 많은 관심을 갖고 있다는 인상을 받았기 때문이라고 설명했다.[29]

그러던 2002년 크리스마스, 비행기에 오른 엡스타인은 베네수엘라 출신 전직 발레리나 가브리엘라 카스티오라는 여성의 옆자리에 앉게 되었다. 그녀와 이야기를 주고받던 엡스타인은 자신의 실험에 대해 설명하면서 그녀에게 상대역을 맡아달라고 제안했다. 카스티오는 조금 망설이다가 결국 수락했고, 다음 밸런타인데이에 두 사람은 '사랑 계약'에 서명했다. 하지만 한 사람은 베네수엘라에, 다른 한 사람은 미국에 사는 탓에 실험은 순조롭게 진행되지 못했다. 카운슬러를 몇 번 찾아가기도 했지만 결국 실험은 몇 달 만에 중단되고 말았다. 이후 2008년 엡스타인은 영국 맨섬에서 강의를 하다가 만난 여성과 결혼했다.

사랑을 주제로 한 개인적인 실험에서는 성공을 거두지 못했지만, 그래도 엡스타인은 실험실 밖에서 사랑을 만들어내기 위해 다양한 실험을 계속 추진했다. 가장 먼저 캘리포니아대학교 학생들을 대상으로 현장 실험을 실시했다. 여기서 엡스타인은 전혀 모르는 남녀에게 사랑의 감정을 자극하는 과제를 내주었다. 부드럽게 포옹하거나, 박자에 맞춰서 함께 호흡을 하거나, 서로의 눈을 오래 응시하거나, 팔로 감싸 안거나, 몸이 닿지 않은 상태로 가능한 한 가까이 다가가는 행동을 하도록 했다(연구 결과에 따르면, 그 마지막 방법은 종종 키스로 이어졌다고 한다). 엡스타인은 실험 전과 후 참여자들에게 상대방에 대한 느낌을 평가하도록 했다. 그 결과, 실험 후에 더 많은 매력

을 느꼈으며 친밀감도 상승한 것으로 드러났다.[30]

이 결과를 잘 활용하면 큐피드의 화살을 간절히 염원하는 싱글들에게 큰 도움을 줄 수 있지 않을까? 나는 엡스타인의 연구 결과를 실제 상황에 적용해보기로 했다. 우선 에든버러 중심부에 위치한 조지 왕조 시대의 고풍스러운 무도회장을 빌렸다. 그리고 유혹을 주제로 한 실험에 참여할 싱글 남녀를 모집한다는 내용의 광고를 냈다.

그렇게 해서 모인 스무 명의 남성과 스무 명의 여성을 초대했다. 저녁 행사를 시작하기에 앞서 우리 연구 팀은 조명을 낮추고 탁자마다 촛불을 켰으며, 사랑의 노래를 틀어놓는 방식으로 아늑한 분위기를 연출했다. 그리고 참가자들이 도착할 때마다 긴 탁자를 중심으로 한쪽에는 남성을, 다른 한쪽에는 여성을 앉혔다. 그런 다음 모든 사람에게 행사 프로그램을 설명해놓은 책자를 나눠주었다.

모든 참가자가 자리를 잡고 나서 행사를 시작했다. 가장 먼저 맞은편에 앉은 이성과 편안하게 이야기를 나누면서 상대방의 이름과 여러 정보를 알아보도록 했다. 그런 다음 명찰과 펜을 나눠주고 서로 상대방의 이름표를 만들어주도록 했다. 그 명찰에는 상대방의 이름과 함께 그 사람에 대한 흥미로운 특징을 쓰도록 했다. 그리고 마지막으로 그렇게 만든 이름표를 서로 교환하도록 했다. 이 방법은 연인처럼 선물을 주고받게 함으로써 서로에 대한 친밀감을 높이기 위한 것이었다.

다음으로 스피드 데이트 행사가 끝난 다음에 다시 한번 상대방을 만나고 싶은지 표기하도록 했다. 첫 번째 과제가 끝나면, 여성들은 한 칸씩 옆으로 이동해 똑같은 방식으로 두 번째 과제를 수행했다. 이러한 방식으로 참여자들은 저녁 내내 모든 이성과 함께 똑같은 과제를 반복했다. 때로는 상대방의 눈을 들여다보거나, 손을 잡거나, 비밀스러운 이야기를 나누거나, 한 가지 과제를 내주고 함께 수행하도록 했다.

이 실험에서 참여자들은 모두 상대방의 눈을 응시하고, 비밀 이야기를 나누면서 즐거운 시간을 보냈다. 그런데 이러한 방법으로 과연 사랑의 감정을 자극할 수 있었을까? 몇 년에 걸쳐 일반적인 형태의 스피드 데이트 행사를 주최하면서, 나는 참여자 중 20퍼센트 정도가 나중에 다시 만나기를 원한다는 사실을 확인했다. 반면 가정 원칙을 적극적으로 활용해 행사를 진행했을 때, 그 비율은 놀랍게도 45퍼센트로 높아졌다. 아주 짧은 시간 동안 연인인 것처럼 행동하게끔 유도함으로써 더 많은 사람들의 심장에 큐피드의 화살을 날릴 수 있었다.

앞서 행사가 시작될 무렵, 리앤과 닉이 참여자로서 도착했다. 손금 보기 시간에 두 사람은 인생 이야기를 나누면서 스킨십을 하게 되었다. 이들은 자연스럽게 눈을 맞추고 서로의 손을 잡았다. 프로그램이 끝나고 두 사람이 나눈 대화를 살펴보니, 두 사람에게 공통점이 많고 서로 상대방을 웃게 만들었다는 사실을 확인할 수 있었다.

리앤과 닉은 행사가 끝난 뒤에도 다시 만나기를 원했고 연구 팀은 상대방의 이메일 주소를 알려주었다. 두 사람은 그다음 주에 커피 약속을 잡았고 커피는 저녁으로, 저녁은 와인으로 이어졌다. 두 사람은 지금은 연인 사이로 발전했다.

진부한 그것이 작업의 정석일 수밖에 없는 이유

혹시 여러분은 아직 싱글인가? 그래서 가정 원칙의 도움을 얻고 싶은가? 또는 사랑하는 사람이 있는데 관계에 새로운 활력을 불어넣고 싶은가? 행복한 커플은 손을 꼭 잡고 서로의 인생에 대해 많은 이야기를 나눈다. 그리고 이러한 행동은 다시 서로에 대한 호감을 높인다.

만약 싱글이라면 좋아하는 이성을 만났을 때 손금을 봐주겠다고 말해보자. 상대방이 승낙한다면 그 종이를 꺼내놓고 손바닥이 하늘을 향하도록 탁자에 얹어보라고 한다. 커플이라면 연인에게 재미있는 것을 발견했다고 하며 똑같이 손을 올려보라고 하자.

이제 자신의 손을 상대방의 손 아래로 부드럽게 집어넣고, 다른 한 손으로는 살며시 손바닥의 손금을 만져본다. 그리고 손금 보기 페이지를 보면서 상대방 손금에 대한 이야기를 시작하자. 가능한 한 유쾌한 분위기로 이야기하자. 뭔가 찜찜한 표정을 짓는 행동은 금물이다. 상대방 스스로 손금에 대해 이야기하도록 유도하면서 두 사람의 공통점으로 화제를 몰아가자. 마지막으로 손금은 그냥 재미로 보는 것이라는 말도 잊지 말자.

오래된 연인들을 위한 심리학의 조언

사랑에 빠진 사람들은 함께 나가서 즐기고, 새롭고 흥미로운 경험에 도전한다. 하지만 시간이 흐르면서 권태기에 접어들고 만다. 계속 똑같은 대화를 나누고 똑같은 장소를 돌아다니면서 서로에 지루함을 느끼는 것이다. 실제로 많은 연구들이 지루함이야말로 불행한 관계의 중요한 원인이라고 지목하고 있다.[31] 이에 대해 흔들리는 다리, 안대와 빨대 실험을 한 심리학자 아서 애런은 새로운 활동에 도전해봄으로써 오래된 연인도 다시금 사랑의 불씨를 지필 수 있을 것으로 기대했다.

이를 확인하기 위해 애런은 결혼 생활 14년 차 정도의 부부 50쌍을 대상으로 10주짜리 프로그램을 실시했다.[32] 그는 다양한 활동 목록을 보여주면서 각각의 항목에 대해 얼마나 즐거운 활동인지, 얼마나 새로운 활동인지 평가해보도록 했다. 다음으로 부부들을 두 그룹으로 나누고 한 그룹에는 일주일에 한 시간 반 동안 즐겁다고 느낀 활동을, 다른 그룹에는 같은 방식으로 새롭다고 평가한 활동을 하도록 했다. 그리고 프로그램이 모두 끝났을 때 참가자들에게 결혼 생활 만족도를 평가해달라고 요청했다. 그 결과 스키, 하이킹, 춤, 콘서트 관람 등 새롭다고 평가한 활동을 시도한 부부가 영화나 외식, 친구 집 방문 등 즐겁다고 평가한 활동을 한 부부에 비해 훨씬 더 높은 점수를 주었다.

이 연구 결과는 장기적으로 사랑을 유지하기 위해서는 익숙한 활동에 대한 유혹을 과감하게 떨쳐버리고, 삶에 활력을 불어넣을 수 있는 새로운 활동에 도전해야 한다는 사실을 말해준다. 가슴 설레는 데이트를 즐긴다는 느낌을 주는 다양한 활동을 통해 오래된 부부도 시간을 돌려 다시 한번 애틋한 감정을 느낄 수 있다.

수백 년 동안 과학자들은 사랑의 신비를 풀기 위해 노력했다. 지금까지 심리학 이론들은 사랑에 빠지면 가슴이 두근거리고 연인의 눈을 애타게 바라보게 된다고 말한다. 그러나 가정 원칙은 완전히 거꾸로 설명한다. 즉, 사랑에 빠진 것처럼 행동하면 열정이 불타오르게 된다. 서로 모르는 사이인데도 손을 잡고 장난을 치다 보면 갑자기 큐피드의 화살을 맞게 된다. 그리고 첫 데이트의 흥분을 되살리는 활동을 하다 보면, 오래된 연인도 다시 한번 서로에게 강렬한 매력을 느끼게 된다. 이 단순하면서도 의미심장한 방법을 활용함으로써 사랑을 발견하고, 그 사랑을 오랜 시간 가꾸어나갈 수 있다. 사랑이 우리를 바꾸는 것이 아니다. 행동을 바꿀 때 최고의 사랑이 찾아오는 것이다.

3

마음을 치유하는 뜻밖의 방법들

가장 중요할 때 발목을 잡는
사소하지만 커다란 마음의 문제들.
두려움과 불안, 우울증을 몰아내고
건강한 마음을 유지하는 기술을 소개한다.

몸이 마비되면 감정도 둔해진다

지금 이 글을 읽는 동안에도 수많은 사람들이 마음의 문제로 많은 어려움을 겪고 있다. 그들은 가상의 공포에 시달리고, 과도한 불안과 우울감 때문에 괴로워한다. 이 문제를 해결하기 위해 100년이 넘는 기간 동안 많은 과학자와 심리학자가 끊임없이 연구를 해왔다. 덕분에 약을 처방하거나 뇌 수술을 하거나 상담을 하는 등 다양한 대처법이 개발되어 왔다. 그렇다면 앞에서 배운 가정 원칙을 활용해 심리적으로 고통받는 많은 사람들에게 도움을 줄 수 있을까?

제임스는 「감정이란 무엇인가 What Is an Emotion?」라는 논문에서 자신의 혁신적인 이론을 개략적으로 소개하고 있다. 그 논문을 마무리하면서 제임스는 과감한 예측을 내놓았다. 행동을 통해 특정한 감정을 만들어낼 수 있다면, 몸을 움직이지 못하는 사람들은 감정을 제대로 경험할 수 없을 것이라는 주장이다. 그러나 제임스는 몸을 제대로 움직이지 못하는 마비 환자들이 어떤 감정을 느끼는지 정확하게 확인할 수 없다는 어려움 때문에, 자신의 주장을 검증하기가 쉽지 않을 것이라고 덧붙였다(이 주장에 대한 입증은 반박만큼 어려울 것이다).

오늘날 고전으로 자리 잡은 이 논문이 처음 세상에 나온 지 무려 80년의 세월이 흘러서야 비로소 과학자들이 그의 가설을 검증할 획기적인 방안을 내놓기 시작했다. 그리고 그 과정에서 고통, 공포, 불안, 우울을 완화할 수 있는 혁신적인 접근 방식의 기반을 다질 수 있었다.

이와 관련된 획기적인 연구를 소개하기 전에 우선 여러분의 몸에서 지금 일어나고 있는 일을 한번 살펴보자. 사람의 몸은 실로 놀랍다. 정말로 환상적인 존재다. 이 순간에도 여러분의 몸속에서는 수백만 개의 전기적 자극이 머리끝에서 발끝까지 이어진 생물학적 고속도로를 따라 이동하고 있다. 이 고속도로의 한 통로에서는 감각기관이 받아들인 정보가 뇌를 향해 달린다. 여러분이 지금 이 문장을 읽는 동안에도 감각기관은 쉴 새 없이 외부 정보를 받아들이고 있다. 앉아서 책을 읽는 중이라면 다리와 엉덩이의 감각세포는 '상체에서 압력을 받고 있다'는 정보를 끊임없이 뇌로 보내고 있을 것이다.

또 페이지를 넘길 때마다, 혹은 전자책이라면 넘김 버튼을 누를 때마다 손가락에 분포한 감각세포가 동작과 관련된 정보를 뇌로 전달한다. 방광과 소화기관은 화장실에 가야 한다거나 배가 고프다는 신호를 보낸다. 마찬가지로 두 눈으로 이어진 수백만 개의 시신경은 지금 이 페이지에서 얻은 정보를 쉴 새 없이 뇌로 전달하고 있다. 그러다가 권위 있는 책에서 자신이 언급된 것을 발견하는 순간 깜짝 놀란다.

반면 생물학적 고속도로의 다른 통로에서는 또 다른 정보들이 뇌에서 몸으로 달린다. 지금 앉아서 책을 읽고 있다면, 균형을 유지하기 위해 뇌는 관련된 근육으로 다양한 정보를 전달하고 있을 것이다. 그리고 페이지를 넘길 때마다, 또는 넘김 버튼을 누를 때마다 뇌는 손과 손가락으로 신호를 보내 정교한 행동을 수행하도록 한다. 뇌가 흥분하면 고속도로를 통해 심박 수를 높이고 더 빨리 숨 쉬라는 신호를 보낸다. 책을 읽는 동안 두 눈은 글자를 재빨리 훑어보면서 때로는 철자법이 틀렸다는 사실을 발견하고 짜증을 느끼기도 한다.

다양한 정보가 뇌와 모든 기관 사이를 신속하게 오갈 수 있도록 생물학적 고속도로는 뇌 아랫부분에서 시작해 척추를 거쳐 온몸 구석구석으로 나 있다. 척추에서 가지처럼 뻗어나온 국도를 통해 뇌의 정보는 팔과 다리로 이동하고, 팔과 다리에서 수집한 정보는 같은 경로를 따라 뇌로 이동한다. 고속도로 맨 위쪽으로 뻗은 국도를 따라 눈, 코, 입, 안면 근육과 관련된 정보가 이동한다. 마찬가지로 방광과 관련된 정보는 척추 아랫부분의 국도를 통해 고속도로와 합류하고, 다른 소화기관의 정보는 그보다 조금 더 윗부분에서 합류한다. 심장은 고속도로 상단에서 뻗어나온 국도를 통해 정보를 받아 움직인다.

하지만 이처럼 긴밀하게 연결된 전체적인 정보 시스템에 문제가 생기면 즉각적으로 다양한 기관이 기능을 멈추고, 급기야 죽음에 이른다. 그래도 다행스러운 소식은 이러한 시스템이 놀랍게도 완벽하게 작동한다는 사실이다. 지금 이 순간에도 수많은 정보가 고속도로와 국도를 따라 이동하면서 주변 환경을 인식하고, 걸어 다니게 하고, 생명을 유지하게 만든다. 게다가 전체적인 정보 시스템 자체가 무의식중에도 자동으로 작동하도록 진화했기 때문에, 우리는 위대한 예술 작품을 감상하고 과학적 발견을 이해하며, 일요일에 배관공을 부르는 일처럼 일상생활에서 좀 더 가치 있는 일에 의식을 집중할 수 있다.

1960년대 중반, 심리학자 조지 호먼George Hohmann은 애리조나에 위치한 재향군인 병원에서 일을 하고 있었다. 거기서 호먼은 환자들을 대상으로 '신체적 마비는 감정을 가로막는 장애물'이라는 제임스의 가설을 검증하고자 했다.[1] 그의 환자 중 대부분이 척추 손상으로 마비 증상을 겪었고, 그들의 장애 정도는 부상당한 부위와 밀접한 관련이 있었다.

예를 들어 척추 아랫부분을 부상당한 환자들은 다리 쪽 감각과 운동 능력을 잃은 반면, 척추 상단에 손상을 입은 환자들의 경우 생물학적 고속도로의 더 많은 부분이 파괴되는 바람에 두 다리는 물론 양팔의 감각과 운동 능력을 상실했다. 만약 제임스의 가설이 옳다면, 척추 윗부분에 손상을 입은 환자일수록 신체적 감각과 운동신경이 더욱 심각하게 위축되고, 이 때문에 감정적인 경험에서 더 많은 제약을 받을 것이라고 예상할 수 있다.

호먼은 척추의 다섯 부분 중 특정 부위에 손상을 입은 다양한 환자들과 함께 감정적 경험에 대한 이야기를 나누어보았다. 우선 환자들에게 사고 전과 후를 기준으로 얼마나 자주 공포를 느끼는지 비교해보도록 했다. 그 결과, 비교적 낮은 부위에 손상을 입은 환자들은 차이를 거의 못 느꼈다고 보고한 반면, 윗부분에 손상을 입은 환자들은 공포를 거의 경험하지 못하게 되었다고 보고했다. 환자들과 면담하는 동안 호먼은 감정이 완전히 사라진 상태에 대해서도 짐작할 수 있게 되었다. 분노의 감정을 잃어버린 한 환자는 이런 이야기를 들려주었다.

"부당한 대우를 받을 때 저는 종종 화를 냅니다. 고함을 치거나 욕설을 퍼붓고 거세게 항의하죠. 제가 그렇게 하는 건, 그렇게 하지 않으면 다른 사람들이 나를 이용하려 들기 때문입니다. 하지만 예전에 그랬던 것처럼 정말로 분노가 치밀어 화를 내는 것과는 달라요. 말하자면 이성적 분노라고나 할까요?"

분노 말고 슬픔 같은 다른 감정들에 대해 물어보았을 때도 호먼은 비슷한 현상을 확인할 수 있었다. 더 높은 부위에 척추 손상을 입은 환자일수록 신체 활동에 더 많은 제약을 받았고, 그만큼 감정을 느끼는 정도도 낮았다. 호먼의 연구 결과는 제임스 이론에 큰 힘을 실어주었으며, 육체 활동이 감정 경험에 얼마나 중요한 역할을 하는지 분명히 보여주었다. 80년도 훨씬 전에 제임스가 예측한 그대로, 신체적 움직임의 폭이 좁을수록 감정적 경험의 폭도 그만큼 좁은 것으로 드러난 것이다.[2]

좀 더 최근에는 제임스의 이론이 표정을 통한 표현에도 적용되는지 알아보려는 실험이 있었다. 얼굴 근육을 마음대로 움직이지 못해도 감정적 경험에 문제가 생길까? 이를 확인하기 위해 과학자들은 아마도 다양한 정도의 안면 마비 증세를 보이는 환자들을 수년 동안 추적하면서 그들의 감정적 경험 정도를 측정하는 방식을 택했을 것이다. 하지만 이번 연구를 추진한 과학자들은 달랐다. 그들은 다소 색다른 방식을 선택했다. 이 새로운 방식을 통해 시간을 절약하면서도 안면 근육을 일부러 마비시켜야만 하는 문제도 피해 갈 수 있었다. 바로 '보톡스 시술'이었다.

보톡스라는 이름으로 더 잘 알려진 보툴리눔 독소 시술은 세계적으로 널리 알려진 성형 시술법이다. 원래 안면 근육 경련을 치료하기 위해 개발된 보톡스는 근육 수축을 담당하는 신경을 마비시킨다. 1990년대 초, 과학자들은 보톡스를 미간 주름에 주입하자 이마가 마비되면서 주름살 중 상당 부분이 사라지는 현상을 확인했다. 주름살이 사라지자 얼굴은 좀 더 동안으로 바뀌었지만, 무표정하고 딱딱해 보이는 부작용도 함께 나타났다.

컬럼비아대학교 버나드 칼리지의 조슈아 이언 데이비스Joshua Ian Davis와 그의 동료들은 젊음을 되찾아주는 보톡스 시술을 통해 제임스의 가설을 검증할 수 있으리라고 기대했다.[3] 이를 위해 데이비스는 두 그룹의 여성을 모집해 한 그룹에는 보톡스 시술을, 다른 한 그룹에는 이마에 '필러'를 삽입하는 시술을 시행했다. 두 방법 모두 얼굴을 젊게 만들기 위한 것이지만, 그중 보톡스의 경우에만 안면 근육을 마비시키는 효과가 있었다.

다음으로 두 그룹 전체에게 살아 있는 벌레를 먹는 끔찍한 장면이나 〈아메리칸 퍼니스트 홈비디오(전 세계 사람들이 펼치는 아찔한 순간을 비디오로 담아낸 프로그램_옮긴이)〉의 영상, 혹은 잭슨 폴록을 다룬 심각한 다큐멘터리 영상을 보여주면서 어떤 느낌이 드는지 물어보았다. 그 결과, 필러 치료를 받은 여성에 비해 보톡스 시술을 받은 여성의 감정적 경험의 정도가 훨씬 떨어지는 것으로 나타났다.

이러한 연구 결과는 신체적 움직임(여기서는 얼굴 표정)의 장애가 감정적 경험을 방해한다는 제임스의 가설에 확실한 근거를 제공한다. 척추 손상을 입은 환자나 보톡스 시술을 받은 여성에 대한 연구 결과가 전하는 메시지는 분명하다. 행동이나 표정과 연관된 신체 장애가 감정을 방해하는 역할을 한다는 사실이다. 이러한 사실을 통해 신체 장애가 있는 사람들은 행복이나 기쁨과 같은 긍정적인 감정을 충분히 누릴 수 없어서 불행하다고 할 수 있다. 하지만 다른 한편으로 분노나 불안 같은 부정적인 감정을 덜 느끼므로 다행이라고 볼 수도 있다. 그리고 그 후자의 측면에 집중한 과학자들은 이러한 원리를 기반으로 부정적인 느낌을 완화하는 다양한 방법을 연구하기 시작했다.

편도샘을 잘라도 웃을 수 있는 이유

1970년대 영국의 의사 피터 브라운Peter Brown은 중국에 있는 소아과를 방문해 편도샘 절제술이 어떻게 이루어지고 있는지 살펴보았다.[4] 거기서 그는 깜짝 놀랄 만한 장면을 목격했다. 서구 국가들의 경우, 편도샘 절제술을 받는 환자들은 대개 극심한 고통을 호소했다. 하지만 중국은 달랐다. 편도샘 절제술을 하기 위해 기다리는 꼬마 아이들이 수술실 밖에서 즐거운 표정을 짓고 있었다. 간호사들이 입속에 급속 마취 스프레이를 뿌리면, 아이들은 수술실로 들어가 여전히 생글거리는 얼굴로 수술대 위에서 입을 벌렸다. 그러면 의사는 아이들의 편도샘을 순식간에 절개했다. 수술을 마치고 회복실로 들어가는 아이들의 표정에서도 고통의 흔적을 찾아볼 수 없었다.

편도샘 절제술과 관련해 서구 국가와 중국에서 나타나는 이러한 차이점은 고통의 주관적 속성을 그대로 드러낸다. 편도샘 절제술은 결코 특별한 사례가 아니다. 완전히 똑같은 수술이나 질병, 혹은 똑같은 사건이나 사고를 경험하면서 사람들은 저마다 서로 다른 정도로 고통을 호소한다. 그 이유는 무엇일까? 가정 원칙을 활용하면 사람들의 행동에서 그 해답을 발견할 수 있다.

몇몇 과학자들은 사회심리학 연구 과정에서 다른 사람에게 위험한 전기 충격을 가하는 실험을 하게 될 것이라고 피실험자들에게 설명했다. 이 실험에서 전기 충격은 가짜이며, 충격을 당하는 쪽은 연구 보조 요원이었다. 물론 대학의 윤리위원회가 생겨나기 전에는

(심리학자들은 그때를 '좋은 시절'이라고 회상한다) 자원자들에게 실제로 강력한 전기 충격을 가한 사례도 있었다.

다트머스대학교의 존 란제타John Lanzetta와 그의 동료들 역시 전기 충격을 이용한 실험을 했다.⁵ 란제타는 피실험자들을 한 번에 한 명씩 실험실로 불러 그들의 몸에 두 가지 장치를 연결했다. 우선 그들의 다리와 왼쪽 손에 전극을 붙이고, 이를 전기 충격 장치에 연결했다. 그런 다음 스트레스 지수를 측정하기 위해 오른쪽 손에 땀을 감지하는 센서를 부착했다.

마지막으로 전기 충격을 가하고 이에 따른 신체 반응을 인식할 준비가 되었는지 점검하고 나서, 연구원들은 모두 옆방으로 갔다. 이들은 옆방에서 CCTV를 통해 피실험자를 관찰하고 그들과 이야기를 나누었다. 이들은 피실험자들에게 다양한 강도로 몇 차례 전기 충격을 가할 것이라고 설명하고, 고통의 정도를 1점(거의 느낄 수 없음)에서 100점(당장 그만두기를 원함)으로 외쳐달라고 요청했다. 그러고 나서 연구원들은 전기 충격을 20회 가했고, 그때마다 피실험자들이 외친 점수를 기록했다.

잠깐 휴식 시간을 갖는 동안 란제타는 다시 전기 충격을 가할 것이며, 이번에는 고통에 대한 표현을 최대한 숨기라고 요청했다. 즉, 강인한 태도로 감정 표현을 최대한 숨기고 소리도 지르지 말며, 그저 담담한 자세를 취하라고 했다. 그리고 다시 20번 전기 충격을 가했고, 마찬가지로 피실험자들이 외친 고통 점수를 기록했다.

그런데 아주 놀라운 결과가 나왔다. 고통을 최대한 숨겼을 때,

피실험자들은 고통 점수를 더 낮게 보고했다. 그뿐만이 아니었다. 땀 센서에서 얻은 데이터 역시 그들이 실제로 스트레스를 덜 받았다는 사실을 보여주었다. 이 실험은 몇 년에 걸쳐 반복적으로 시행되었는데, 그때마다 동일한 결과가 나왔다.

언뜻 보기에 쉽게 납득이 가지 않는 이 실험 결과를 통해, 중국 아이들이 편도샘 절제술을 받는 동안 평온함을 유지한 이유를 알 수 있다. 피터 브라운이 중국을 방문할 당시 중국 당국은 아이들이 수술을 긍정적으로 바라보도록 교육했고, 이는 아이들로 하여금 수술을 받는 동안 실제로 고통을 덜 느끼게 만들었던 것이다.

이와 같은 관점에서 고통과 관련된 다양하고 신기한 현상도 설명할 수 있다. 피부를 절개하거나 주삿바늘이 들어가는 장면을 보지 않으면, 사람들은 좀 더 쉽게 편안한 표정을 유지할 수 있고 긴장감과 고통을 덜 느끼게 된다. 이미지를 떠올리게 하거나 최면을 거는 방법, 이완 요법 등 환자의 관심을 다른 곳으로 돌려 고통을 덜어주는 시술 역시 같은 원리다. 고통을 받지 않는 것처럼 행동할 때 실제로 고통을 덜 느끼게 되는 것이다.

이러한 연구 결과에 강한 인상을 받은 몇몇 과학자들은 강인하고 힘 있는 사람처럼 행동함으로써 고통을 낮출 수 있는 다양한 방법을 연구했다. 그중 토론토대학교의 바네사 본스 Vanessa Bohns 연구 팀은 피실험자 그룹을 대상으로 직장에서 하는 운동이 건강에 미치는 효과를 조사하기 위한 실험을 할 것이라고 설명했다.[6] 그리고 일부 피실험자들에게는 가슴을 내밀고 팔을 벌리게 함으로써 지배와 힘을 상징하는 자세를 취하도록 했다.

반면 다른 사람들에게는 바람 빠진 공처럼 몸을 잔뜩 웅크리고 있으라고 했다. 다음으로 피실험자들 팔에 지혈대를 묶고 서서히 공기를 주입해 압박을 가했다. 그러고는 피실험자들에게 혈관이 눌리면서 고통이 점차 심해지다가 더 이상 참을 수 없게 되었을 때 말하라고 했다. 그 결과, 지배와 힘을 상징하는 자세를 취하고 있던 사람들은 몸을 웅크리고 있던 사람들에 비해 훨씬 더 큰 고통을 참아낸 것으로 드러났다. 그들은 스스로 강하고 힘센 사람처럼 행동함으로써 부정적인 감정에 좀 더 효과적으로 저항할 수 있었다. 이러한 연구 결과는 "힘내!"와 같은 상투적인 격려의 말에도 실질적인 효과가 있음을 말해준다.

가정 원칙과 고통을 주제로 한 초기 연구 결과에서 영감을 얻은 많은 심리학자들은 동일한 접근 방식을 활용해 또 다른 부정적인 감정도 완화하는 방법을 모색했다. 가령, 찬물을 끼얹으면 분노가 가라앉지 않을까?

실컷 성질을 부리면 화가 풀릴까?

화를 내는 것은 여러모로 좋지 않다. 분노에 눈이 먼 어리석은 행동을 저지르고 위험 속으로 무모하게 뛰어들며, 나중에 후회할 말을 함부로 내뱉고 다른 사람들을 마구 비난하도록 만든다(미국에서 일어나는 살인 사건 대부분이 분노 때문이다).⁷ 화는 주변 사람들에게까지 좋지 않은 영향을 미친다. 심리학자 마틴 셀리그먼Martin Seligman은 부부싸움을 자주 하는 가정에서 자라는 400명의 아이를 무려 5년 동안 관찰했다.⁸ 그 과정에서 이러한 가정에서 자란 아이들이 나중에 우울증을 비롯해 심리적인 어려움을 겪을 가능성이 더 높다는 사실을 확인했다.

그렇다면 우리는 내면의 헐크를 어떻게 잠재워야 할까? 20세기가 시작될 무렵으로 돌아가서 그 대답을 들어보자. 우리는 여기서 '노이로제의 나폴레옹'으로 알려진 장-마르탱 샤르코Jean-Martin Charcot라는 인물을 만나야 한다. 강의 중 깜짝 놀랄 만한 연출을 한 것으로 유명한 이 카리스마 넘치는 19세기 프랑스 의학자는 현대 신경학의 기반을 다졌다. 그의 이름을 딴 병명만 해도 15개가 넘는다. 또 그는 다발경화증과 파킨슨병의 원인을 규명하는 혁신적인 연구를 추진하기도 했다. 물론 이러한 업적도 놀랍지만, 샤르코의 이름을 가장 널리 알린 것은 무의식에 관한 획기적인 연구 성과다.

뇌의 신비에 완전히 매료된 샤르코는 파리에 있는 보호소 환자들을 대상으로 종종 연구를 했다. 무의식에 관한 그의 특별한 탐구 역시 거기서 시작되었다. 그러한 시도 중 상당 부분이 강의 과정과 더불어 진행되었다. 샤르코의 강의를 몇 번 들은 프랑스 화가 앙드레 브루이에는 1887년에 〈노이로제의 나폴레옹〉이라는 작품을 완성했다.⁹ 그림 속에서 샤르코는 깔끔한 검은색 슈트 차림으로 약간 오른쪽에 서 있고, 왼쪽에는 30명 정도가 그를 바라보면서 뭔가를 적고 있다.

샤르코의 왼쪽에는 한 여성이 의식을 잃은 채 기대 있다. 브루이에의 그림 속 여성은 샤르코의 실험에 자주 등장하는 블랑슈 위트먼이라는 여성으로, 당시 역사가들은 그녀를 '풍만한 가슴과 크고 강인한 신체'를 지닌 여성으로 묘사하곤 했다. 몇 차례 히스테리를 겪은 후 위트먼은 보호시설에 들어갔으나 소변을 제대로 가리지 못하는 등 문제를 일으켰고, 심지어 보호소 관리자와 부적절한 관계를 갖기도 했다.

강의를 진행하는 동안, 샤르코는 위트먼에게 최면을 거는 방식으로 경련을 일으키거나 머리를 땅에 대고 몸을 아치 모양으로 만들거나, 좌우가 바뀐 형태로 글을 쓰고, 선택한 단어들이 상처 난 모양으로 피부에서 나타나게 하는 등 갖가지 특이한 현상을 연출했다. 샤르코는 이러한 현상이 모두 무의식이 표출된 결과이며, 이를 통해 뇌의 비밀스러운 작동 방식을 탐험할 수 있다고 설명했다. 강의가 끝날 무렵 샤르코는 위트먼의 난소 부위를 압박해 최면에서 깨어나도록 했고, 그녀는 많은 관중이 지켜보는 가운데 눈을 떴다.

인간의 심리를 파헤치는 샤르코의 이러한 드라마틱한 강의는 즉각 널리 알려졌다. 유럽 전역에서 많은 학자들이 그 신기한 장면을 보기 위해 강의실로 몰려들었다. 1885년, 스물아홉 살의 의사였던 지그문트 프로이트도 샤르코의 강의실을 찾았다. 샤르코를 찾아오기 전만 해도 프로이트는 내과 의사가 될 생각이었다. 당시 그는 생식기에 관한 연구를 위해 뱀장어 수백 마리를 해부하기도 했지만,

눈에 띄는 성과를 거두지 못했다. 그런데 여러 젊은 여성을 실험 대상으로 삼아 폭발적인 인기몰이를 하고 있던 샤르코의 강의를 듣고 나서, 프로이트는 다양한 심리적 질환에서 무의식이 중요한 역할을 한다고 확신하게 되었다.

오랫동안 코카인을 복용하고 줄담배를 피워댄(여러분이 어떻게 생각하든) 프로이트는 이후 심리 분석이라는 완전히 새로운 형태의 접근 방식을 창안했다. 심리 분석에 따르면, 사람들은 자신이 원하지 않는 생각을 무의식으로 밀어낸다. 그리고 그렇게 무의식에 쌓인 위험한 생각이 서로 결합하면서 에너지를 점점 높여가다가 급기야 여러 가지 부정적인 형태로 의식에 영향을 미치기 시작한다. 이 때문에 불안과 우울, 신경증이 나타나는 것이다.

프로이트는 이러한 무의식적 에너지가 문제를 일으키기 전에 억압된 생각을 제거해야 심리적 안정을 유지할 수 있다고 생각했다. 그는 이를 입증하기 위해 무의식이라는 저장 탱크에 밸브를 설치하는 접근 방식을 택했다. 연구 초기에는 샤르코의 방식을 그대로 따라가면서 최면을 적극 활용했다. 그러나 이렇다 할 성과를 얻지 못하자 프로이트는 다양한 방법으로 눈을 돌렸다. 이후 그의 창조적인 노력은 꿈의 해석(환자의 꿈속에서 상징적인 의미를 발견하는 방법)과 자유연상법(의자, 책상, 오르가슴 등 한 가지 단어에서 시작해 연속적으로 단어를 떠올리게 하는 방법)으로 이어졌다. 그리고 이러한 방법을 기반으로 자신의 무의식을 탐구해나가는 과정에서 그는 두 살 무렵 자신이 어머니에게 성적 욕망을 품었다고 확신했다.

프로이트의 주장은 큰 반향을 불러일으켰고, 20세기가 시작될 무렵 심리 분석은 세계적인 유명세를 치렀다. 1909년, 프로이트는 매사추세츠에 있는 클라크대학교에서 초빙받아 강의를 진행하기도 했다. 그것은 그가 영어로 한 처음이자 마지막 강의였으며, 그 자리에서 그는 자신이 그토록 사랑하던 심리 분석을 많은 사람들에게 소개할 수 있었다.

한편 프로이트가 미국에 머물 때 예순일곱 살이던 제임스는 심장 질환으로 힘든 나날을 보내고 있었다. 그럼에도 그는 클라크대학교를 찾아 프로이트의 강의를 직접 들었다.[10] 하지만 별다른 감흥을 얻지는 못했다. 이후 제임스는 꿈의 상징에 관한 프로이트의 주장을 '위험한 접근 방식'이라고 지적하면서, 그 위대한 정신 분석가가 거대한 망상에 빠져 있으며 고정관념에서 벗어나지 못하고 있다고 비판했다.

이처럼 제임스와 프로이트는 분노의 원인과 치료법은 물론 다양한 면에서 많은 차이점을 드러냈다. 프로이트에 따르면 폭력적인 생각을 억누르기 때문에 분노를 떨쳐버리지 못한다. 그러므로 베개를 때리거나 소리를 지르거나 물건을 밟아서 망가뜨리는 방법으로 부정적인 감정을 안전하게 분출하면 마음을 정화할 수 있다. 반면 제임스의 설명에 따르면, 화를 내는 행동 때문에 더 화가 난다. 그러므로 프로이트의 정화법은 오히려 화를 부추길 뿐이다. 그 이후로 오랫동안 많은 학자들이 이 두 위대한 심리학자 중 누구의 말이 옳은지 밝혀내기 위해 다양한 연구를 추진했다.

그러한 흐름에 가장 먼저 참여한 과학자로 뉴햄프셔대학교의 사회학자 머레이 스트라우스Murray Straus를 꼽을 수 있다.[11] 1970년대 초, 스트라우스는 관계에 어려움을 겪는 부부를 위한 프로이트식 치료법을 관심 있게 살펴보았다. 그 치료법 대부분이 '치료적 공격Therapeutic Aggression'을 기반으로 했는데, 이는 부부들에게 자신의 생각과 느낌을 상대방에게 적극적으로 말해야 한다고 강조한다. 이를테면 '억압된 적개심을 표출하라'든가 '나쁜 감정을 있는 그대로 발산하라' 같은 식의 조언을 해주고, 아기 젖병을 배우자라고 생각하고 깨무는 방법도 추천했다.

이 같은 파격적인 치료법이 문제에 정말 도움이 되는지 확인하기 위해, 스트라우스는 간단한 실험을 했다. 프로이트의 정화 이론이 옳다면, 언어적으로 적의를 드러내는 커플은 신체적인 공격성을 덜 드러낼 것이다. 여기서 그는 부부들의 이야기에만 의존할 수 없다는 생각에 자녀들로 하여금 부모의 언어적, 신체적 공격 양상을 몰래 관찰해서 보고하도록 했다. 그리고 300여 명의 학생들을 대상으로 그들의 부모가 문제에 직면했을 때 대응하는 방식을 조사했다. 여러분의 부모님은 긍정적인 방식으로 문제를 논의하는가? 방에서 뛰쳐나오면서 버럭 소리를 질러대는 것처럼 언어적인 공격을 하는가? 또는 물건을 집어던지거나 상대방을 때리는 등 신체적인 공격을 하는가?

여기서 스트라우스는 뚜렷한 패턴을 확인할 수 있었다. 그것은 언어 공격을 많이 하는 부부일수록 신체 공격도 많이 한다는 사실이었다. 제임스의 설명대로, 소리를 지르는 행위는 마음을 정화하는 것이 아니라 더 큰 분노를 자극할 뿐이었다. 즉, '프로이트 : 제임스=0 : 1'이 됐다.

다음으로 직장을 대상으로 한 연구가 이어졌다. 샌디에이고 캘리포니아대학교의 에브 에베센Ebbe Ebbesen 연구 팀은 인근에 위치한 기술 관련 기업이 조만간 대량 해고를 실시할 것이라는 소식을 들었다.[12] 그 직원들은 3년 계약을 했음에도 1년 만에 일자리를 잃게 되어 대단히 화가 나 있었다. 에베센은 그 직원들을 대상으로 두 가지 방식으로 면담을 진행했다. 우선 한 그룹에는 기업의 부당한 처사에 대해 얼마나 화가 나는지 말해보도록 했다(회사의 결정에 대해 어떻게 생각하십니까?).

다음으로 다른 그룹에는 해고와는 상관없는 중립적인 질문을 던졌다(사내 기술 자료실에 대해 설명해주시겠습니까?). 면담이 끝나고 연구 팀은 모든 직원에게 회사에 대해 가지고 있는 적의와 분노의 감정을 평가하도록 요청했다. 화를 자극하는 질문에 언성을 높여 대답한 직원들이 강도가 더 낮은 분노를 보여주었을까? 아니었다. 다시 한 번 정반대 결과가 나왔다. 앞서 분노를 표출한 직원은 중립적인 질문을 받은 직원보다 훨씬 더 높은 정도의 적대감을 보고했다. '프로이트 : 제임스=0 : 2'였다.

마지막으로 스포츠 시청과 적대감의 관계에 관한 연구도 있었다. 미국인 대부분이 풋볼 경기장에서 자신이 지지하는 팀을 응원하면서 상대편에게 야유를 퍼붓는다. 이에 대해 프로이트의 관점에서는 그러한 공격적인 행동으로 마음을 정화시킬 수 있으며, 그렇기 때문에 스포츠 경기를 관람하고 나면 적대감이 줄어들 것이라고 예상한다. 반면 제임스의 관점에서는 소리를 지르고 욕을 퍼붓는 행동이 오히려 적대감을 더 높일 뿐이다. 누구의 말이 진실인지 알아보기 위해 템플대학교의 제프리 골드스타인Jeffrey Goldstein은 한 가지 실험을 했다.[13]

골드스타인 연구 팀은 중요 경기가 열리는 풋볼 경기장에 가서, 경기가 시작되기 전 개찰구 앞에서 무작위로 사람들을 만나 이야기를 나누었다. 단지 어느 팀을 응원하고 지금 얼마나 공격적인 느낌이 드는지 짤막하게 물어보았다. 경기가 끝나고 연구원들은 개찰구로 돌아와 경기장을 떠나는 관중들과 다시 한번 무작위로 이야기를 나누어보았다. 그 결과, 골드스타인은 팀의 승패와 상관없이 공격적인 느낌이 경기 후 훨씬 더 높아졌다는 사실을 확인할 수 있었다.

그러나 군중 심리 때문에, 또는 선수들이 치열하게 경쟁하는 장면을 지켜보았기 때문에 공격성이 높아졌을 수도 있다는 반론이 제기될 우려가 있었다. 골드스타인 연구 팀은 다시 체조 경기장으로 가서 똑같은 작업을 했다. 이번에도 사람들은 군중 속에서 서로 경쟁하는 경기를 지켜보았지만, 풋볼 경기와는 달리 소리를 지르거나 야유를 하지 않았다. 그리고 경기가 끝난 뒤에도 사람들의 공격성은 증가하지 않은 것으로 드러났다. 골드스타인의 연구 결과는 스포츠 관람이 공격적인 행동을 자극함으로써 적대감을 높인다는 사실을 보여준다. 이로써 '프로이트 : 제임스=0 : 3'이 된 것이다.

이렇게 형성된 적대감은 사회 전반에 실질적인 악영향을 미칠 수 있다. 스코틀랜드 글래스고 지역에는 프로 축구팀이 두 개 있다. 그중 동부 지역에 기반을 둔 셀틱은 전통적으로 가톨릭 신자의 지지를 얻고 있다. 반면 남서부에 자리 잡고 있는 레인저스의 팬은 대부분 프로테스탄트다. 두 팀은 오랫동안 강력한 라이벌이었다. 두 팀 간 경기가 열리는 날이면 팬들은 상대편을 위협하는 공격적인 응원가를 부른다. 2011년에 스코틀랜드 경찰청에 소속된 연구 팀은 레인저스와 셀틱이 경기를 한 후 벌어진 범죄 건수를 조사해 이를 경기가 없는 평상시의 경우와 비교해보았다.[14] 결과는 매우 놀라웠다. 토요일 정오 양 팀 간 경기가 벌어졌을 때, 글래스고 지역의 폭력 범죄 건수는 무려 세 배나 증가했고, 가정 폭력 또한 두 배 이상 높아진 것으로 나타났다.

가장 효과적인 분노 해소법을 찾아라

아이오와주립대학교의 심리학자 브래드 부시먼Brad Bushman은 평온한 것처럼 행동함으로써 분노를 신속하게 누그러뜨릴 수 있다는 사실을 실험을 통해 입증했다. 그는 한 실험에서 대학생들로 하여금 20분 동안 차분하고 느긋한 컴퓨터 게임, 또는 폭력적이고 잔인한 게임 중 하나를 하도록 했다.[15] 차분한 게임은 깊은 바닷속을 헤엄쳐 다니면서 가라앉은 보물을 찾는 것이었고, 잔인한 게임은 좀

비들을 무참히 죽이는 방식이었다.

다음으로 부시먼은 그 학생들이 보이지 않는 상대와 다른 게임을 하고, 게임에서 이겼을 때는 고함을 치도록 했다. 두 번째 게임에서 상대방은 실제로 존재하지 않았고, 언제나 학생들이 게임에서 이기도록 조작해두었다. 실험 결과, 차분한 게임을 한 학생들이 두 번째 게임에서 승리하고 나서 더 작고 짧게 소리를 외친 것으로 나타났다. 다시 말해 훨씬 덜 공격적이었다.

부시먼은 또 다른 실험을 통해 기도가 주는 평온함의 힘을 보여준 바 있다.[16] 그는 우선 어느 신학대학교 학생들을 대상으로 어떤 과제를 하게 한 다음 아주 부정적인 피드백을 해주었다. 이를테면 "내가 본 것 중 최악의 작문이군" 같은 피드백 말이다. 그러고는 희귀 암으로 고통받는 한 여성에 관한 기사를 읽도록 했다.

다음으로 일부 학생들에게는 그 여인을 위해 5분 동안 손을 모으고 기도를 하도록 한 반면, 다른 학생들에게는 그냥 그녀를 머릿속에 떠올리라고 했다. 실험 결과, 기도를 한 학생들의 분노 지수가 상대적으로 더 낮아진 것으로 드러났다. 마치 편안하고 차분한 것처럼 하는 행동이 실제로 편안하고 차분한 감정을 만들어냈던 것이다.

전작인 『59초』에서 나는 작문 과제를 가지고 분노를 유발하는 방식으로 학생들을 화나게 만든 부시먼의 또 다른 실험을 소개한 바 있다.[17] 먼저 학생들에게 그들의 글을 평가한 사람의 사진을 보여준다. 다음으로 일부에게는 그 사람의 얼굴을 떠올리면서 권투 글러브를 끼고 30킬로그램짜리 샌드백을 치도록 하고, 다른 학생들에게는 그냥 2분 동안 조용한 방에 앉아 있도록 했다. 이 실험 결과 역시 프로이트의 이론을 완전히 반박한다. 샌드백을 친 경우 분노 지수가 훨씬 더 상승한 것으로 드러났다. 반면 차분히 앉아 있던 학생들은 상대적으로 편안한 감정 상태를 유지했다.

최근 분노 조절을 위한 치료 과정 중 상당수에서 적극적으로 공격성을 드러냄으로써 적개심을 누그러뜨릴 수 있다는 점을 강조한다. 하지만 이러한 접근 방식은 아무런 도움이 되지 않을뿐더러 오히려 상황을 더 악화시킬 수 있다. 또 다른 방법은 생각을 바꿈으로써 감정 상태를 전환할 수 있으며, 이를 위해 무의식에 깊숙이 자리 잡은 분노의 심리적 뿌리를 이해해야 한다고 말한다.

그러나 분노가 유발하는 문제를 이보다 훨씬 더 신속하고 효과적으로 해결할 방법이 있다. 그것은 바로 평온한 것처럼 행동함으로써 실제로 평온함을 느낄 수 있다는 것이다. 웃음이 행복감을 자극하고 상대방의 눈을 가만히 바라봄으로써 사랑의 감정을 높이는 것처럼, 평온한 자세를 취함으로써 실제로 평온한 감정을 이끌어낼 수 있다.

금방 마음이 차분해지는 진정 훈련

그렇다면 심리학자들이 실제로 사용하는 방법은 무엇일까? 우선 심호흡을 통해 신속하고 효과적으로 분노를 다스릴 수 있다. 혀

끝을 앞니 바로 뒤 입천장에 갖다 대보자. 코로 천천히 숨을 들이마시면서 다섯을 세고, 그 상태로 숨을 참으면서 일곱을 세자. 그런 다음 입술을 오므리고 천천히 숨을 내쉬면서 여덟을 세자. 이 과정을 네 번 반복하면 된다.

좀 더 장기적인 실천 방안으로는 '점진적 근육 이완법Progressive Muscle Relaxation'이 있다. 말만 들어서는 복잡하게 느껴지겠지만, 어려울 건 없다. 특정 근육에 힘을 주었다가 긴장을 푸는 방법이다. 먼저 신발을 벗고 허리띠 등 몸을 조이는 것을 느슨하게 하자. 그런 다음 조용한 방에서 편안한 자세로 의자에 앉는다. 오른발에 신경을 집중하면서 천천히 숨을 들이쉬고 오른발 근육에 5초간 힘을 준다. 그리고 숨을 내쉬며 긴장을 풀면서 근육의 힘을 뺀다.

'오른발 → 오른손 → 배 → 오른쪽 종아리 → 오른쪽 팔꿈치 아래 → 가슴 → 오른쪽 다리 전체 → 오른팔 전체 → 목과 어깨 → 왼발 → 왼손 → 얼굴 → 왼쪽 종아리 → 왼쪽 팔꿈치 아래 → 왼쪽 다리 전체 → 왼팔 전체' 순으로 동일한 과정을 반복하면서 훈련해보자.

두려움은 어디서 비롯되는가

존 B. 왓슨John B.Watson은 인간 심리에 대한 현대적인 이해의 기반을 다진 인물이다.[18] 20세기가 시작될 무렵 존스홉킨스대학교에서 연구를 하고 있던 왓슨은 누가 봐도 좀 괴상하고 까다로운 사람이었다. 잘 모르는 사람들은 그를 멋지고 외향적이며 자신감 넘치는 인물이라고 생각했겠지만, 실제로는 마음 깊은 곳에서 불안을 느끼고 어둠을 무서워하며, 감정이 메마른 사람이었다. 인간관계에도 서툴렀던 그는 자녀들과 뽀뽀보다는 악수를 나누고, 다른 사람들이 그의 감정에 대해 이야기를 꺼내려고 할 때마다 방에서 나가곤 했다.

왓슨은 빌헬름 분트의 내성주의와 프로이트의 심리 분석을 모두 인정하지 않았다. 사람들의 마음속을 들여다보면서 그 속에서 무슨 일이 벌어지는지 알 수 없다고 확신한 그는, 심리학자라면 사람들의 행동을 관찰하고 측정하는 작업에 집중해야 한다고 믿었다(이런 농담이 있다. 행동주의자 커플이 사랑을 나누고 나면 서로에게 이렇게 묻는다. "당신은 만족한 것 같군요. 나는 어떤 것 같아요?").

왓슨은 특히 미로 속에 쥐를 놓아두는 실험을 선호했다. 연구 초반에 그는 런던 햄프턴 코트 궁전에 있는 중세 미로의 미니 버전을 만들었다. 그리고 굶은 쥐를 한 번에 한 마리씩 그 속에 놓아두고, 교묘히 숨겨둔 먹이를 찾아가는 과정을 면밀해 관찰했다. 『누가 내 치즈를 옮겼을까?』의 현실판인 이 실험에서, 왓슨은 수백 마리의 쥐를 관찰한 끝에 쥐들이 어떠한 방식으로 미로를 탐험하는지, 음식을 치운 후에도 같은 장소에 얼마나 오랫동안 머무는지 등 설치류의 기본적 학습 패턴을 확인했다.

왓슨은 거시적으로 볼 때 인생을 거대한 미로라고 생각했다. 특히 많은 논란을 불러일으킨 부분은, 미로 실험을 통해 밝혀낸 설치류 학습 패턴을 인간 심리에 그대로 적용할 수 있다는 그의 주장이었다. 왓슨은 다음과 같은 유명한 말을 남겼다.

"건강하게 잘 자란 아이들과 그 아이들을 돌볼 수 있는 나만의 공간이 있다면 재능, 취향, 성격, 능력, 믿음, 인종과 상관없이 나는 그 아이들을 의사, 변호사, 예술가, 사업가, 심지어 거지와 도둑에 이르기까지 내가 의도하는 모든 분야의 전문가로 길러낼 수 있다."[19]

행동에 주목한 왓슨의 접근 방식이 많은 인기를 얻으면서, 전 세계 많은 과학자들이 복잡한 미로에 더 많은 쥐를 집어넣었다. 한 평론가는 이러한 흐름을 이렇게 비판했다.

"다윈에게 영혼을 빼앗겼던 심리학은 이제 왓슨에게 영혼을 팔아넘기려 하고 있다."

이후 행동주의자들은 학습 패턴에서 시작해 심리학의 다른 분야로 영토를 점차 넓혀나갔으며, 왓슨은 공포증의 원인과 치료법에 많은 관심을 기울였다. 다른 많은 행동주의자들과 마찬가지로 왓슨 역시 프로이트적 접근 방식을 유사 과학이라고 비판하면서 대체 이론을 제시하고자 했다. 프로이트는 아이들의 성적인 측면을 은밀히 관찰했고, 그를 지지한 사람들 역시 그러한 접근 방식을 기반으로 심리 분석 이론을 개발해나갔다.

1904년, 프로이트의 동료는 공포증에 시달리던 다섯 살 난 아이에 관한, 소위 '리틀 한스' 사례를 심리학적으로 흥미로운 연구가 될 것이라고 소개했다. 프로이트는 동료의 아이디어를 받아들여 공포증의 원인을 찾아보았다. 한스의 아버지는 처음에 아이가 말의 거대한 성기를 보고 놀란 사건과 아내가 아이를 안았을 때 과도한 성적 흥분을 경험한 사건이 함께 공포증을 일으켰다고 생각했다.

하지만 프로이트는 그 말에 동의하지 않았고, 아이가 기린이 나오는 꿈을 꾸었다는 사실에 주목했다. 일반적으로 기린의 목은 어른의 거대한 성기를 상징한다. 오랜 논쟁 끝에 프로이트는 「다섯 살 소년의 공포증 분석Analysis of a Phobia in a Five-year-old Boy」이라는 논문에서 자신의 주장을 소개하면서, 어머니를 향한 억압된 성적 욕망과 자위에 대한 모순된 생각 등 다양한 요인이 공포증을 불러왔다고 지적했다.

리틀 한스의 공포증에 대한 프로이트의 설명에 왓슨은 코웃음을 쳤다. 그는 좀 더 현실적인 관점으로 공포증을 설명할 수 있다고 생각했다. 왓슨은 러시아 과학자 이반 파블로프Ivan Pavlov의 연구에 큰 영향을 받았다. 왓슨이 미로 실험을 시작하기 몇 년 전, 파블로프는 개에게 벨 소리를 들려주는 실험을 했다. 이제는 심리학 분야의 고전으로 자리 잡은 이 실험에서 파블로프는 개에게 벨 소리를 들려주고 나서 먹이를 주었다. 당연하게도 개들은 먹이를 보고 침을 흘렸다. 하지만 그러한 과정을 수차례 반복하고 나서, 파블로프는 개들이 벨 소리를 듣기만 해도 침을 흘린다는 사실을 발견했고, 이러한 현상은 개에게 연상 능력이 있음을 보여주는 것이라고 설명했다(이 실험은 '고전적 조건형성classical conditioning'이라는 이름으로 잘 알려져 있다).

단순하지만 중요한 의미를 담고 있는 파블로프의 실험은 이후 다양한 형태로 발전해나갔다. 그중 한 실험에서 동물학자들은 양의 사체에 독을 넣어 코요테들이 돌아다니는 들판에 던져두었다. 파블로프의 실험에서 벨 소리가 먹이를 연상시켰다면, 이 실험에서는 양고기가 고통을 연상시키도록 한 것이다. 실험 결과, 연구 팀은 코요테들이 양을 공격하는 횟수가 급격하게 감소했음을 확인했다.[20]

왓슨은 이와 동일한 접근 방식으로 공포증도 설명할 수 있을 것이라고 생각했다. 그는 공포증이 두려움의 경험과 특정한 사물 혹은 상황이 연상 작용을 일으킨 결과라고 믿었다. 이를 확인하기 위해 왓슨은 프로이트의 방식대로 공포증이 없는 아이를 대상으로 연구를 시작했다.

1919년 왓슨은 로잘리 레이너Rosalie Rayner라는 학생과 함께 '앨버트 B'라고 소개한 11개월 된 여아를 관찰했다. 왓슨은 어떤 물건을 보여주고 나서 두려움을 느끼게 만드는 일을 반복하면, 파블로프적 반응에 따라 자연스럽게 그 물건을 두려워하게 될 것이라고 예상했다. 오랫동안 미로 속 쥐 실험을 선호했던 왓슨은 이번에도 공포증의 대상으로 쥐를 지목했다. 본격적인 실험에 앞서 왓슨은 앨버트에게 쥐에 대한 공포증이 없다는 사실을 확인하기 위해 다양한 형태의 쥐, 그리고 토끼나 원숭이, 털이 달린 여러 가면 등 쥐와 비슷한 것들을 보여주었다. 앨버트는 특별한 반응을 보이지 않았다.

다음으로 그 용감한 과학자들은 쥐를 두려운 상황과 연결하는 작업을 했다. 갑자기 큰 소리가 날 때 아이들이 깜짝 놀란다는 사실에 착안해, 왓슨은 기다란 쇠막대와 망치를 준비했다. 왓슨과 레이너는 앨버트 주변에 흰색 쥐를 놓아두고, 아이가 쥐를 만지려고 하는 순간 망치로 쇠막대를 강하게 두들겨 굉음을 냈다. 예상대로 소리에 놀란 앨버트는 울음을 터뜨렸다. '쥐-소음'의 연상 작업을 몇 차례 반복하고 나서, 왓슨은 앨버트에게 쥐를 보여주었다. 파블로프의 개들이 벨 소리를 듣고 침을 흘린 것처럼, 앨버트 역시 쥐를 보자마자 겁을 먹었다. 인위적으로 공포증을 만들어내는 데 성공한 것이다. 두 달 후 왓슨과 레이너는 다시 앨버트를 방문했고, 여전히 쥐를 무서워한다는 사실을 확인했다. 게다가 아이의 공포증은 쥐를 넘어 강아지, 모피 코트, 그리고 왓슨이 쓴 산타클로스 가면 등 털이 달린 모든 대상으로 확대되어 있었다.

이와 동일한 접근 방식으로 말을 두려워한 리틀 한스의 공포증도 설명할 수 있을까? 공포증의 원인을 놓고 논쟁을 벌이는 동안 아이의 아버지는 한스가 인근 공원에서 마차가 넘어지는 사고를 목격하고 크게 놀랐으며, 그다음부터 말발굽이 자갈길에 부딪혀 나는 소리를 무서워하게 되었다고 이야기했다. 그렇다면 한스의 공포증은 어머니에 대한 억압된 성적 욕망이나 자위에 대한 고민과는 아무런 상관이 없다는 말이다. 공포증의 원인은 특정한 상황에서 비롯된 파블로프적 연상 작용 때문이었다.

이후 앨버트에게 나타난 변화에 관한 보고는 없다. 다만 왓슨은 프로이트 지지자였다면 아마도 세 살 때 엄마의 음모를 만지작거리다가 혼이 난 경험 때문에 털을 두려워하게 되었다고 설명할지도 모르겠다는 농담을 했을 뿐이다. 하지만 리틀 한스의 이후 삶에 대해서는 많은 정보가 있다. 그의 본명은 헤르베르트 그라프이며, 오페라 기획자로 큰 성공을 거두었고, 바그너의 〈니벨룽의 반지〉를 혁신적으로 각색한 것으로 잘 알려져 있다. 그의 작품 속에서 브룬힐데의 말이 기린으로 바뀌었는지는 모를 일이다(기린에 관한 이야기는 나의 상상이다).

앨버트에 대한 연구는 개인적으로도 왓슨의 인생에 큰 영향을 미쳤다. 그 연구를 진행하는 동안, 사실 왓슨은 동료인 로잘리 레이너와 아내 몰래 부적절한 관계를 맺고 있었다. 그런데 남편의 외도를 알아챈 왓슨의 아내가 이혼소송을 했고, 그 소식을 들은 존스홉킨스대학교 총장은 왓슨에게 사임을 요구했다. 결국 그는 학교를 떠나 대형 광고 회사에 들어가 그동안 추진한 행동 관련 연구를 기반으로 디어더런트와 베이비파우더, 담배 같은 제품을 판매하는 데 크게 기여했다. 대표적인 마케팅 사례는 '커피 브레이크'라는 개념을 처음으로 미국 사회에 소개한 맥스웰 하우스 광고다.

이처럼 공포증의 발병 기제가 드러나면서 심리학자들은 공포증에 대해 더 많은 사실을 이해하게 됐다. 또 예전보다 쉽고 완벽하게 공포증을 해결할 수 있다는 자신감을 갖게 되었다.

천천히 조금씩 둔감해지기

남아프리카공화국의 정신과 의사인 조셉 울프Joseph Wolpe가 창안한 '체계적 둔감화systematic desensitization' 역시 효과적인 공포증 치료법 중 하나다. 울프의 치료법은 우선 몸을 이완하는 것으로 시작한다. 그런 다음 아주 조금 무서운 정도에서 극도로 무서운 정도에 이르는 '불안 스펙트럼'을 설정한다. 가령, 뱀에 대한 공포증이 있다면, 불안 스펙트럼 맨 왼쪽에는 책에서 뱀이 나오는 사진을 보는 상황이, 오른쪽 맨 끝에는 실제로 뱀을 맞닥뜨리는 상황이 있을 것이다. 치료를 시작하면서 울프는 환자가 몸을 편안하게 이완하도록 하고, 그 상태에서 불안 스펙트럼의 맨 왼쪽 상황을 경험하거나 상상하도록 한다. 이때 환자들이 두려움을 전혀 느끼지 않는다면 그 상황이 더 이상 연상 작용을 유발하지 않는다는 뜻이다. 그렇다면 다음 단계로 넘어가 똑같은 과정을 반복한다.

연구 결과에 따르면 전체 인구의 10퍼센트 정도가 공포증을 경험하고, 그중 약 1퍼센트는 심신 쇠약에 이르는 심각한 수준이라고 한다.[21] 광장에 나서기를 두려워하는 형태로 나타나기도 하고, 망신을 당하거나 피를 보는 상황을 겁내는 것으로도 나타난다. 심지어 13이라는 숫자만 봐도 두려움에 떠는 경우도 있다.

심한 공포증을 겪는 사람들은 정신과 전문의를 찾아가 상담을 받고 무의식에 뿌리내린 공포의 원인을 찾아보고자 한다. 하지만 이러한 치료법 대부분이 시간 낭비로 끝나곤 한다. 그러나 뱀, 거미, 비행기 타기, 연설하기 등 다양한 대상에 대한 공포증을 신속하고 효과적으로 치료하는 획기적인 방법이 있다. 그것은 행동을 통해 문제가 되는 심리적 기제를 하나씩 영구적으로 바꾸어나가는 방법이다.

3단계 공포증 치료법

이 훈련법은 심리학자들이 실제로 사용하는 다양한 방법에 대한 이해를 돕기 위한 것이다. 공포증과 관련해 심각한 문제를 겪고 있다면 전문가의 상담을 받자.

공포증 치료는 세 단계로 이루어진다.
1. 몸 이완하기 : '금방 마음이 차분해지는 진정 훈련' 참조
2. 불안 스펙트럼 설정 : 불안과 공포를 유발하는 상황을 열 가지 적어본다. 그리고 각 상황에 대해 불안의 정도를 0(가장 낮음)에서 100(가장 높음)으로 나타내본다. 가령, 비행 공포증 환자라면 불안 스펙트럼을 짐 싸기, 항공권 예약하기, 공항으로 가기, 체크인, 비행기 탑승, 활주, 이륙, 기내에서 돌아다니기, 난기류, 착륙, 추락으로 작성할 수 있을 것이다.
3) 페어링 과정 : 몸을 이완하고 나면, 불안 스펙트럼의 맨 왼쪽에 해당하는 상황을 가능한 한 오래 경험해본다(경험이 불가능한 경우, 머릿속으로 그 장면을 떠올린다).

경험 혹은 상상을 하고 나서 그때 느낀 불안감의 정도를 0~100점으로 평가한다. 그리고 그 점수가 10점 미만으로 떨어질 때까지 반복해

서 경험 또는 상상한다. 10점 미만으로 떨어졌을 때 곧바로 불안 스펙트럼의 다음 단계로 넘어간다. 단계별로 30분 정도 진행한다.

공황의 악순환을 이기는 법

전체 인구 중 5퍼센트 정도가 공황 발작을 경험한다. 공황 발작은 매우 뚜렷한 형태로 나타나고, 불쾌한 경험을 동반한다. 갑자기 가슴이 조여오고 땀을 흘리며, 과호흡을 하고 정신이 혼미해진다. 공황 발작 환자는 정신을 잃고 곧 죽을 것 같다는 착각에 빠진다. 발작은 일반적으로 10분 정도 지속되며, 완전히 안정되기까지는 한 시간 가까이 걸린다.

정신과 의사나 심리 분석가들은 약물을 처방하거나 어린 시절의 기억을 이야기함으로써 공황 발작을 치료할 수 있다고 말한다. 하지만 공황 발작을 좀 더 쉽게 이해하고, 신속하고 효과적으로 해결할 수 있는 또 다른 치료법이 이미 나와 있다.

앞서 스탠리 샤흐터의 연구에 대해 살펴보았다. 샤흐터는 두 단계를 거쳐 감정을 경험하게 된다는 사실을 보여주었다. 첫째, 특정 사건 혹은 생각이 신체 반응을 촉발한다. 예를 들면 총소리를 듣고 손바닥에 땀이 나거나, 파티에서 매력적인 이성을 마주하고 호흡이 가빠진다. 둘째, 주위를 둘러보고 자신에게 일어난 신체 반응의 원인을 찾는다. 길을 걷다가 총소리를 들으면 즉각 털이 곤두선다. 하지만 주변을 둘러보고 자신이 지금 놀이동산 내 사격 게임장을 지나고 있다는 사실을 인식한다면 아무렇지도 않다. 마찬가지로 매력적인 이성을 보고 숨이 턱 막혔을 때, 그 사람이 자신을 쳐다보고 있다고 생각하면 짜릿한 느낌이 들겠지만 알고 보니 뒷사람을 바라보았던 것이라면 낙담하고 말 것이다.

1990년대 옥스퍼드대학교의 심리학자 데이비드 클라크David Clark는 샤흐터의 아이디어를 공황장애에 적용해보았다.[22] 클라크는 뇌가 신체적 반응을 극단적으로 잘못 해석할 때 공황장애가 나타난다고 설명한다. 그의 주장에 따르면 공황장애를 겪는 사람들은 가슴이 두근거리고 손바닥에서 땀이 나는 일상적인 신체 반응을 극단적인 상황으로 해석하려는 경향이 있다. 심장마비로 죽을 것 같다는 생각이 스트레스를 강화하고, 강화된 스트레스는 심장을 더 빨리 뛰게 만들며, 이는 다시 심장마비로 죽을지도 모른다는 생각을 증폭시킨다. 이러한 식으로 악순환이 계속되다가 결국 패닉 상태에 이른다.

공황장애를 치료하기 위해 클라크는 약을 먹거나 어릴 적 기억을 이야기하는 기존 방식으로 접근하지 않았다. 대신 신체를 이완함으로써 악순환을 사전에 예방하거나, 이보다 더 좋은 방법으로 신체 반응을 긍정적인 차원에서 재해석하는 시도가 도움이 된다고 보았다. 이 같은 방식의 효과를 입증하기 위해, 클라크는 공황장애 환자들이 자신의 모습을 새로운 시선으로 바라보도록 했다. 그는 환자들에게 갑자기 심장이 빨리 뛰거나 호흡이 가빠질 때 지레 겁을 먹을 것이 아니라, 자신의 신체가 약간의 불안을 감지하고 있다고 생각하도록 했다. 일부 환자들은 공황 발작이 일어나면 자신이 죽을지도 모른다는 불안감에 사로잡힌다. 물론 그런 일은 일어나지 않는다.

클라크는 이러한 불안감을 없애기 위해 환자들에게 설명하는 방식을 택했다. 공황 발작은 뇌에 있던 피가 갑자기 중요한 근육으로 쏠리기 때문에 나타나는 증상이며, 이 때문에 일시적으로 혈압이 높아져도 의식을 잃는 일은 없을 것이라고 말이다. 이 방법은 대단히 효과적인 것으로 드러났다. 이를 통해 클라크는 신체 반응을 새롭게 해석하는 접근 방식이 기존의 약물요법이나 상담 치료보다 더 효과적이라는 사실을 입증했다.[23]

클라크의 치료법은 오늘날 시험을 치르고 면접을 보며, 사람들 앞에서 연설을 하고 공공장소에 가는 일을 두려워하는 많은 이에게 도움을 주고 있다. 자신의 신체가 가끔 과도하게 흥분하는지 이해하고, 이를 좀 더 긍정적인 방식으로 해석하려는 시도를 통해(이를테면 "적당한 긴장감은 시험에 집중하는 데 도움이 된다", "아드레날린 분비는 면접과 연설에 힘이 된다", "병원에 들어서면서 느끼는 긴장감은 자연스러운 것이다" 등) 지금도 많은 사람들이 공황장애를 슬기롭게 극복해나가고 있다.[24]

이처럼 신체 반응이 감정으로 이어지는 심리적 메커니즘을 정확하게 이해함으로써 분노나 공포증, 공황 발작 등 다양한 심리적 장애를 신속하고 효과적으로 치료할 수 있다. 그렇다면 오늘날 가장 보편적이고 심각한 문제로 꼽히는 우울증은 어떨까?

우울한 마음이
시작되는 곳

　　구약성경에 등장하는 사울 왕은 그다지 행복한 사람이 아니었다. 이스라엘 왕으로 선출된(그는 어깨에 미치는 사람이 없을 만큼 키가 컸다) 사울은 줄곧 전쟁에 시달리면서 항상 시무룩한 표정으로 지냈다("여호와께서 부리시는 악령이 그를 번뇌하게 한지라"). 그는 우울한 기분을 달래기 위해 다윗이라는 젊은 음악가를 궁전으로 불러들였다. 하지만 탁월한 능력을 지닌 다윗이 골리앗을 죽이고 블레셋 사람들을 무찌르자 사울의 질투심이 발동했고, 급기야 창을 던져 다윗을 죽이려고까지 했다.

　　이스라엘 벤구리온대학교의 루보프 벤-넌Liubov Ben-Noun은 성경에서 묘사하는 사울의 모습을 바탕으로 현대 심리학 관점에서 그가 겪은 문제에 신중하게 진단을 내린다.[25] 벤-넌은 성경에 그가 약을 먹었다는 언급이 없으므로 약물중독에 따른 기분 장애는 아니었을 것이라고 생각했다. 또 사울은 성경에서 계시를 듣지 못한 몇 안 되는 인물 중 하나이므로, 조현병도 제외하고 나면 아마도 중증 우울증을 겪었을 것이라고 예상했다. 이후 네덜란드 호로닝언대학교 메디컬 센터의 마르테인 하위스만Martijn Huisman은 3000명의 군대로 '3만 대의 전차, 6000명의 기병, 그리고 백사장 모래알만큼이나 많은 병사'와 맞서야만 했던 심리적 압박감이 불러온 스트레스가 부분적인 원인이 되었을 것이라고 진단했다.[26]

우울증과 관련해 안타까운 사실은, 오늘날은 성경이 아닌 일상에서 너무나 쉽게 우울증 사례를 찾아볼 수 있다는 것이다. 대부분의 서구 국가에서는 20명 중 한 명꼴로 평생에 한 번 이상 우울증을 겪는다. 또 다른 연구는 남성에 비해 여성의 발병률이 두 배 가까이 높다고 말한다. 우울증은 절망감, 아침 기상 시 어려움, 식욕 감퇴나 폭식, 집중력 감소, 수면 장애 등 다양한 증상을 동반한다. 어떤 임상 전문가는 사람들에게 우울증의 느낌에 대해 설명하면서 '시차 때문에 축 처진 상태'에 비유한다. 사람이라면 누구나 슬픔을 느끼게 마련이지만, 우울증이 있으면 그러한 느낌이 장기적으로 지속되면서 인생 전반에 극도로 부정적인 영향을 미친다.

우울증은 해고나 이별처럼 특정한 사건 때문에 발생하기도 하지만, 뚜렷한 원인 없이 발병할 때도 있다. 우울증에 대한 원인과 치료법을 놓고 아직까지 격렬한 논쟁이 벌어지고 있기는 하지만, 대부분의 의사와 심리학자, 그리고 심리 치료사는 뇌 속에서 벌어지는 일에 변화를 주어야 문제를 해결할 수 있다고 믿고 있다.

1940년대, 미국의 의사 월터 프리먼Walter Freeman은 뇌의 중심과 전두엽을 오가는 신호 체계의 문제로 우울증이 발생한다고 생각했다. 이러한 아이디어를 기반으로 프리먼은 전두엽과 중심부를 연결하는 의사소통 통로를 절단해버리는 과감한 수술법을 시행했다. 우선 전기 충격으로 환자를 무의식 상태로 만들어놓고, 송곳 모양의 뇌 백질 제거용 도구를 환자의 눈물길을 통해 삽입했다. 그리고 수술용 망치로 몇 차례 두드려 전두엽으로 진입한 뒤, 이리저리 움직이며 목표 조직을 파괴했다. 프리먼은 이 수술을 무려 3000회 이상 실시했다. 탁월한 효과가 알려지면서 환자들이 줄을 이었고, 그는 하루에만 25명의 여성에게 전두엽 절제술을 실시하기도 했다.

이런 전두엽 절제술을 받은 환자 중 일부는 곧바로 우울증이 완화되었으나, 심각한 부작용을 호소하는 환자도 있었다. 그들은 먹고 마시는 기본적인 생존 기능까지 다시 배워야만 했다. 그중 가장 대표적인 실패 사례로 케네디 대통령의 여동생 로즈마리를 들 수 있다. 충동적 감정 변화와 폭력적인 행동으로 어려움을 겪고 있었던 로즈마리 케네디는 스물세 살 무렵 프리먼에게 전두엽 절제술을 받았다. 안타깝게도 수술은 실패로 끝났고, 심각한 학습장애와 요실금 증상으로 그녀는 평생 동안 요양 시설에서 간병인의 도움을 받아야 했다.

전두엽 절제술의 심각한 부작용을 확인한 의사들은 보다 덜 잔인한 방법으로 뇌에 손을 댔다. 지금까지 개발된 가장 유명한 치료법은 항우울제 요법이다. 전기 자극이 뇌의 한 부분에서 뉴런이라는 신경세포를 타고 다른 곳으로 전달된다. 여기서 뉴런은 세로토닌이라는 화학물질을 분비해 정보를 전달하고, 그 작업이 끝나면 세로토닌을 다시 흡수한다. 1960년대에 과학자들은 충분한 양의 세로토닌이 좋은 기분을 유발한다는 사실을 발견했다. 이들은 뉴런이 세로토닌을 재흡수하는 과정을 방해하는 물질을 투약하는 방식으로 우울증을 치료하고자 했다.

잠재적 부작용에 대한 논의가 아직까지 활발하게 진행되고 있기는 하지만, 항우울제 투약은 현재 시행되는 가장 보편적인 치료법이다. 많은 전문가들은 항우울제가 우울증 완화에 도움이 된다고 말한다. 그러나 뇌를 절제하는 방법과 마찬가지로, 뇌를 약물로 가득 채우는 방법에도 동의하지 않는 심리학자들은 사고방식을 바꾸는 치료 방법에 주목하기 시작했다.

우울한 사람이 문제를 바라보는 방식

시험을 망쳤다고 상상해보자. 그 원인이 뭘까? 아마 다양한 설명이 가능할 것이다. 공부를 열심히 하지 않았거나, 시험 날 컨디션이 좋지 않았거나, 예상 문제가 나오지 않았을 수도 있다. 심리학자들은 사람들이 크게 세 가지 유형에서 문제의 원인을 찾고자 하며, 바로 그 유형을 통해 그 사람에 대한 많은 정보를 얻을 수 있다고 말한다. 첫째는 '내부와 외부'다. 시험을 망친 이유가 머리가 좋지 않거나 공부를 열심히 하지 않았기 때문이라고 생각한다면 문제의 원인을 내부에서 찾는 것이다. 반면 컨디션이 나빴거나 예상 문제가 나오지 않았다고 생각한다면 외부에서 그 원인을 찾는 것이다.

둘째는 '영속성'이다. 여러분이 지목하는 원인에는 앞으로 계속 시험을 망칠 것이라는 전망이 포함되어 있는가? 가령, 머리가 좋지 않기 때문이라고 생각한다면 똑같은 문제가 계속 반복되리라고 예상하는 것이다. 반면, 그날 컨디션이 좋지 않았다고 생각한다면 다음번에는 시험을 잘 볼 수 있을 것이라는 희망의 끈을 놓지 않은 셈이다.

셋째는 '영향의 범위'이다. 머리가 나쁘거나 게을러서 시험을 망쳤다고 생각한다면, 다른 업무를 처리하거나 퀴즈 대회에 나가서도 좋은 성과를 거두지 못할 것이라고 생각하는 것이다. 반면 그날의 컨디션 문제라고 생각한다면, 다른 상황에서는 성공을 거둘 수 있을 것이라는 낙관적인 전망이 가능하다.

우울한 사람들의 경우, 나쁜 일이 벌어졌을 때 그 원인을 내부에서 찾으려는 경향이 강하다. 그리고 똑같은 문제가 앞으로도 계속 반복될 것이며, 인생의 다른 영역에서도 그럴 것이라고 생각한다. 하지만 심리적으로 건강한 사람들은 자기 자신을 원인으로 지목하지 않는다. 이들은 앞으로는 일이 잘 풀릴 것이며, 지금의 실패가 다른 분야에는 영향을 주지 않을 것이라고 생각한다. 심리치료사들은 우울증을 겪는 사람들에게 과거에 일어난 사건들을 자신이 어떻게 해석하는지 똑바로 인식하고, 그러한 생각을 바꾸어보라고 말한다. 이것이 바로 '인지 치료Cognitive Therapy'의 핵심이다.

인지 치료의 또 다른 부분은 '독심술'(다른 사람들의 생각에 대해 섣불리 판단을 내리는), '극단적 생각'(소란을 피우거나 과장하는), '혼돈'(믿음과 사실을 구분하지 못하는)과 같이 문제를 유발할 수 있는 다양한 사고 패턴을 확인하는 방법이다. 최근 많은 전문가들이 인지 치료와 약물 치료의 효과를 비교하는 다양한 연구를 하고 있으며, 이를 통해 인지 치료 역시 약물 치료에 못지않은 효과가 있다는 사실을 입증했다.[27] 이러한 성과에 힘입어 전 세계 많은 정부 기관 및 보건 기구가 인지 치료를 수용하고, 우울증으로 어려움을 겪는 사람들에게 생각의 방식을 바꾸는 접근법을 적극 권장하고 있다.

보톡스로 우울증을 고쳤다고?

행동이 감정을 자극한다는 가정 원칙을 기반으로 우리는 분노, 공포증, 공황장애 같은 문제의 원인을 이해할 수 있다. 그렇다면 우울증도 가정 원칙으로 설명할 수 있을까? 다시 말해 우울증 때문에 아침에 잠자리에서 쉽게 일어나지 못하는 것이 아니라, 재빨리 기상하지 못하기 때문에 우울증에 걸리는 것은 아닐까?

실제로 많은 연구에서 그렇다고 말하고 있다. 가정 원칙에 관한 초기 연구들 중 상당 부분은 표정과 감정에 집중하면서 웃는 표정은 행복한 감정을, 찌푸린 표정은 슬픈 감정을 자극한다는 사실을 보여주었다. 이후 임상심리학자들은 표정과 우울증에도 이런 관계가 성립한다고 설명한다. 예를 들어 피츠버그대학교의 제시 반 스웨링겐Jessie Van Swearingen은 안면 근육이 마비된 환자들을 대상으로 진행한 실험에서 웃는 표정의 정도와 우울증 정도를 비교해보았다. 그 결과, 가정 원칙의 예상대로 마비 정도가 심할수록 우울증도 심각한 것으로 드러났다.[28]

이와는 반대로 피부과 전문의 에릭 핀지Eric Finzi는 보톡스 시술을 통해 슬픈 감정과 관련된 안면 근육 일부를 마비시킴으로써 우울증을 완화할 수 있는지 알아보았다. 핀지는 우울증을 앓고 있는 여성 아홉 명에게 보톡스를 주입했는데, 보톡스가 들어간 부분은 찡그릴 때 생기는 주름살 부근이었다. 이 여성들의 일상생활을 추적해보니 보톡스 시술은 찡그리는 표정에만 영향을 주었고, 다른 표정에는 아무런 영향을 주지 않았다. 핀지 연구 팀은 보톡스 시술 때문에 덜 찡그리게 될 것이며, 이는 부정적인 감정을 덜어주는 데 도움이 될 것이라고 기대했다. 그리고 그 예상은 맞아떨어졌다. 시술을 하고 두 달 후, 아홉 명의 여성 중 어느 누구도 우울증 징후를 보이지 않았다.

좀 더 행동적인 접근 방식을 택한 또 다른 연구는 춤이 우울증에 미치는 영향을 살펴보고 있다. 춤을 추면 기분이 좋아진다는 점에 착안한 자비네 코흐는 춤이 우울증에 미치는 영향력을 연구했다.[29]

이를 위해 코흐는 우선 우울증으로 고생하는 사람들을 모아놓고 리듬이 빠른 음악에 맞춰 춤을 추도록 했다. 음악 자체, 혹은 육체적 움직임 자체가 영향을 줄 수 있다는 우려에 코흐는 또 다른 두 그룹에 모두 동일한 음악을 틀어주면서 실내 자전거를 타도록 했다. 실험 결과, 세 그룹 모두 기분이 더 좋아진 것으로 나타났지만 실제로 춤을 춘 사람들에게서 가장 뚜렷한 변화를 확인할 수 있었다.

심리학자 피터 레윈손Peter Lewinsohn은 우울증 환자들을 대상으로 행동의 변화가 감정의 변화를 자극할 수 있는지 알아보는 실험을 했다[30]. 우울증에 걸린 사람들은 종종 도망치거나 회피하는 행동을 보인다. 해고나 이별 같은 힘든 경험을 하고 나서, 어떤 이들은 그러한 아픔을 다시는 겪지 않기 위해 세상으로부터 멀리 도망가는 모습을 보인다. 이러한 태도는 침대에서 오랜 시간을 보내고 친구들을 피하며, 폭식을 하고 과음을 하거나 약물을 복용하는 등 다양한 형태로 나타난다.

또는 과거에 대한 집착에서 벗어나지 못하거나('그때 그랬더라면') 드라마나 예능 프로그램을 보면서 미래에 대한 생각 자체를 회피하고자 한다. 하지만 안타깝게도 이러한 태도는 의도하지 않은 부정적 결과로 이어진다. 일단 집 밖에 나가지 않고 폭식을 하면 체중이 증가하며 자신감이 상실된다. 지나친 수면과 장시간 TV 시청은 가족들의 짜증을 자극할 수도 있다. 친구들을 피하는 행동은 사람들과 함께 어울리는 기회를 차단해 고독감을 키운다.

이와 같은 악순환을 끊기 위해 레윈손은 '행동 활성화Behavioural

Activation'라는 간단한 방법을 고안했다. 행동 활성화에는 다양한 치료법이 있지만 대부분 기본적인 두 단계로 이루어진다.[31] 첫 단계에서 사람들은 문제가 되는 자신의 행동을 확인하고, 일반적인 목표를 설정한다. 그리고 어떤 행동이 우울증 징후인지 파악하고 자신이 원하는 목표를 세운다.

두 번째 단계는 그동안 회피한 다양한 활동에 참여하고, 목표를 향해 달려나갈 수 있도록 격려하는 것이다. 여기서 중요한 것은 머릿속으로 하는 생각이 아니라, 몸으로 하는 '실천'이다. 사람들에게 생각을 묻는 일은 그만하고, 그들의 행동을 바꿀 방법에 주목해야 한다. 이를 위해 장기적인 변화를 이끌어낼 구체적인 활동 목록을 작성해본다. 예를 들어 사람들과 더 많은 시간을 보내겠다는 목표를 세웠다면, 일주일에 한 번은 친구와 커피를 마시고 2주일에 한 번은 동료와 함께 영화를 보러 가는 것으로 목록을 만들 수 있다. 마찬가지로 새로운 자격증을 따겠다는 목표를 세웠다면, 적당한 강의나 강연을 찾아보고 퇴근 후 교육 프로그램을 알아보는 것을 포함시킬 수 있다. 이를 위해 작업 계획표를 만든다면 동기를 얻고 진척 상황도 점검할 수 있을 것이다.

가정 원칙에 기반을 둔 행동 활성화의 원칙의 효과는 2006년 워싱턴대학교 소나 디미지언Sona Dimidjian 연구 팀의 획기적인 연구에서 확인할 수 있다.[32] 디미지언은 중증 우울증으로 고생하고 있는 외래 환자 200명을 무작위로 네 그룹으로 나누었다. 그리고 첫 번째 그룹에는 널리 알려진 항우울제인 파록세틴을, 두 번째 그룹에는 가짜 알약을 처방했다. 세 번째 그룹에는 인지 치료를, 마지막으로 네 번째 그룹에는 행동 활성화를 시도했다. 연구 팀은 네 가지 방법 중 가장 효과적인 것을 확인하기 위해 두 달 동안 환자들의 일상을 추적했다. 그 결과, 행동 활성화가 인지 치료보다 훨씬 효과적인 것으로 드러났다. 더 중요한 점은 행동 활성화가 파록세틴을 복용하는 것만큼 효과가 있었다는 사실이다.

수년간 많은 과학자들이 행동 활성화의 효과를 입증하는 다수의 연구 결과를 발표했다.[33] 우울증 치료를 위한 약물요법과 인지 치료에는 상당한 부작용과 어려움이 따른다. 반면 행동 활성화는 매우 안전하면서도 비슷한 효과를 보인다. 가정 원칙은 단지 사랑과 행복을 만들어내는 데 그치지 않는다. 고통을 덜어주고 증상을 완화함으로써 수많은 사람들이 효과적으로 일하고, 더 나은 인생을 살아갈 수 있도록 도와준다.

행동 활성화 1단계 : 문제 행동 자가 진단법

이 훈련법은 심리학자들이 실제로 사용하고 있는 다양한 방법 중 하나다. 우울증과 관련해 심각한 문제를 겪고 있다면 전문가의 상담을 받아볼 것을 권한다. 이제 다음 설문에 대답해보자.

행동 파악하기

	예 / 아니요
친구나 가족과의 만남을 피하고 있는가?	☐ ☐
스포츠 관람이나 영화, 또는 외식과 같이 예전에 즐기던 활동을 중단했는가?	☐ ☐
밥을 잘 먹지 않거나 위생 관리를 제대로 하지 않는 등 자신을 챙기는 일을 소홀히 하고 있는가?	☐ ☐
학업이나 업무를 게을리하고 있는가?	☐ ☐
과거에 집착하면서 미래에 대한 계획을 외면하고 있는가?	☐ ☐
가족 혹은 연인과의 관계에 흥미를 잃어버렸는가?	☐ ☐
너무 오랫동안 TV를 보거나 컴퓨터 게임을 하거나 집 안에 머무르는가?	☐ ☐
과음이나 폭식을 하거나 약물을 복용하고 있는가?	☐ ☐

'예'라고 표기한 행동을 살펴보자. 구체적으로 어떤 행동을 고치고 싶은가? 다음 항목들을 살펴보자. 이 중 여러분이 중요하게 생각하면서도 어려움을 겪고 있는 것을 한두 가지 선택하고, 이에 대한 질문에 답해보자.

· **인간관계** : 관계를 지금 상태로 유지하고 싶은가, 아니면 바꾸어보고 싶은가? 인맥을 넓히고 싶은가? 부모님이나 배우자 혹은 연인과의 관계를 개선하고 싶은가?

· **업무와 교육** : 학업 성적이나 업무 성과를 높이고 싶은가? 자신의 사업을 시작

하거나 승진을 하거나 교육을 받고 자격증을 따고 싶은가?
- **여가 활용** : 여가 시간을 더 즐겁게 보내고 싶은가? 어떤 종류의 스포츠나 취미 활동을 하고 싶은가?
- **공동체 활동** : 소속된 공동체에 더 많은 기여를 하고 싶은가? 기부나 자원봉사, 또는 다양한 사회 활동에 좀 더 적극적으로 참여하고 싶은가?
- **육체적 건강** : 더 건강해지고 싶은가? 살을 빼고, 운동을 하고, 건강 식단으로 바꾸고 싶은가?

행동 활성화 2단계 : 구체적인 행동 시작하기

목표 행동 정하기

바꾸고 싶은 행동과 자신이 바라는 목표를 다시 한번 살펴보자. 그런 다음 행동을 바꾸고 목표를 달성하는 데 필요한 구체적인 활동 목록을 만들자. 이때 목록에는 목표를 이루기 위한 작지만 실천적인 사항이 들어 있어야 한다. 침대에 누워 있는 시간을 줄이는 것을 목표를 세웠다면 늦어도 아침 9시에는 일어나고, 밤 11시 이후에는 잠자리에 든다는 원칙이 포함되어야 한다. 마찬가지로 새로운 연애를 시작하겠다는 목표를 세웠다면 지인들에게 적극적으로 소개를 부탁하며 동호회나 온라인 데이트 플랫폼에 가입해야 한다.

또 이런 활동은 측정 가능하고 현실적이며 시간적으로도 구체적이어야 한다. 이를테면 '더 행복해지기'와 같은 것들은 여기에 해당되지 않는다. 측정하기 힘들거니와 시간적으로도 구체적이지 않기 때문이다. 대신 '2주일에 책 한 권 읽기', '매주 박물관이나 미술관 방문하기', '매주 500자 이상 글쓰기' 등 측정 가능하고 구체적인 것이 좋다.

계획 세우기
계획을 세웠다면 일주일간의 계획을 적어보자. 자신이 원하는 구체적인 활동이 무엇인지, 언제 성취할 것인지 스스로 확인할 수 있다. 시간과 계획한 활동, 실제 활동, 달성 정도를 표에 적어 스스로 평가해보자.

지금 바로
써먹는
심리학

4

내 의지력을 조종하는 작은 행동들

빈약한 내 의지력, 어떻게 키울 수 있을까?
미루는 버릇을 고치고, 담배를 끊고,
다이어트에 성공하는 데 도움이 될
중요한 사실을 배워보자.

인센티브가
아무런 효과가 없는 이유

　심리학자들은 오랫동안 동기부여라는 문제를 놓고 씨름해왔다. 왜 어떤 사람들은 자기통제력이 강하고 열정적으로 일하는 반면, 어떤 사람들은 아침에 일어나는 일조차 버거워하는 것일까?
　이 질문에 대한 해답을 얻기 위해 1960년대에 많은 학자들이 특수한 새장에 비둘기를 넣어두고 관찰했다. 새장에는 전구와 버튼이 있는데, 전구에 불이 들어올 때마다 부리로 버튼을 쪼도록 비둘기를 훈련시켰다. 그 과정에서 보상으로 작고 동그란 모이를 줄 때 비둘기들이 훨씬 더 빨리 버튼 누르기를 학습했다는 사실을 확인했다. 사람을 깃털 없는 거대한 비둘기라고 생각한다면, 이와 같은 보상 시스템을 인간에게 그대로 적용할 수 있을 것이라고 학자들은 예상했다.

여러 정부 기관과 기업 또한 이런 생각을 받아들였다. 모범 죄수에게는 특별상을 주고 독서를 마친 학생들에게 과자를 주며, 높은 성과를 거둔 직원들에게 보너스를 지급하는 등 다양한 형태의 보상 시스템이 마구 생겨나기 시작했다. 그러나 안타깝게도 비둘기에 대한 연구 결과를 인간에게 그대로 적용할 수 없다는 사실은 그리 오래지 않아 드러났다. 보상 프로그램 대부분이 장기적인 효과를 발휘하지 못했고, 어떤 경우에서는 오히려 동기를 감소시키는 부작용을 낳았다.

『상으로 주는 벌Punished by Rewards』의 저자 알피 콘Alfie Kohn은 보상의 부작용을 드러내는 다양한 사례를 소개했다.[1] 한 사례에서 과학자들은 담배를 끊으려는 1000명 이상의 사람들의 일상을 추적했다.[2] 이들은 흡연자를 두 그룹으로 나누고, 8주 동안 금연 프로그램을 실시했다. 여기서 한 그룹에는 금연 프로그램에 참여한 보상으로 머그컵이나 하와이 여행 응모권 등을 주었다. 반면 통제 집단 역할을 한 다른 그룹에는 아무런 보상도 하지 않았다.

머그컵 또는 멋진 해변에서 휴가를 보내는 꿈을 선물 받은 피실험자들이 금연 프로그램에 더욱 적극적으로 임하면서 처음에는 보상이 꽤 효과가 있는 것처럼 보였다. 하지만 3개월 후 금연 성과를 확인했을 때, 보상 그룹과 통제 그룹 사이에서 눈에 띄는 차이를 발견할 수 없었다. 게다가 1년 뒤에는 보상 그룹 참여자들이 상대적으로 더 많이 금연을 포기한 것으로 나타났다.

또 다른 연구 사례도 있다. 버지니아 폴리테크닉대학교의 E. 스콧 겔러E. Scott Geller는 안전벨트 착용과 관련해 28건의 연구 결과를 살펴보았다.[3] 6년간 25만 명에 달하는 사람들을 대상으로 실시한 다양한 연구 결과를 모두 검토하고 나서, 겔러는 안전벨트 착용에 대해 금전적인 보상이나 선물을 주는 방법은 거의 효과가 없다고 결론 내렸다. 마찬가지로 독서를 한 학생에게 보상을 하는 여러 프로그램에 관한 다양한 연구 결과를 검토하고 나서도 보상에 따른 어떠한 장기적인 효과도 확인할 수 없었다.[4]

그 밖에 창조성에 대한 보상을 주제로 한 연구도 있었다. 금전적으로 큰 보상이 따른다면 예술가들은 좀 더 적극적으로 창조적인 작품을 만들어낼까? 그러나 브랜다이스대학교의 테레사 애머빌Teresa Amabile에 따르면 그렇지 않다. 그는 일부 예술가들에게는 선금을 주고 다른 예술가들에게는 주지 않은 상황에서, 그들이 제출한 결과물에 대한 창조적 가치를 평가했을 때 선금을 받지 않은 예술가들이 오히려 더 높은 점수를 받았다는 사실을 확인했다.[5] 이러한 결과가 보상의 부정적 속성 때문이 아니라 후원자들의 요구에 갑갑함을 느끼는 예술가 특유의 기질 탓일지도 모른다는 우려에, 애머빌은 두 그룹을 대상으로 또 다른 실험을 해보았다.[6]

그녀는 신인 작가들을 대상으로 처음과 마지막 행에 '눈snow'이라는 단어를 넣어서 하이쿠haiku(일본의 짧은 정형시_옮긴이)를 짓도록 했다. 이때 이들을 두 그룹으로 나누어 한 그룹에는 인기 작가로 성공해 엄청난 부를 거머쥐는 상상을 하도록 하고, 다른 그룹에는 글을 쓰는 과정에서 느끼는 내면의 즐거움을 떠올리도록 했다. 마지막으로 이들 모두에게 웃음을 주제로 다시 한번 하이쿠를 짓도록 했다.

그런 다음에는 12명의 시인으로 이루어진 평가단에 신인 작가들의 하이쿠를 보여주고 창조성을 평가해보도록 했다. 눈을 주제로 한 첫 번째 하이쿠에서 창조성 점수는 비슷한 것으로 나타났다. 하지만 두 번째 하이쿠의 경우, 성공과 부를 떠올린 작가들의 창조성 점수가 훨씬 더 낮은 것으로 드러났다. 금전적 보상에 대한 상상이 창조성에 오히려 부정적인 영향을 미쳤던 것이다.

이 결과를 놓고 심리학자들은 충격에 빠졌다. 실험실에서는 분명한 효과를 보여준 보상 시스템이 현실에서는 그렇지 못한 까닭은 무엇일까?

보상의 역설 : 상이 오히려 벌이 되는 까닭

사회심리학자들과 함께 오랜 시간을 지내다 보면 현명한 노인과 욕쟁이 10대에 관한 재미있는 이야기를 들을 수 있다. 어느 흉흉한 마을에 한 노인이 살고 있었다. 하루는 같은 마을에 사는 불만 가득한 10대 몇 명이 모여 그 노인을 골려주기로 작당했다. 아이들은 매일 노인의 집 앞을 지나갈 때마다 욕설을 퍼부었다. 계속해서 그런 일을 당한다면 아마도 맞받아 욕을 하거나, 경찰에 신고하거나,

아니면 아이들이 싫증이 나고 그만둘 때까지 참고 기다렸을 것이다. 하지만 심리학에 조예가 깊은 이 노인은 좀 다른 계획을 세웠다.

어느 날 노인은 마당에 나와 10대들이 오기를 기다렸다. 아이들이 나타나자 노인은 모두에게 5파운드씩 나눠주면서 앞으로도 계속 욕을 해달라고 부탁했다. 어안이 벙벙한 아이들은 일단 돈을 받아 들고 욕을 하며 지나갔다. 그렇게 일주일 동안 노인은 매일 아이들에게 돈을 주었다. 그다음 주는 약간 달랐다. 노인은 아이들에게 돈이 별로 없다고 사정을 하고는 1파운드만 주었다. 그래도 아이들은 일주일 동안 돈을 받아가며 계속 욕을 해댔다. 세 번째 주가 되자 또 다른 일이 벌어졌다. 노인은 아이들에게 상황이 너무 안 좋아 20펜스밖에 줄 수 없다고 했다. 그러자 너무 적은 금액에 모욕감(!)을 느낀 아이들은 급기야 욕을 중단해버렸다.

아마 누가 지어낸 이야기일 테지만, 여기에는 사람들이 어떤 일을 하는 근본적인 이유에 대한 통찰이 담겨 있다. 이 노인의 전략을 이해하기 위해서는 1970년대에 실시한 실험으로 돌아가야 한다. 정신과 의사 에드워드 데시Edward Deci는 '소마'라는 나무 블록 퍼즐을 즐겨 사용했다. 그는 사람들에게 갖가지 모양의 나무 블록을 주고 특정한 모양을 만들어보라고 했다. 데시는 소마 퍼즐을 가지고 가정 원칙이 동기부여에 어떤 영향을 미치는지 확인할 수 있을 것이라고 기대했다.[7]

한 실험에서 데시는 피실험자들에게 30분간 퍼즐을 가지고 놀도록 했다. 그전에 일부에게는 과제물을 완성하면 보상금을 지급하겠다고 했고, 다른 사람들에게는 아무 말도 하지 않았다. 30분이 지난 후 데시는 사람들에게 즐거운 소마 시간이 끝났다고 알렸다. 그리고는 다음 실험에 쓸 자료를 연구실에서 가지고 올 테니 잠깐만 기다리라고 했다. 하지만 특히 사회심리학 실험이 종종 그런 것처럼, 연구원이 잠깐 어딜 다녀오겠다는 말은 대부분 속임수다. 이 실험에서도 결정적인 사건은 연구원이 잠시 자리를 비웠을 때 일어났다. 데시는 10분 동안 자리를 비웠다. 그동안 사람들은 소마 놀이를 계속할 수도, 전략적으로 미리 책상 위에 놓아둔 잡지를 읽거나 가만히 앉아서 기다릴 수도 있었다. 물론 데시는 그 시간에 벌어지는 모든 일을 몰래 관찰했다.

전통적인 비둘기 실험에서 드러난 보상 이론에 따른다면 결과물에 따라 돈을 받기로 한 사람들이 소마에 대해 더 많은 관심을 가질 것이며, 그래서 데시가 잠깐 자리를 비웠을 때도 소마를 더 오래 가지고 놀았을 것이라고 예상해볼 수 있다. 하지만 가정 원칙은 이와는 다른 견해를 내놓는다. 가정 원칙에 따르면 완성한 퍼즐에 대해 보상 제안을 받은 사람들은 무의식적으로 이렇게 생각한다.

재미없고 힘든 일을 할 때 사람들은 돈을 주지. 퍼즐을 맞추면 돈을 준다고 하니 이건 분명 재미없고 힘든 일일 거야.

반면 제안을 받지 않은 사람들은 이렇게 생각한다.

> 재미없고 힘든 일을 할 때 사람들은 돈을 주지. 하지만 퍼즐 놀이에는 돈을 주지 않는 걸 보니, 이건 분명 재미있고 신나는 일일 거야.

즉 보상을 제안받은 사람들은 소마를 숙제로 바라본 반면, 아무런 제안을 받지 않은 사람들은 재미있는 놀이로 여긴 것이다. 가정 원칙을 기반으로 할 때 데시가 제안한 보상은 놀이를 일로 만들었고, 그랬기 때문에 보상을 제안받은 사람들은 데시가 실험실을 떠났을 때 더 이상 소마 놀이를 하지 않았을 것이다. 실제로 데시의 실험 결과는 가정 원칙을 강력하게 뒷받침했다. 데시가 실험실을 떠나자, 보상 제안을 받지 않은 사람들이 더 많이 소마 퍼즐을 즐기는 모습을 보여주었던 것이다.

데시의 연구 결과를 접한 많은 과학자들은 이를 검증하기 위해 비슷한 실험에 도전했다. 이러한 시도 중 가장 유명한 것은 스탠퍼드대학교의 심리학자 마크 레퍼Mark Lepper 연구 팀이 학생들에게 그림을 그리도록 한 실험이다.[8] 색연필과 종이를 나눠주기 전, 레퍼는 한 그룹에는 그림을 그리면 '착한 어린이' 메달을 줄 것이라고 이야기했고, 다른 그룹에는 아무 말도 하지 않았다. 가정 원칙에 따른다면, 메달 이야기를 들은 아이들은 무의식적으로 이렇게 생각할 것이라고 예상해볼 수 있다.

> 하기 싫은 일을 할 때에만 어른들은 상을 주지. 그런데 그림을 그리면 메달을 준다고 하니, 그건 분명 내가 좋아하는 일이 아닐 거야.

반면 아무런 제안을 받지 않은 아이들은 이렇게 생각할 것이다.

어른들은 하기 싫은 일을 할 때만 상을 주지. 그런데 그림 그리기에는 아무런 보상이 없으니, 그건 분명 재미있는 일일 거야.

몇 주 후, 연구 팀은 학교로 돌아가 그리기 재료를 나눠주고 아이들이 얼마나 그림 그리기를 좋아하는지 관찰했다. 그 결과, 메달 제안을 받은 아이들이 그림 그리기에 상대적으로 훨씬 적은 시간을 보낸 것으로 드러났다.

이러한 실험 결과가 전하는 메시지는 분명하다. 흡연자와 운전자, 그리고 학생들에게 보상을 제공하면서 금연, 안전벨트 매기, 독서와 같은 일들이 하기 싫은 숙제가 되어버렸던 것이다. 보상이 사라지는 순간 동기는 떨어졌고, 더욱 심각하게도 애초에 의도한 행동의 횟수가 보상을 하기 전보다 더 감소하고 말았다. 보상은 단기적으로 위력을 발휘할 수 있다. 그러나 사람들에게 맛있는 음식, 선물, 보너스를 끊임없이 제공하는 것은 현실적으로 불가능하다. 그리고 보상이 중단되는 순간, 동기부여는 물거품이 되고 만다.

가정 원칙으로 동기부여 끌어올리기

가정 원칙을 활용해 동기를 부여할 수 있다는 사실을 깨달은 많은 과학자들은 이러한 아이디어를 기반으로 사람들의 행동을 자극하는 다양한 방법을 연구했다. 몇몇 비즈니스 대가는 자율성과 목표, 즐거움의 요소를 강조함으로써 업무를 신나는 일로 바꾸는 노력이 무엇보다 중요하다고 강조한다. 또 일부 심리학자들은 개인적인 일상 차원에서 롤플레잉의 기능에 주목한다. 예를 들어 리언 맨Leon Mann이 실시한 금연에 관한 실험이 그렇다.

맨은 담배를 매우 많이 피우는 26명의 흡연자를 모아놓고 무작위로 두 그룹을 만들었다.⁹ 그리고 그중 한 그룹에는 암 진단을 받고 담배를 완전히 끊어야만 하는 역할을 맡도록 했다. 롤플레잉의 현장감을 조성하기 위해 그는 실제로 캠퍼스 내 사무실을 개조해 병원처럼 꾸몄다. 거기에 다양한 의료 장비를 설치해놓고 의사 역을 맡은 배우들이 흰 가운을 입고 돌아다니도록 해두었다. 그런 환경에서 가짜 의사가 엑스레이 사진을 들여다보면서 폐암이라고 말한다. 그러고는 당장 담배를 끊는 방법에 대해 함께 이야기를 나누는 것이다.

맨은 통제 그룹 사람들에게도 마찬가지로 폐암에 걸렸다는 말을 했지만, 첫 번째 그룹처럼 롤플레잉 상황에 직접 참여해 실제로 행동을 바꾸어보도록 하지는 않았다. 실험 결과는 놀라웠다. 실험 전, 전체 피실험자들의 하루 평균 흡연량은 25개비 정도였다. 그런데 실험 후 통제 그룹의 평균 흡연량이 5개비 정도 줄어든 것으로 드러난 반면, 롤플레잉에 참여한 그룹의 경우에는 10개비나 줄어든 것으로 나타났다. 자신이 정말로 담배를 끊은 것처럼 행동한 시도가 실질적으로 커다란 변화를 가져온 것이다.

이후 연구 팀은 몇 년에 걸쳐 그 피실험자들의 삶을 추적했다. 그리고 롤플레잉 효과가 단기간에 사라지지 않았다는 사실을 확인했다.[10] 2년이 지난 뒤에도 롤플레잉 그룹은 통제 그룹에 비해 담배를 훨씬 더 적게 피우고 있었다. 이후로도 많은 심리학자들이 업무에 의미를 부여하고 롤플레잉 기법을 개인적인 삶에 적용할 때 그 효과가 대단히 오래 지속된다는 사실을 보여주었다.

사소한 미끼로 낚은 커다란 변화

현관문에서 노크 소리가 들린다. 레이스 커튼 사이로 내다보니 젊은 남자가 서 있다. 나쁜 사람처럼 보이지 않아서 문을 열어준다. 그러자 그 남자는 자신을 캐나다 암협회 자원봉사자라고 소개하면서 기부 프로그램에 참여해달라고 부탁한다. 의미 있는 일이라는 생각이 들어 약간의 돈을 기부한다. 여기까지는 아무런 문제가 없다. 하지만 여러분은 지금 아마도 어떤 심리학 실험에 참여한 것일 수도 있다. '기부하시겠습니까?'라는 제목의 실험을 최초로 시도한 파트리샤 플리너Patricia Pliner는 가정 원칙으로 사람들의 행동을 자극하는 방법을 보여주었다.[11]

첫 번째 시도에서 주민들의 46퍼센트가 기부에 참여했다. 이번에 자원봉사자로 가장한 연구 보조 요원들이 2차로 선정한 가구를 방문해 기부 프로그램 홍보를 위해 작은 마크를 달아달라고 부탁했다. 대부분의 주민들이 승낙했다. 그리고 2주일이 지나 그들은 마크를 다는 데 동의한 가구를 다시 한번 방문해 기부를 요청했다. 그런데 이번에는 놀랍게도 90퍼센트가 넘는 주민들이 기부에 응했다.

이른바 '발 들여놓기foot-in-the-door'라는 이 전략은 우선 가벼운 요청을 통해 주민들이 스스로 기부에 대해 긍정적으로 생각하는 사람으로서 행동하도록 만들어놓고, 나중에 자연스럽게 기부를 이끌어내는 방법을 말한다. 다시 말해 스스로를 이타적인 인간이라고 믿도록 해놓고, 다음번에 본격적인 기부 요청을 하는 것이다. 이와 관련한 연구를 40년 넘게 추진하는 동안, 많은 심리학자들이 이 전략을 다양한 상황에서 활용할 수 있다는 사실을 확인했다.[12] 그중 가장 흥미롭고 효과적인 사례로 니콜라 게겐Nicolas Guéguen의 실험을 꼽을 수 있다.

게겐은 프랑스 북부 브르타뉴로 가서 일부 주민을 대상으로 무작위로 두 그룹을 만들었다.[13] 그중 한 그룹에 전화를 걸어 지역 에너지 기업이라고 밝히고, 에너지 절약에 관한 짧은 전화 설문을 실시했다. 그리고 며칠 후 모든 주민에게 에너지 절약 프로그램에 참여해달라는 시장의 요청을 담은 편지를 발송했다. 그 결과, 전화를 받지 않은 주민들은 20퍼센트만이 그 프로그램에 참여한 반면, 설문에 응한 주민들은 50퍼센트 넘게 참여에 동의한 것으로 드러났다.

또 다른 실험에서 게겐은 1000명 이상의 사람들에게 이메일을 보내 전쟁으로 고통받는 아이들을 후원하는 웹사이트를 방문해달라고 요청했다.[14] 그중 절반의 사람들에게는 웹사이트에 접속하자마자 기부 프로그램에 참여하는 링크가 곧바로 뜨도록 해놓았다. 반면 다른 절반에게는 지뢰 설치에 반대하는 서명을 먼저 하고 나서 그다음에 기부 링크가 뜨도록 해놓았다. 그 결과, 곧바로 기부 링크를 확인한 사람들 중 3퍼센트만이 실제로 링크를 클릭한 반면, 지뢰 설치 반대 서명을 먼저 한 사람들은 14퍼센트 가까이 클릭한 것으로 나타났다.

마지막으로 게겐은 발 들여놓기 전략을 활용해 큐피드가 새로운 목표물을 발견할 수 있도록 도와주는 실험도 했다.[15] 이 실험에서 남성 보조 요원은 길거리에서 300명 이상의 젊은 여성들에게 접근해 술을 한잔하자며 제안했다. 그리고 그중 일부 보조 요원들은 직접 제안을 하기 전에 길을 묻는 등 가벼운 질문을 먼저 했다. 반면 다른 보조 요원들은 여성들에게 다가가 곧바로 술자리를 제안했다. 이를 통해 게겐은 사소한 차이로 커다란 변화를 만들어낼 수 있다는 사실을 확인했다. 먼저 길을 물어본 경우에는 60퍼센트의 여성이 흔쾌히 동의한 반면, 직접적으로 제안한 경우에는 20퍼센트만이 동의했다.

위의 세 가지 사례에서 사람들은 스스로 에너지 절약에 찬성하고, 지뢰 설치에 반대하며, 친절을 베푸는 사람인 것처럼 행동했고, 그 과정에서 새롭게 형성된 자신의 정체성과 조화를 이루는 방식으로 다음 행동 방향을 결정했다. 이러한 발 들여놓기 전략은 영업 사원의 무기이기도 하다. 행동 전문가 로버트 치알디니Robert Cialdini는 이를 '미끼 전략lowball'이라고 부르는데, 이는 소비자가 특정 제품이나 서비스에 스스로 관심이 있는 것처럼 행동하도록 유도하는 일련의 과정으로 이루어져 있다.[16]

예를 들어, 자동차 영업소는 잠재 소비자를 매장으로 끌어들이기 위해 아주 낮은 가격표를 붙여놓는다. 그리고 소비자가 매장 안으로 들어와 그 자동차에 관심을 보일 때, 영업 사원이 다가가 추가 옵션을 보여주면서 조금씩 가격대를 높여나간다. 마찬가지로 호텔들은 특가 상품을 온라인에 띄워놓고, 소비자가 클릭을 하면 해당 상품은 마감되었으며 가격대가 조금 더 높은 방들은 아직 예약이 가능하다는 메시지를 보여준다.

물론 똑같은 전략으로 부정적인 행동을 유도할 수도 있다. 1970년대 초 그리스 군부는 사병들을 잔인한 고문관으로 훈련시키고자 했다.[17] 그리고 이를 위해 발 들여놓기 전략을 활용했다. 가장 먼저 그들은 사병들을 고문실 앞에 세워놓았다. 다음으로 고문실 안에서 고문 장면을 지켜보도록 했다. 그러고는 고문을 하는 동안 죄수를 붙잡고 있는 등 간단한 보조 역할을 맡도록 하다가 마지막에는 죄수들을 직접 고문하도록 했다. 이렇게 그들이 정식 고문관으로 역할을 수행하게 되었을 때, 그들은 또다시 새로운 사병들을 고문실 앞에 세워두었다.

그리스 군부는 천천히, 그러나 확실한 방식으로 발 들여놓기 전략을 활용함으로써 처음에는 절대 받아들이지 않으려고 한 행동을 병사들이 자연스럽게 실행에 옮기도록 유도했던 것이다.

최근에 나온 연구 결과에 따르면, 과학자들은 긍정적인 차원에서 발 들여놓기 전략을 활용함으로써 작은 실천을 통해 세상을 좀 더 살기 좋은 곳으로 만드는 다양한 방법을 모색하고 있다.

"일단 가볍게 서약만 해주세요"

미국이라는 나라는 1년에 무려 1억 5000만 톤의 쓰레기를 배출한다. 이는 뉴올리언스 슈퍼돔 경기장을 매일 두 번 채울 만한 양이다.[18] 심리학자 숀 번Shawn Burn은 발 들여놓기 전략을 활용해 재활용 프로그램을 활성화하는 방안을 연구했다.[19] 이를 위해 번은 로스앤젤레스 카운티 동부 지역의 작고 부유한 대학 도시인 클레어몬트에서 다섯 지역을 추렸다. 본격적인 실험에 앞서 연구 팀은 지역 주민들의 재활용 실태를 몰래 살펴보았다. 그리고 재활용을 실천하지 않는 200가구를 선별하고, 이들의 행동에 변화를 줄 수 있는지 알아보기로 했다.

이번 실험을 위해 번은 보이스카우트에 도움을 요청하고 단원들을 대상으로 3주간 교육을 실시했다. 우선 재활용의 중요성을 강조하는 메시지를 큰 소리로 낭독하도록 했다. 다음으로 조사관이 주민 역할을 맡고, 스카우트 단원이 가구를 방문해 메시지를 효과적으로 전달할 수 있도록 연습을 시켰다. 모든 준비를 마친 이들은 실제로 주민들의 집을 방문했다.

스카우트 단원들은 세 그룹으로 나뉘었고 조사관들의 인솔하에 가구를 찾아가서 현관문을 두드렸다. 문이 열리면 단원들은 그동안 연습한 대로 재활용의 중요성에 대해 설명하기 시작했다. 그러고 나서 서약 카드와 스티커를 나눠주었다. 그 카드에는 다음과 같이 적혀 있었다.

"나, _____는(은) 클레어몬트의 재활용 프로그램에 참여할 것을 약속합니다. 쓰레기와의 전쟁을 적극 지지합니다!"

스티커에도 직설적인 문구가 담겨 있었다.

"쓰레기와의 전쟁에서 승리하기 위해 반드시 재활용을 실천하겠습니다."

이후 6주 동안 번 연구 팀은 다시 한번 주민들의 재활용 실태를 몰래 관찰했다. 그 결과는 놀라웠다. 스카우트 단원들이 방문하지 않은 가구의 경우, 재활용 상황이 3퍼센트 개선된 반면, 서약 카드에 사인을 하고 스티커를 집 안에 붙인 가구는 20퍼센트의 개선을 보여주었다. 스스로 재활용 의지가 있는 사람처럼 행동하게 함으로써 연구 팀은 주민들에게 재활용 프로그램에 참여할 결정적인 동기를 부여했던 것이다.

목표를 확실히 잡아주는 서약 카드

무언가를 위해 결심하고 싶은가? 그렇다면 서약 카드를 만들어 냉장고나 책상 위, 화장실 거울 등 잘 보이는 곳에 놓아두자. 서약 카드를 작성하는 과정에서 스스로 적극적이고 의지가 강한 사람처럼 행동함으로써 목표 달성 가능성을 높일 수 있다. 첫 목표를 달성했다면 나머지 카드도 작성해 변화를 시도하자.

자기통제력 측정하기

서약 카드를 넘기면 나오는 페이지 뒷면에 비밀 메시지를 숨겨놓았다고 가정해보자. 그 페이지를 찢어 뒷면을 보지 않도록 조심하면서 뭉쳐 종이 공을 만들자. 이 공으로 자기통제력을 평가할 수 있다. 그 공을 얼마나 오랫동안 펼쳐보지 않고 그대로 놓아둘 수 있을까? 몇 분? 몇 시간? 아니면 하루나 이틀? 혹은 일주일? 예상 시간을 아래에 적어보자.

예상 시간: _____

다음으로 집이나 사무실에서 잘 보이는 곳에 그 공을 놓아두자. 아마 그 공을 볼 때마다 내용이 궁금할 것이다. 재미있는 농담일까? 삶을 바꾸어줄 명언일까? 아니면 자기통제력을 높여주는 방법일까? 그러나 공을 열어보기 전에는 알 수 없다.

자, 여러분은 언제 그 종이 공을 펼쳐보았는가? 앞서 예상이 적중했는가? 예상보다 빨리 열어본 것은 아닌가? 사람들은 종이 공을 펴보지 않고 얼마든지 참을 수 있을 것이라고 장담하지만, 시간이 갈수록 호기심이 커져 결국 공을 열어보고 만다. 이처럼 사람들은 대체로 자기통제력을 과신하는 경향이 있다. 바로 이런 이유에서 지금 소개하는 훈련법이 필요한 것이다.

심리학과 다이어트가 만났을 때

비만은 심장 질환, 제2형 당뇨병, 암 등 다양한 질환을 야기한다. 오늘날 아주 많은 사람들이 다이어트에 도전하는 것은 당연한 현상이다. 그러나 안타깝게도 그 성공 가능성은 대단히 낮은 게 현실이다.

그러다 보니 많은 사람들이 저칼로리 식단으로 쉽고 빠르게 살을 뺄 수 있다는 광고 문구에 현혹된다. 이러한 다이어트 프로그램들은 칼로리는 낮으면서도 충분한 영양분을 공급하는 액상 음식을 기반으로 한다. 이들 프로그램의 단기 효과는 놀랍다. 많은 연구 결과에서 이러한 프로그램에 참여한 사람들의 절반 정도가 초과 체중의 80퍼센트를 빠른 기간 안에 뺀 것으로 나타났다. 하지만 2년 뒤 다시 한번 점검했을 때는 상황이 달라져 있었다. 게다가 3년 뒤에는 대부분이 다이어트 이전 상태로 그대로 돌아왔고, 5년 뒤에는 단 세 명만이 날씬한 몸매를 유지하고 있는 것으로 드러났다.[20]

우울한 결과는 비단 저칼로리 프로그램에만 국한되지 않는다. 다양한 형태의 다이어트 프로그램에 대한 여러 연구 결과를 살펴본 한 전문가는 이렇게 지적했다.

"중요한 것은 체중이 원래대로 돌아온다는 사실이 아니라, 그 비율이 얼마나 되는가다."[21]

운동을 통해 살을 빼는 방법에 관한 다양한 연구도 비슷한 문제점을 발견했다. 2008년 툴레인대학교의 래리 웨버Larry Webber 연구 팀은 중학생들을 대상으로 운동을 격려하는 시도가 얼마나 효과적인지에 대해 대규모 연구 결과를 발표했다.[22] 이 연구를 위해 웨버는 2년 동안 미국 전역 36개 학교의 학생 수천 명을 관찰했다.

절반의 학교에서 웨버는 운동과 살 빼기를 격려하는 다양한 시도를 했다. 이를테면 매주 학생들에게 신체 활동의 중요성을 설명하고 일정 시간 이상 운동을 하도록 했다. 그리고 인근의 헬스클럽, 레크리에이션 센터와 협력을 맺고 춤 강습이나 체육 활동 프로그램, 또는 농구 시합을 주최했다. 반면 통제 그룹에 해당하는 나머지 절반 학교에서는 아무런 시도도 하지 않았다. 운동 프로그램의 효과를 확인하기 위해 연구 팀은 운동량을 측정할 수 있는 진동 가속도계를 학생들 몸에 부착하고 체중 변화를 추적했다. 결과는 어땠을까?

놀랍게도 운동 프로그램의 효과는 거의 없는 것으로 드러났다. 운동의 중요성을 강조하고 스포츠를 즐길 기회를 제공한 그룹은 통제 그룹에 비해 신체 활동을 아주 조금 더 한 것으로 드러났다. 더 중요한 점은 평균적인 두 그룹의 체중 변화에 아무런 차이도 없었다는 사실이다. 이유는 무엇일까? 그것은 생각을 바꾸면 행동도 달라질 것이라는 기대에 의존했기 때문이다. 연구 팀은 건강한 식습관과 규칙적인 운동이 중요하다는 사실을 알려주면 아이들이 즉각 이를 실천에 옮길 것이라고 기대했던 것이다. 그러나 이러한 접근 방식은 아무런 효과가 없었다.

당신은 눈으로 먹는 타입입니까

2장에서 샤흐터의 혁신적인 연구를 살펴보면서 가정 원칙이 매력에 미치는 놀라운 영향력을 알아보았다. 1960년대에 샤흐터는 특정 유형의 사람들이 살이 찌는 이유에 관한 과감한 가설을 내놓기도 했다. 샤흐터의 가설에 의하면 사람들은 두 가지 신호에 따라 음식을 먹는다.[23] 첫 번째는 우리 몸이 보내는 신호다. 이를테면 이미 많은 음식을 먹었을 때 위는 이런 신호를 보낸다. "이제 사탕 하나 들어갈 자리도 없어." 그러면 그만 먹어야 할 때가 왔다고 생각한다.

반대로 배가 고플 때는 꼬르륵 소리를 내면서 혈당이 떨어졌다는 소식을 알린다. 그러면 뭔가를 좀 먹어야겠다고 생각한다. 이론적으로 볼 때 배가 고파서 음식을 먹는 것은 웃는 표정을 지을 때 행복함이 드는 것과 같은 이치다. 즉, 몸이 보내는 신호를 바탕으로 느낌을 결정하는 것이다.

두 번째는 주변 상황이 보내는 신호다. 예를 들어 길을 가는데 제과점 쇼윈도 속 달콤한 케이크가 나를 향해 손짓을 한다. 또는 시계를 보니 커피를 마실 시간이라 카페로 향한다. 이럴 때 우리는 몸이 보내는 신호가 아니라 주변 상황이 주는 신호를 따라 자신의 느낌을 결정한다.

일반적으로 두 신호 모두의 영향을 받지만, 샤흐터의 설명에 따르면 일부 사람들은 몸에서 보내는 신호에 더 많은 영향을 받는 '내적 유형'에 속한다. 또 어떤 사람들은 주변 환경에서 보내는 신호에 지배적인 영향을 받는 '외적 유형'에 해당한다. 물론 음식이 절대적으로 부족하다면 어떤 유형이든 뚱뚱해지는 일은 없을 것이다. 내적 유형은 당연히 배가 고플 때만 먹을 테고, 외적 유형은 음식의 유혹을 받을 기회가 그만큼 적어질 것이기 때문이다. 당연한 말이다. 여기서 문제는 선진국 대부분의 경우 할인 마트에는 온갖 음식이 넘쳐나고, 패스트푸드 매장은 열량이 더 높은 음식을 판매하며, 영화관의 팝콘 박스는 어마어마하게 커졌다는 사실이다.

샤흐터의 설명에 따르면, 내적 유형은 이러한 상황에 아무런 영향을 받지 않는다. 어떤 상황에서건 이들은 몸이 보내는 신호에만 귀를 기울이고, 그래서 배가 고파야만 먹는다. 반면 외적 유형에게는 치명적이다. 이들은 매일 "저를 선택해주세요"라고 유혹하는 음식들과 마주친다. 자기통제력이 극도로 높지 않은 이상 눈에 보이는 대로 먹어치울 수밖에 없다. 이러한 이유로 대부분의 선진국에서 내적 유형은 날씬한 몸매를 유지하지만, 외적 유형은 비만으로 고통받는다.

아주 합리적이고 그럴듯한 설명이다. 그런데 정말로 그럴까? 이를 확인하기 위해 예일대학교의 리처드 니스벳Richard Nisbett은 독창적인 실험을 기획했다.[24] 그는 날씬한 사람들과 뚱뚱한 사람들을 선별해 한 번에 한 명씩 실험실로 불러들였다. 이들에게는 오후 이른 시각에 실험실로 오고, 아침 9시 이후에는 아무것도 먹지 말라고 당부했다.

이들이 실험실에 도착했을 때 니스벳은 '1000에서 시작해서 3씩 빼나가기' 같은 지루한 계산을 하도록 지시하고 샌드위치를 나눠주었다. 사실 이 실험에 중요한 대목은 지루한 실험이 아니라 나눠준 샌드위치에 대한 피실험자들의 반응이다(세상에 공짜 점심은 없다는 사실을 보여주는 과학적인 사례다). 그는 각각의 피실험자에게 쇠고기 샌드위치가 하나 또는 세 개 담긴 접시를 주면서 옆에 있는 냉장고에서 더 꺼내 먹어도 좋다고 했다.

샤흐터의 이론에 따르면, 내적 유형에 해당하는 날씬한 피실험자들은 접시에 담긴 샌드위치의 수와 관계없이 먹고 싶은 만큼 먹을 것이다. 배가 고파서 먹다가 충분히 먹었다고 생각하는 순간 그만 먹을 것이다. 반면 외적 유형으로 볼 수 있는 뚱뚱한 피실험자들에게는 외부 상황이 중요하고, 그렇기 때문에 하나가 아닌 세 개가 담긴 접시를 주었을 때 더 많이 먹을 것이라고 예상할 수 있다. 하지만 뚱뚱한 사람이 날씬한 사람들보다 상대적으로 배고픔을 더 많이 느낄 것이라고 생각해볼 수도 있다.

이러한 점을 고려해 연구 팀은 흥미로운 예측을 내놓았다. 그것은 '눈에서 멀어지면 마음에서도 멀어진다'라는 말도 있듯, 뚱뚱한 사람들이 날씬한 사람들에 비해 냉장고를 더 많이 습격하지는 않을 것이라는 생각이었다. 그렇다면 결과는 어땠을까? 샌드위치 하나를 준 경우, 두 그룹 모두 동일한 양을 먹었다. 반면 세 개를 준 경우, 뚱뚱한 그룹은 날씬한 그룹에 비해 훨씬 빨리 샌드위치를 먹어 치웠다. 그러나 날씬한 그룹과 뚱뚱한 그룹 모두 비슷한 정도로 냉장고를 습격했다.

치밀하게 기획한 또 다른 실험에서 컬럼비아대학교의 로널드 골드먼Ronald Goldman 연구 팀은 욤 키푸르Yom Kippur를 활용했다.[25] 유대교의 속죄일인 욤 키푸르는 성스러운 축일 중 하나로, 유대교도들은 24시간 동안 물과 음식을 절대로 입에 대지 않는다. 골드먼은 오늘날 이 전통을 지키는 방식이 유대교도 개인마다 다르다는 사실을 잘 알고 있었다. 욤 키푸르 기간 중 많은 시간을 예배당에서 보내는 유대인이 있는가 하면, 몇 시간만 머무르는 사람도 있다.

여기서 골드먼은 예배당에 오래 머무를수록 음식의 유혹을 덜 받을 것이라고 예상했다(관련 논문에서 골드먼은 욤 키푸르 의식을 치르는 동안 음식과 관련된 이야기는 '희생양에 관한 잠깐의 언급'뿐이었다고 설명하고 있다). 샤흐터의 이론에 따르면 날씬한 사람들은 몸이 보내는 배고픔의 신호에 더 집중한다. 그렇기 때문에 이들은 예배당에 머무르는 시간에 상관없이 금식하는 동안 동일한 정도의 불편함을 느낄 것이다. 반면 뚱뚱한 사람들은 외부 환경이 보내는 신호에 의존하기 때문에 예배당에 오래 머무르는 것이 훨씬 더 편할 것이다.

이러한 가설을 확인하기 위해 골드먼은 유대인 학생들을 대상으로 설문 조사를 했다. 거기서 그는 키와 체중, 욤 키푸르 동안 예배당에 머무르는 시간, 그리고 금식의 불편함에 대해 물어보았다. 그 결과 날씬한 학생들의 경우, 욤 키푸르 동안 예배당에서 보낸 시간과 금식의 불편함 사이에 아무런 상관관계가 없는 것으로 드러났다. 반면 뚱뚱한 학생들의 경우, 예배당이 아닌 다른 곳에서 더 많은 시간을 보낼수록 금식에 대해 더 크게 불편을 느낀 것으로 나타났다. 샤흐터의 가설이 옳았던 것이다.

샤흐터의 가설은 더 많은 음식을 팔고자 하는 레스토랑이나 다이어트에 도전하는 사람들에게 특히 중요한 의미가 있다. 우선 레스토랑 입장에서 손님들이 몸이 보내는 신호가 아니라 외부의 신호에 더 민감하게 반응하도록 만들 수 있다면 매출에 큰 도움이 될 것이다.[26] 조명을 낮추고 감미로운 음악을 틀어놓으면, 내면의 목소리를 외면하고 더 많은 음식을 먹도록 자극하는 데 도움이 된다.

마찬가지로 실제 음식이나 이미지와 같은 외적 신호를 통해 유혹할 수 있다. 다양한 연구 결과는 메뉴판에서 먹음직스러운 음식 사진을 보여주거나, 식사가 끝날 무렵 디저트를 실은 카트를 밀고 다니는 방식으로 외적 신호에 영향을 잘 받지 않는 자기통제력 높은 사람들까지 유혹할 수 있다는 사실을 보여준다. 이와 관련한 실험에서 연구 팀은 한 프랑스 레스토랑 종업원들이 손님들을 '뚱뚱한' 사람과 '일반적인' 사람으로 구분하도록 했다.[27] 그러고는 식사가 끝날 무렵 파이를 들고 탁자로 다가가 디저트를 원하는지 물어보도록 했다. 결과는 뚱뚱한 사람과 일반적인 사람 모두 비슷한 정도로 디저트를 주문한 것으로 나타났다. 하지만 뚱뚱한 사람들은 종업원이 들고 있던 바로 그 파이를 주문하는 성향을 보였다.

다이어트를 생각하는 사람들은 샤흐터의 가설에서 많은 도움을 받을 수 있다. 샤흐터는 몸이 보내는 신호에 귀를 기울임으로써 내적 신호에 주목하라고 말한다. 가령, 케이크를 주문하기 전에 자신에게 이렇게 물어볼 수 있다.

"정말로 배가 고픈 걸까?"

마찬가지로 건강에 해로운 음식은 가급적 쳐다보지 않고, 스낵과 비스킷이 넘쳐나는 할인 마트 코너 근처에는 아예 가지 않는 식으로 순간적인 유혹을 피할 수 있다. 음식을 먹는 동안에는 관심을 다른 곳으로 돌리지 않도록 주의하자. 이를테면 식사를 하면서 TV를 보거나 음악을 듣는 것은 좋지 않다. 대신 지금 먹고 있는 음식에 더 집중하면서 조금씩 천천히 씹자. 맞은편에 거울을 놓두고 식사를 하는 자신의 모습을 바라보는 것도 많은 도움이 될 것이다.[28] 만약 칼과 포크를 쓰는 사람이라면 젓가락을, 젓가락을 쓰는 사람이라면 칼과 포크를 사용해보자. 그리고 오른손잡이는 왼손을, 왼손잡이는 오른손을 써서 식사를 해보자.[29]

연구에 따르면 어떤 물건을 싫어하는 것처럼 밀어버리는 행동은 우리 뇌가 정말로 그 물건을 싫어하게 만들고, 좋아하는 것처럼 끌어당기는 행동은 정말로 좋아하게 만든다고 한다.[30] 앞으로 설탕 범벅의 스낵이나 초코 비스킷 접시와 마주하거든, 즉시 그 접시를 멀리 밀어버리도록 하자. 그러면 유혹이 줄어드는 것을 느낄 수 있을 것이다. 만약 여러분이 영업사원이고 고객에게 제품에 대한 좋은 이미지를 전달하고 싶다면, 상대방이 그 물건을 직접 자기 쪽으로 끌어당기도록 유도해보자.

다이어트가 꼭 유혹과 벌이는 힘든 사투여야 하는 것은 아니다. 중요한 것은 우리 몸이 하는 말에 귀를 기울이려는 노력이다.

습관의 노예에서 벗어나는 법

지금 쓰고 있는 컴퓨터 모니터를 살펴보자. 모니터 중심이 여러분의 시선으로부터 어느 쪽에 있는가? 가정 원칙과 동기부여에 관한 연구 결과에 따르면, 모니터의 위치는 업무 효율성에 큰 영향을 미친다. 존 리스킨드 John Riskind는 자세가 미치는 영향을 알아보기 위해 한 가지 실험을 했다.[31] 그는 피실험자들에게 두 가지 자세를 제시했는데 절반의 사람들에게는 등을 구부리고 고개는 아래로 향하는 자세를, 나머지 절반에게는 똑바로 앉아서 어깨를 펴고 고개를 치켜든 자세를 취하도록 부탁했다.

이 자세를 3분간 유지하도록 한 뒤 피실험자들을 각각 다른 방으로 데리고 가서, 펜을 떼지 않고 한 번에 도형을 그리는 다양한 문제를 내주었다. 사실 그 문제들은 애초에 풀 수 없는 것들이었다. 여기서 리스킨드가 알아보고자 한 것은 해결할 수 없는 문제에 피실험자들이 얼마나 집중력을 발휘하는가 하는 것이었다. 리스킨드는 「지는 것이 이기는 것They Stoop to Conquer」이라는 논문에서 그 연구 결과를 소개하면서, 바른 자세를 취한 사람들이 구부정한 자세를 한 사람들보다 두 배나 더 오래 문제에 집중했다고 설명한다.

좀 더 최근에 실시한 또 다른 연구에서 심리학자들은 사람들에게 컴퓨터를 가지고 복잡한 문제를 풀게 하는 실험을 했다.[32] 여기서 일부 사람들에게는 모니터 위치를 낮게 조정해 고개를 숙여서 작업하도록 한 반면, 다른 사람들에게는 눈높이보다 살짝 높게 설치해 고개를 들고 똑바로 앉아서 문제를 풀게끔 했다. 이 실험에서도 마찬가지로 바른 자세를 유지한 사람들이 좀 더 오랫동안 집중력을 발휘했다. 스스로에게 좀 더 강력한 동기를 부여하고 싶은가? 그렇다면 지금 당장 모니터의 중심을 시선보다 살짝 높이 두어보자.

뭔가 다른 일을 해봅시다

나는 오랫동안 하트퍼드셔대학교에서 연구하며 운 좋게도 열정적이고 창조적인 많은 동료 연구원을 만날 수 있었다. 벤 플레처

Ben Fletcher 교수는 그러한 동료 중 하나다. 언제나 검은색 옷차림만 고집하는 행복한 과학자인 벤은 일상생활을 무대로 하는 괴짜 심리학에 대한 뜨거운 열정을 가지고 나와 함께하고 있다. 그의 전공은 비즈니스 분야의 심리학으로, 초기 연구 중 상당 부분은 직장 내 스트레스에 관한 것이다.

어떤 사람들은 항상 똑같은 방식으로만 사고하고 행동한다. 언제나 같은 방식으로 문제에 접근하고, 정해진 틀에 따라 회의를 진행하며, 일상에서도 똑같은 패턴을 반복함으로써 안정감을 추구한다. 반면 어떤 사람들은 예측 불가능한 상황을 기꺼이 받아들이고, 수평적인 사고를 선호하며, 새로운 아이디어에 대한 문을 언제나 활짝 열어 둔다. 이러한 차이에 대해 벤은 유연성이 떨어지는 사람들의 경우 안정적인 환경에서는 별다른 어려움이 없지만, 변화와 적응이 요구되는 환경에서는 심각한 문제점을 드러낼 것이라고 예상했다.

이 사실을 확인하기 위해 벤은 우선 유연성을 측정할 수 있는 설문을 개발했다. 이를테면 이런 질문이다.

"주변에서 기존의 틀을 벗어났다고 지적하는 행동을 가끔씩 합니까?"

"마지막에 누가 계획을 바꾸면 짜증이 납니까?"

다음으로 다양한 분야에서 일하는 직장인에게 이러한 설문 조사를 실시해 변화에 얼마나 잘 적응하는지, 그리고 어느 정도로 불안함을 느끼는지 스스로 평가해보도록 했다. 결과는 유연성 점수가 낮은 사람들일수록 변화를 힘들어하고, 자신에게 주어진 일을 즐기

지 못하며, 더 많이 불안해하는 것으로 드러났다.[33]

다음으로 벤은 일터를 떠나 개인적인 삶에서도 이러한 현상을 발견할 수 있을지 확인해보기로 했다. 여기서도 마찬가지로 유연성이 떨어지고 기존 습관에서 벗어나지 못하는 사람일수록 일상생활에서 더 많은 어려움을 겪을 것이라고 예상했다. 예를 들어 비만인 사람은 폭식을 하면서 운동은 하지 않는 생활 습관에서 벗어나지 못하고, 흡연자는 습관적으로 담배에 불을 붙인다. 인간관계가 좁은 사람은 항상 가던 곳에만 가고, 자신과 비슷한 사람들하고만 이야기를 나누고자 할 것이다.

벤은 사람들이 만약 스스로 습관의 노예가 아닌 것처럼 행동한다면 과연 어떤 변화가 일어날지 궁금했다. 사람들에게 오랜 습관을 바꾸도록 했을 때 어떤 일이 벌어지는지 알아보기 위해, 벤은 동료인 카렌 파인Karen Pine과 함께 '뭔가 다른 일을 해봅시다Do Something Different'(줄여서 DSD)라는 연구에 착수했다. DSD 프로그램은 인생에 좀 더 유연하게 대처하는 사람처럼 행동하도록 만들어주는 다양한 훈련법으로 구성되어 있다.

여기서 두 심리학자는 하루 종일 TV를 보지 않고 시를 써보거나, 옛 친구들에게 연락을 하거나, 다른 길로 출근을 하는 등 새로운 시도에 도전하도록 참여자들을 자극했다. 이후 몇 년 동안 벤과 카렌은 이 단순한 프로그램이 인생의 다양한 측면에서 사람들에게 어떤 영향을 미치는지 추적해보았다.

먼저 살 빼기 훈련법을 살펴보자.[34] 두 사람은 다이어트를 원하는 사람들을 무작위로 여러 그룹으로 나누고 다양한 실험을 했다. 여기서 그들은 오직 한 그룹에만 한 달에 한 번 DSD를 실천하도록 했다. 이들에게는 건강식품 섭취나 운동과 같은 일반적인 방법이 아니라, 생각하고 행동하는 방식을 바꾸도록 했다. 한 시간 더 일찍 잠자리에 들거나 하루 종일 휴대전화를 꺼놓는 식이었다. 반면 다른 그룹에는 스스로 선택한 다이어트 방법을 따르도록 하고 별다른 지시를 주지 않았다. 몇 개월 동안 이들의 일상을 추적한 끝에 두 사람은 DSD가 다이어트에 도움이 된다고 결론 내렸다.

이와 비슷한 또 다른 연구 결과는 DSD 프로그램이 담배를 끊거나 구직을 하는 과정에서도 많은 도움을 줄 수 있다는 사실을 보여준다. 흡연이나 폭식 등 원치 않는 습관을 버리지 못하는 것은 스스로 습관의 노예인 것처럼 행동하기 때문이다. 이와는 달리 유연한 방식으로 움직이면 스스로를 예전과는 다른 모습으로 바라보게 된다. 주의할 점은 오랜 습관을 무의식적으로 반복하는 것이 아니라, 자신의 삶을 통제하고 주변 환경에 유연하게 대처하는 능력을 지닌 사람처럼 행동해야 한다는 점이다.

가정 원칙을 기반으로 하면 동기부여에 관한 문제를 새롭고 흥미로운 시선으로 바라볼 수 있다. 보상이 종종 실패하는 이유를 이해하고, 보다 신속하고 효과적으로 동기를 부여하는 다양한 방법을 발견할 수 있게 된다. 또 사소한 행동으로 의미 있는 변화를 이끌어 낼 수 있다. 팔짱을 끼거나, 근육에 힘을 주거나, 올바른 자세를 유지하는 등의 방식으로 어려운 상황에서도 끈질긴 집중력을 발휘할 수 있게 된다. '그런 척'만 해도 담배를 끊고 살을 빼고 습관의 노예에서 벗어날 수 있다.

근육은 '의지력'과 무슨 상관이 있을까

의지가 강한 사람은 행동을 시작하기 전에 근육을 긴장시킨다. 그렇다면 근육을 긴장시키면 의지력도 높아질까? 싱가포르대학교의 리스 훙Ris Hung 연구 팀은 이를 밝혀보기로 했다.[35] 그들은 피실험자들을 여러 그룹으로 나누고 최대한 오랫동안 얼음 양동이에 손을 집어넣거나, 몸에는 좋으나 먹기에는 역겨운 식초 음료를 마시게 하거나, 카페테리아에서 설탕이 담뿍 든 스낵 대신 건강식품을 주문하도록 했다. 그리고 그중 절반에게는 부탁 받은 행동을 시작하기 직전에 주먹을 꽉 쥐거나, 앉은 채로 발꿈치를 들고 있거나, 손가락 사이에 펜을 꽉 끼우는 등 특정 근육을 긴장시키도록 했다. 이러한 방법은 모두 피실험자들이 자기통제력을 힘껏 발휘하고 있는 것처럼 행동하도록 만들기 위한 것이다. 그 결과 이러한 방법을 실천한 사람들이 더 오랫동안 얼음 양동이에 손을 담그고, 식초 음료를 더 많이 마시며, 건강식품을 더 많이 주문한 것으로 드러났다.

그러니 의지력이 약해졌다는 느낌이 들 때는 근육에 힘을 주는 연습을 해보자. 주먹을 꽉 쥐고, 이두박근에 힘을 주며, 엄지와 검지를 서로 맞닿게 해서 힘을 주고, 손가락에 펜을 꽉 끼우는 등 다양한 방법을 시도해보자.

위의 방법이 효과가 없다면 팔짱을 힘껏 껴보는 것도 좋다. 또 다른 연구에서 로체스터대학교의 론 프리드먼Ron Friedman과 앤드루 엘리엇Andrew Elliot은 피실험자들 일부에게는 팔짱을 끼도록 하고, 나머지 사람들에게는 손을 가볍게 허벅지 위에 내려놓게 한 상태에서 까다로운 철자 바꾸기 문제를 풀어보도록 했다.[36] 여기서 팔짱을 힘껏 끼는 것은 자기통제력이 높은 사람처럼 행동하도록 만드는 방법이다. 그 결과 팔짱을 낀 그룹은 허벅지에 손을 내려둔 그룹보다 두 배나 더 오래 집중력을 발휘한 것으로 드러났다. 즉, 근육을 긴장시켰더니 의지력이 높아지는 결과가 나타난 것이다.

습관 버리기 연습

벤 플레처와 카렌 파인은 오랜 습관을 버리는 데 도움을 주는 다양한 훈련법을 개발했다.[37] 두 사람이 소개한 아래 방법을 활용하면, 자신의 인생을 좀 더 유연한 시선으로 바라보고 잘못된 습관을 바꿀 동기를 얻을 수 있다.

연습 1 며칠에 한 번 아래 방법들을 실천해보자.

- 예전에는 거들떠보지도 않던 TV 프로그램을 보고, 새로운 장르의 음악을 들으며, 그동안 보지 않던 신문이나 뉴스 사이트의 기사를 읽어보기
- 다른 길로 출근하기
- 평소에 잘 안 먹는 음식에 도전하기
- 새로 생긴 미술관이나 박물관 방문하기
- 한번도 가보지 않은 쇼핑 매장에 들러보기
- 별로 좋아하지 않는 장르의 영화 보기

연습 2 다음 항목에 대해 스스로를 평가해보자.

나는 스스로를 ……한 사람이라 생각한다.

	절대 그렇지 않다	그렇지 않은 편이다	보통이다	그런 편이다	정말 그렇다
1) 변덕스러운	☐	☐	☐	☐	☐
2) 다른 사람에게 비판적인	☐	☐	☐	☐	☐
3) 권위적인	☐	☐	☐	☐	☐
4) 자기중심적인	☐	☐	☐	☐	☐
5) 참을성 없는	☐	☐	☐	☐	☐
6) 성숙한	☐	☐	☐	☐	☐

7) 인색한	□	□	□	□	□
8) 어지럽고 복잡한	□	□	□	□	□
9) 잘 드러내지 않는	□	□	□	□	□
10) 창조적이지 않은	□	□	□	□	□

'그런 편이다'와 '정말 그렇다'에 표시한 항목이 있는가? 그렇다면 그 중 하나를 선택해 며칠 동안 완전히 반대되는 행동을 해보자. 가령, '인색한'을 선택했다면 며칠 동안 많이 베풀어보자. 또는 '다른 사람에게 비판적인'을 선택했다면 의식적으로 주변 사람들을 많이 칭찬해보자.

5

작지만 강력한 설득의 비밀

사람의 마음을 바꾸는
가장 효과적인 방법은 무엇일까?
다재로운 상황에 적용할 수 있는
크고 작은 설득의 기술을 알아보자.

미군 포로들은 왜 북한을 선택했을까

한국전쟁에서 두 가지 충돌이 벌어졌다. 첫째는 미국을 위시한 자유 진영과 중국과 북한의 공산 진영 간의 치열한 무력 충돌이었고, 둘째는 전쟁 포로로 북한 수용소에 억류되어 있던 미군들의 마음속에서 일어난 충돌이었다.

1953년 7월, 두 진영이 한반도를 반으로 가르는 데 합의하면서 한국전쟁은 공식적으로 끝났다. 이듬해 1월에는 포로수용소를 폐쇄하면서 모든 전쟁 포로가 풀려났다. 그러나 그 순간부터 두 번째 충돌이 시작되었다. 북한이 전쟁 포로를 모두 석방하고 나서도 21명에 달하는 미군들이 북한에 남기를 원했던 것이다. 이들은 공식적으로 미국을 비난하면서 3만 명이 넘는 전우를 죽인 적국 북한을 두둔했다. 더 놀라운 사실은 본국으로 송환된 미군 중 상당수가 공산주의를 열광적으로 찬양했다는 것이다.

북한에 남기로 결정한 미군의 가족과 동료들은 큰 충격에 휩싸였다. 한 부모는 《타임》과 나눈 인터뷰에서 이렇게 이야기했다. "집으로 돌아오겠다는 아들의 말 이외에는 그 어떤 말도 믿을 수가 없어요."[1]

사건의 전모를 밝혀내기 위해 세계 언론들은 앞다투어 북한으로 몰려들었고, 사람들은 심리학자들이 도무지 이해가 되지 않는 이 상황에 대한 적절한 설명을 제시해주기를 기대했다. 어떤 학자는 북한이 깜빡이는 조명과 백색 소음을 사용해 미군들을 세뇌한 것이라고 설명했고, 또 다른 학자는 최면이나 약물 요법 같은 첨단 기술을 활용한 것이라고 주장했다. 하지만 그건 모두 사실이 아니었다.

우리는 모두 음모론자다

오늘날 각국 정부는 어마어마한 예산을 들여 담배를 끊고, 폭음을 하지 않으며, 건강 식단을 실천하도록 국민들을 설득한다. 이러한 공익 캠페인은 대부분 특정한 가정에 기반을 둔다. 그것은 현재 생활 습관의 단점을 알리면 사람들이 알아서 습관을 고칠 것이라는 믿음이다. 가령, 흡연이 암을 유발한다는 사실을 강조하면, 흡연자들은 자발적으로 담배를 끊을 것이라고 기대한다. 마찬가지로 지방 함유량이 높은 음식이 혈관에 악영향을 미친다고 설명하면, 사람들은 과일을 더 많이 먹을 것이라고 기대하는 식이다.

하지만 이와 같은 접근 방식에는 한 가지 문제가 있다. 대부분 '실패'로 끝난다는 사실이다. 아일랜드 코미디언 앤드루 맥스웰은 최근 한 TV 프로그램에서 다양한 형태의 9·11 음모론을 지지하는 다섯 명과 함께 여행을 떠났다. 그중 한 명인 로드니는 비행기 테러로 쌍둥이 빌딩이 무너진 것이 아니라, 미국 정부가 고의적으로 폭파시켰다고 확신했다. 또 다른 한 사람인 샬럿은 제대로 훈련을 받지 못한 테러리스트들이 비행기를 조종해서 쌍둥이 타워를 들이받았다는 것은 말도 안 되는 소리라고 생각했다.

맥스웰은 로드니와 샬럿이 확신하는 음모론을 반박할 증거를 제시하기 위해 전문가들을 초빙했다. 폭파공학 전문가는 쌍둥이 빌딩 정도의 규모라면 폭파에 필요한 양의 화약을 구하기도 쉽지 않다고 지적했다. 비행 교관은 오늘날 항공기는 아주 쉽게 조종할 수 있도록 설계되었다고 설명했다. 그렇다면 로드니와 샬럿은 생각을 바꾸었을까? 전혀 아니다. 다양한 반박 증거에도 불구하고 두 사람은 프로그램이 끝날 때까지 9·11은 미국 정부의 자작극이 확실하다고 고집했다.

이와 비슷한 사례로 1997년 '헤븐스 게이트' 사건이 있다. 이 종교 집단은 우주선이 헤일-밥 혜성 뒤에 숨어서 지구로 날아오고 있으며, 조만간 그 우주선을 타고 지구를 떠나 우주로 갈 것이라고 믿고 있었다. 혜성이 지구에 가장 가까이 다가오기 몇 주 전에 헤븐스 게이트 신도들은 과학 기구 매장에 들러 고성능 망원경을 샀다. 하지만 혜성 외에 우주선의 모습은 관찰할 수 없었다. 상식적인 사람이라면 그들의 믿음에 의문을 품었을 것이다. 하지만 이들은 다음 날 매장을 다시 찾아가 망원경이 고장 났다며 환불을 요구했다.[2]

증거와 믿음이 충돌하는 상황에서 로드니와 샬럿, 그리고 UFO를 좇는 헤븐스 게이트 신도들은 비상식적인 선택을 했다. 그럴듯해 보이지만 잘못된 선택이었다. 물론 미국 정부가 쌍둥이 빌딩을 폭파했고, 혜성 뒤에 우주선이 숨어 있다고 믿는 사람은 극소수에 불과하다. 하지만 실제로는 우리도 이와 비슷한 잘못된 믿음을 품고 있다. 만약 누군가가 여러분의 생각이 잘못되었다는 증거를 제시하는데도 그 믿음을 포기하지 않는다면, 여러분은 음모론자와 컬트 신도가 될 만한 자질을 가지고 있는 셈이다.

사실 우리 모두는 이들처럼 마음이 맞는 친구들만 만나고, 자신의 생각과 모순되는 정보를 외면하며, 다른 의견을 가진 사람들을 어떻게든 반박하고자 한다. 스스로 이성적인 인간이라고 생각하면서도, 자신의 믿음과 모순되는 상황이 벌어지면 쉽사리 이를 외면해버린다.

이와 관련해 한 연구 팀은 흡연과 암의 상관관계를 밝히는 보고서에 대한 사람들의 반응을 조사해보았다. 이에 대해 비흡연자는 90퍼센트가 보고서의 주장이 타당하다고 답변한 반면, 흡연자는 60퍼센트만이 그렇다고 답했다.[3] 또 다른 연구에서는 사람들에게 기후변화와 같은 중대한 사안에 대해 찬반 여부를 물었다.[4] 그러고 나서 그 주제에 관한 다양한 입장을 제시했는데, 그중 일부는 상당히 설득력이 있는 반면(이를테면 '기후변화의 주요 원인은 온실효과 때문이다'), 다른 주장들은 받아들이기 힘든 것이었다('많은 과학자들이 뇌물을 받고 기후변화의 위험성을 강조하고 있다').

다양한 입장을 소개하는 동안, 연구 팀은 피실험자들에게 가능한 한 많은 주장을 기억하도록 했다. 만약 사람들이 합리적으로 생각한다면, 설득력이 높고 낮은 주장을 비슷한 비율로 기억해야 했다. 그러나 결과는 달랐다. 그 주제에 찬성 혹은 반대하는 사람들 모두 자신의 입장을 지지하는 설득력 높은 주장과 자신의 입장을 반박하는 설득력 낮은 주장들을 조합하는 형태로 기억하는 것으로 드러났다.

이처럼 '이미 결정을 내렸으니, 다른 주장으로 나를 혼란에 빠뜨리지 마라'라는 사고방식 때문에 세계적으로 많은 정부가 국민들의 생각을 바꾸는 데 어려움을 겪고 있다. 예를 들어 담뱃갑에 '흡연은 생명을 앗아갑니다'라는 문구를 적어놓아도, 흡연자는 담배가 해로운 것만은 아니라는 증거를 어디에선가 분명 발견해낼 것이다. 그리고 알코올의 위험에 대해 아무리 강조해도, 애주가는 자신은 절대 문제없을 것이라고 믿는다. 건강 식단의 중요성을 알리는 캠페인을 실시해도, 비만한 사람들은 계속해서 엄청난 양의 햄버거와 감자 칩을 먹어치울 것이다. 더 나쁜 소식은 이러한 문제가 빙산의 일각에 불과하다는 것이다.

인간은 믿음과는 다르게 움직인다

오랫동안 심리학자들은 사람들이 자신의 말대로 행동하는지 관찰했다. 그중 가장 대표적인 연구로 레너드 빅먼Leonard Bickman 연구 팀의 사례를 꼽을 수 있다.[5] 빅먼은 쓰레기 줍기와 같은 단순한 실천을 놓고 생각과 행동의 관계를 밝혀보고자 했다. 연구 팀은 쓰레기통이 놓인 한 번화가에서 사람들이 많이 지나다니는 경로를 따라 종잇조각들을 구겨서 흩어놓았다. 그러고는 길 건너편에서 쓰레기를 주워 쓰레기통에 집어넣는 사람들의 비율을 확인해보았다. 그 결과는 매사추세츠에 선량한 사람이 그리 많지는 않다는 사실을 보여준다. 전체 보행자 중 고작 2퍼센트만이 쓰레기를 주운 것으로 나타났다.

다음 단계로 빅먼 연구 팀은 쓰레기를 보고 그냥 지나친 보행자 수백 명을 멈추어 세우고는 이렇게 물었다.

"시민들 모두 길거리에 버려진 쓰레기를 의무적으로 주워야 할까요? 아니면 그냥 청소부의 몫으로 내버려두어야 할까요?"

여기서 쓰레기 청소를 시민의 의무라고 답한 사람은 얼마나 될까? 10퍼센트? 40퍼센트? 60퍼센트? 놀랍게도 종잇조각을 그냥 지나친 보행자 중 94퍼센트가 시민의 의무라 생각한다고 답했다. 이 결과를 본 빅먼은, 인간은 자신의 생각과는 상관없이 행동하는 이중적 사고에 대단히 능한 존재라고 결론을 내렸다.

이런 부조화가 삶의 다른 영역에서도 똑같이 나타나는지 확인하기 위해, 많은 과학자들은 도덕과 같은 다양하고 중요한 주제에 주목했다. "여러분은 자신이 도덕적인 사람이라고 생각하는가? 항상 올바른 일을 하고, 합리적으로 문제를 해결하며, 윤리적으로 행동하는가?" 이 질문에 대해 대부분의 사람들이 그렇다고 대답한다. 그렇다면 정말로 도덕적이고 윤리적으로 '행동'할까? 캔자스대학교의 심리학자 대니얼 뱃슨Daniel Batson은 이 문제를 본격적으로 파헤쳐 보기로 했다.[6]

뱃슨은 스스로를 도덕적이라고 생각하는 사람들이 정말로 그렇게 행동하는지, 아니면 그렇게 생각만 하고 실제로는 아무런 노력도 하지 않는지(뱃슨의 표현에 따르면, '도덕적 위선') 알아보기로 했다. 그는 피실험자들을 대상으로 윤리에 관한 다양한 질문을 통해, 스스로를 얼마나 도덕적인 사람으로 평가하는지 확인해보았다. "세상이 정의로운 곳이라 생각하는가? 옳다고 생각하는 일을 실천하기 위해 노력하는가? 여러분은 이기적인 사람인가, 아니면 다른 사람들의 행복에 더 많은 관심을 기울이는가?"

몇 주 후, 뱃슨은 동일한 그룹을 대상으로 한 번에 한 명씩 실험을 했다. 그는 피실험자들에게 옆방에 있는 다른 사람과 함께 실험에 참가할 것이며, 두 사람 중 한 명에게는 상금이 높은 복권을 주고, 다른 사람에게는 30분 동안 덧셈 문제를 풀게 할 것이라고 설명했다. 그런 다음, 복권과 덧셈은 동전 던지기로 결정할 텐데 그 방식에 동의하는지 물었다. 그들이 동의한다고 했을 때, 뱃슨은 앞면이 나오면 그들이 복권을 받고, 뒷면이 나오면 다른 사람이 복권을 받게 될 것이라고 알려주었다. 그러고 나서 뱃슨은 동전을 피실험자에게 건네주면서 복도에 나가 동전 던지기를 하고 그 결과를 자신에게 알려달라고 했다. 하지만 자신이 직접 결과를 확인할 수 없으니 반드시 솔직하게 말해달라고 부탁했다.

그런데 아주 이상한 일이 벌어졌다. 동전의 앞면이 나올 확률은 50퍼센트에 불과하다. 하지만 무슨 일인지 90퍼센트의 사람들이 실험실로 돌아와 고양이 같은 웃음을 지으며 앞면이 나왔으니 복권을 달라고 했다. 다시 말해 대다수의 사람들이 진실보다 이익을 선택한 것이다.

그렇다면 스스로를 다른 이들보다 훨씬 도덕적이라고 평가한 사람들은 어땠을까? 실제로 선택의 순간에 맞닥뜨렸을 때, 스스로를 도덕적으로 우월하다고 평가한 사람들도 이익 앞에서 진실을 외면한 것으로 드러났다. 뱃슨의 연구 결과는 도덕성과 같이 지극히 내면적이고 중요한 가치에 대해서도 사람들은 종종 믿음과는 상관없이 행동한다는 사실을 보여준다.

흡연 예방 프로젝트가 실패한 이유

쓰레기 버리기와 도덕성에 관한 연구 결과를 그저 예외적인 경우로 치부할 수는 없다. 그동안 심리학자들은 다양한 연구를 통해 사람들이 믿음과는 달리 행동하는 데 대단히 능한 존재라는 사실을 입증했다.[7] 이러한 점에서 시민들의 인식을 바꿈으로써 행동에 변화를 주고자 하는 각국 정부의 다양한 캠페인이 별다른 성과를 올리지 못하고 있다는 사실은 그다지 놀랍지 않다. 그 대표적인 사례인 '허친슨 흡연 예방 프로젝트'를 살펴보자.[8]

1980년대 후반에서 1990년대 초반까지, 미국 국립 암연구소는 1500만 달러를 투자해 청소년을 대상으로 대규모 흡연 예방 프로그램을 실시했다. 일부는 실험으로, 일부는 공공 교육 프로그램의 차원으로 연구소는 시애틀 지역 스무 군데의 학군에서 4000명이 넘는 학생을 무작위로 선발해 금연과 관련된 엄청난 정보를 접하게 했다. 몇 달에 걸친 특별 수업을 통해, 또래 집단의 압력을 이겨내고 담배 광고를 외면할 수 있는 다양한 금연 노하우를 학생들에게 전달했다. 반면 또 다른 스무 군데의 학군에서 선별한, 통제 그룹에 해당하는 청소년 4000명에게는 아무런 정보도 제공하지 않았다.

이후 암연구소 연구 팀은 프로그램에 참여했던 학생들이 졸업한 지 2년이 지난 시점에 다시 한번 흡연 여부를 조사해보았다. 흡연 사실에 대해 솔직하게 대답하지 않을지도 모른다는 우려에, 연구 팀은 그들의 타액을 채취해 니코틴과 관련된 화학물질의 함유량을 측정했다. 결과는 대단히 실망스러웠다. 통제 그룹에 속했던 청소년 중 28퍼센트가 흡연을 하는 것으로 나타났고, 캠페인에 참여했던 그룹은 29퍼센트로 나타났다. 수백만 달러를 퍼부은 공공 캠페인이 전혀 효과가 없는 것으로 드러난 것이다.

더 안타까운 점은 이 캠페인이 예외적인 경우가 아니라는 사실이다. 미국 정부는 또 다른 금연 캠페인에서 부모들이 직접 아이들에게 금연을 설득하도록 했다. 이번에는 이러한 슬로건을 내걸었다. "지금 말하세요. 자녀들은 들을 겁니다." 결과는 어땠을까? 여기서 아이들은 위압적인 기성세대에 반항하는 전형적인 청소년의 모습을 보여주었다. 이 캠페인은 오히려 청소년이 흡연의 위험성을 '덜' 믿고, 담배를 '더' 많이 피우도록 부추겼다("아무 말도 하지 마세요. 자녀들은 반대로 할 겁니다").[9]

이와 비슷하게 영국 보건부는 300만 파운드가 넘는 막대한 예산을 들여 국민들이 하루에 채소 5인분을 섭취하도록 장려하는 캠페인을 벌였다. 하지만 오히려 채소 소비량이 11퍼센트 떨어졌다.[10] 1990년대 후반에서 2004년까지 미국 의회는 10억 달러에 가까운 예산을 들여 약물중독을 예방하기 위한 언론 캠페인을 후원했다. 그러나 10대들이 마리화나를 끊도록 설득하지는 못했다. 게다가 일부 청소년들이 새로 약물을 시도하도록 자극했을지도 모른다는 우려까지 낳았다.[11]

생각을 바꾸어야 한다는 기존 접근 방식으로는 성과를 기대할 수 없다는 사실을 깨달은 많은 과학자들은 믿음과 행동에 주목하면서 이를 바꿀 수 있는 다른 방법을 연구했다. 그리고 마침내, 대학원을 갓 졸업한 젊은 심리학도가 행동심리학의 역사를 새로 쓸 혁신적인 아이디어를 내놓았다.

자신이 한 말만
믿는 사람들

20세기에 들어설 무렵 사회학자 윌리엄 그레이엄 섬너William Graham Sumner는 어떤 믿음은 인간의 뇌에 이미 각인되어 있다고 주장했다. 그리고 이러한 믿음을 '습속folkways'이라고 설명하면서 습속은 바꾸기가 대단히 힘들다고 말했다.

1896년 미국 연방대법원은 인종차별 정책의 위법성에 대한 판결을 내려야 하는 순간에 봉착했다. 그즈음 차별 정책을 지지하던 많은 사람들은 어떤 인종이 다른 인종보다 우월하다는 생각이 바로 섬너가 말한 습속이며, 그렇기 때문에 이를 비판하는 어떠한 주장도 허용할 수 없을 것이라고 주장했다. 연방대법원은 이러한 여론에 편승해 '법률이 습속을 바꿀 수는 없다'라는 명제를 언급하며 미국 시민 모두가 동일한 공공 서비스를 이용할 수는 있지만, 이와 관련된 시설은 인종별로 구분할 수 있다는 취지의 판결문을 내놓았다.

당시 아프리카계 미국인이 사용하는 시설은 백인들이 사용하는 시설에 비해 상당히 낙후되어 있었다. 하지만 1940년대 중반부터 인종차별 정책에 반대하는 시민권 운동이 거세게 몰아쳤다. 1950년대 초반, 미국 대법원은 인종별로 학교를 차별하는 교육정책의 위법성을 다시 검토해야 하는 상황에 처했다. 차별 철폐를 지지하던 판사들은 '평등하지만 분리된'을 표방하는 1896년 정책이 위헌이라고 주장하면서, 그 근거로 흑인 아이들에게 열등감을 심어줄 수 있다는 점을 들었다. 이에 재판부는 심리학자 부부인 케네스 클라크Kenneth Clark와 메이미 클라크Mamie Clark를 포함한 다양한 행동과학자들의 연구를 인용함으로써 차별 반대 측의 손을 들어주었다.

지금은 고전으로 알려진 한 실험에서 클라크 부부는 흑인 아이들에게 백인 인형과 흑인 인형 중 하나를 선택하고, 자신이 선택한 인형의 성격에 대해 이야기해보라고 했다.[12] 대부분의 아이들이 백인 인형을 선택했고, 전반적으로 긍정적인 관점에서 인형의 성격에 대해 설명했다. 클라크 부부는 이것이 차별적인 교육정책이 흑인 학생들에게 열등감을 심어준다는 사실을 뚜렷하게 보여주는 사례라고 설명했다.

클라크 부부의 주장은 사회적으로 큰 반향을 일으켰고, 1954년 마침내 대법원은 만장일치로 차별적인 교육정책이 위헌이라는 판결을 내렸다. 그 이후로 버스를 포함한 다양한 대중교통 시설 사용에 관한 인종차별 정책 역시 위헌이라는 판결이 계속 쏟아져 나왔다.

이러한 재판이 이어질 무렵, 사회심리학자 대릴 벰Daryl Bem은 미시간대학교 대학원에서 공부하고 있었다. 원래 그는 물리학자를 꿈꾸었으나, 미국 시민권 운동이 사회적 인식에 미친 엄청난 파급효과에 강한 인상을 받고는 심리학자로 인생의 방향을 바꾸었다. 벰은 인종차별에 대한 백인들의 인식과 관련해 1954년 대법원이 판결한 전후로 실시된 설문 조사 자료를 검토해보았다. 그런데 거기서 상당히 특이한 변화를 확인할 수 있었다.

그 기념비적인 판결 이전에는 극소수의 백인들만이 차별 철폐를 지지했다. 1942년에 실시된 조사에 따르면 학교 통합 정책, 주거 통합 정책, 대중교통 통합 정책에 찬성한 백인의 비율은 각각 30퍼센트, 35퍼센트, 44퍼센트 수준에 머물렀다. 그러나 대법원 판결 후 2년 뒤인 1956년 조사에서는 그 비율이 49퍼센트, 51퍼센트, 60퍼센트로 크게 증가한 것을 알 수 있다.[13] 이와 같은 극적인 변화를 불러온 전반적인 과정을 이해하기 위해 벰은 수많은 심리학 서적을 살펴보았고, 결국 행동과 감정의 관계를 다룬 제임스의 이론을 만나게 되었다.

1장에서 살펴본 것처럼, 가정 원칙은 행동이 감정을 만든다고 설명한다. 웃으면 행복하고, 찌푸리면 화가 난다. 이에 대해 벰은 행동이 감정뿐 아니라 믿음에도 큰 영향을 미치지 않을까, 궁금해 했다. 상식적으로 볼 때는 생각이 행동을 만들어낸다. 예를 들어 어느 날 저녁, 즐거운 시간을 보내고 싶다는 생각에 영화나 연극 중 하나를 선택하기로 한다. 그리고 연극보다는 영화를 더 좋아한다고 생각하고 영화관으로 향한다. 이 사례에서도 생각(연극보다 영화가 더 좋다)이 행동(영화관으로 가기)으로 이어졌다.

그러나 벰은 제임스의 발자취를 따라가면서 인간 심리에 대한 상식적인 설명을 뒤집어 행동이 믿음을 만든다고 주장했다. 가령 연극을 보러 가기로 결정한다. 그리고 연극을 보러 가는 자신의 모습을 보고 무의식적으로 이렇게 생각한다. '지금 나는 연극을 보러 가고 있군. 그렇다면 영화보다 연극을 더 좋아하는 게 틀림없어.' 그리고 이러한 생각은 연극에 대한 긍정적인 느낌으로 이어진다.

상식이 말해주는 인과관계
· 나는 영화를 좋아한다 → 영화를 보러 간다

가정 원칙이 말하는 인과관계
· 영화를 보러 간다 → 나는 분명 영화를 좋아할 것이다

이와 같이 확장된 형태의 가정 원칙을 통해 우리는 인종차별에 대한 대법원의 판결이 어떻게 사회적 인식에 극적인 변화를 가져올 수 있었는지 이해할 수 있다. 대법원의 판결은 미국인들 스스로 차별 폐지를 지지하는 사람처럼 행동하도록 만들었다. 그리고 이는 다시 무의식적인 차원에서 '나는 차별 폐지를 지지하고 있군. 그러면

나는 분명 평등한 사회가 더 좋다고 믿고 있을 거야'라고 생각하도록 만든다. 이러한 과정을 거쳐 미국인들은 인종차별에 대해 새롭고 긍정적인 인식을 갖게 되었다.

물론 인종차별 정책에 대한 판결이 나온 전후로 실시된 다양한 조사 결과가 가정 원칙을 지지하고는 있지만, 시민권 운동 같은 광범위한 사회적 캠페인이 급격한 여론 변화에 영향을 미쳤다고도 볼 수 있다. 이에 대해 가정 원칙이 사람들의 믿음에 정말로 지대한 영향을 미치는지 확인하기 위해, 많은 과학자들은 다시 실험실로 돌아가 다양한 실험을 체계적으로 추진했다.

미군을 공산주의자로 만든 설득법

베트남전쟁에서 5만 명이 넘는 미국의 젊은이가 목숨을 잃었다. 존슨은 가장 많은 젊은이들을 그 전쟁터로 몰아넣은 대통령이었다. 그 와중에 여론을 진정시키기 위해 미국 정부는 북부 공산 세력이 곧 패망할 것이라거나, 남부 세력이 조만간 스스로 방어할 수 있을 만큼 충분한 힘을 확보할 것이라는 등 전쟁을 가능한 한 긍정적으로 묘사하기 위해 안간힘을 썼다.

어느 날 존슨은 각료들이 사적인 장소에서 이 전쟁에 대한 우려를 종종 드러내고 있다는 사실을 알게 되었다. 존슨은 각료들을 집무실로 불러들여 자신의 생각을 강요하는 대신, 조금 다른 전략

을 썼다. 파병의 당위성을 의심하는 각료들에게 '진상 조사' 임무를 맡겨 베트남으로 파견한 것이다.[14]

존슨은 그들이 공적인 자리에서는 사적인 의심을 거의 드러내지 않는다는 사실을 잘 알고 있었고, 그래서 정부 정책을 옹호하는 대중 연설을 가급적 많이 하도록 격려했다. 가정 원칙을 생각한다면, 의구심을 가진 각료들이 존슨의 정책을 지지하는 공개 연설을 적극적으로 하도록 격려함으로써 그들 자신의 말을 자연스럽게 믿도록 만들었을 것이라고 추측할 수 있다.

가정 원칙이 믿음에도 영향을 줄 수 있는지 확인하기 위해 과학자들은 실험을 실시했다. 그들은 피실험자를 대상으로 정치적 견해에 관한 설문 조사를 실시했다.[15] 다음으로 절반의 사람들에게는 그들이 반대하는 정당을 옹호하는 짧은 연설을 하도록 했고, 나머지 절반에게는 한쪽이 유리창인 거울을 통해 이들이 연설하는 모습을 보도록 했다. 2주일 후, 모두에게 정치적 견해를 묻는 설문 조사를 한 번 더 실시했다. 가정 원칙이 믿음에도 영향을 줄 수 있다면, 이 실험에서 피실험자들은 어떤 정당을 지지하는 연설을 하는 자신의 모습을 보았고, 이러한 경험을 통해 그 당이 예전에 생각한 것처럼 그렇게 나쁘지는 않다고 느끼게 되었으리라 기대할 수 있다.

반면 거울을 통해 연설을 보기만 한 나머지 절반의 사람들은 완전히 동일한 정보를 얻었지만, 새로운 자신의 모습을 보지는 못했기 때문에 정치적 입장에 아무런 변화도 없었을 것이라고 예측할 수 있다. 실제로 실험 결과는 예측과 같았다. 단 몇 분간의 롤플레잉이 대대적인 공익 캠페인과 정치 광고가 얻지 못한 성과를 일구어낸 것이다.

우리는 오랫동안 다양한 상황에서 이러한 전략을 목격할 수 있었다. 많은 사람들이 낙태에 반대하고, 음주 운전의 위험성을 경고하며, 치안 강화를 옹호하는 연설을 하도록 했고 그 장면을 카메라에 담았다. 이러한 전략은 행동하는 사람이 스스로 어떤 주장을 지지하는 것처럼 행동하게 만들었다. 또 이러한 경험을 통해 자연스럽게 과거의 인식과 태도를 바꾸도록 함으로써, 기존의 수많은 설득 시도가 이루지 못한 놀라운 성과를 이끌어냈다.[16] 그 영향력은 대단히 강력해서 어떤 피실험자들은 심지어 자신이 원래 가지고 있던 생각까지 부정하기도 한다. 이들이 처음에 작성한 설문 답안을 들이대면 자신이 쓴 게 아니라거나 질문 의도를 잘못 해석한 것이라고 우기는 경우도 볼 수 있다.[17]

이러한 차원에서 우리는 믿음에서 나타나는, 말로 설명하기 힘든 변화를 이해할 수 있다. 이 장을 시작하면서 미군 포로에 대한 이야기를 다루었다. 스무 명이 넘는 미군들이 북한에 남겠다는 결정을 내렸고, 고향으로 돌아온 이들마저도 공산주의를 찬양하는 납득하기 힘든 모습을 보였다. 포로수용소에 수감되었던 미군들과의 폭넓은 인터뷰는 그러한 모습이 최면이나 약물 혹은 고문 때문은 아니라고 말한다.[18] 진짜 비결은 공산 진영이 가정 원칙을 교묘하게 활용해 포로들의 믿음까지 바꿔놓은 데 있었다.

미군 포로들이 수용소로 들어가는 바로 그 순간부터 공산 진영은 이들의 인식을 바꿀 수 있는 인식 변화 전략을 시작했다. 아이러니하게도, 교도관들은 수용소에 새로 들어온 포로들과 악수를 나누면서 이렇게 말했다.

"축하합니다. 당신은 이제 자유의 몸이 되었습니다."

그리고 몇 주 동안 공산 체제의 미덕에 대한 긴 강의에 참석하고 작은 그룹으로 나누어 토론을 하도록 했다. 그동안 공산당 간부들은 모든 그룹이 '올바른' 결론에 도달하도록 돕는 역할을 맡았다. 그룹 내 한 사람이라도 공산주의에 대한 반감을 드러내면 구성원 모두 다시 한번 똑같은 강의를 듣고 토론을 해야 했다.

또 수용 직후 공산주의를 찬양하는 짧은 문장을 지어야 했다. 이를테면 '공산주의는 훌륭하다', '공산주의는 미래로 나아가는 길이다', '공산주의는 가장 합리적인 정치 시스템이다'와 같은 글이었다. 이것은 그다지 힘든 숙제가 아닌 데다가, 작문을 제출하면 비누나 담배 같은 귀한 생필품을 곧바로 지급했기 때문에 대다수의 포로들이 이를 받아들였다. 몇 주가 지나면 이 문장들을 큰 소리로 읽어야 했는데 이때도 대부분의 포로들이 지시를 따랐다.

몇 주가 지나자 포로들은 동료 포로에게 그 문장들을 읽어주고, 마지막으로 가상 토론에서 왜 그 문장이 진리인지 설명할 것을 요구받았다. 게다가 공산주의 찬양을 주제로 수용소 연보에 실릴 글을 쓰기로 한 포로에게는 과일이나 단 음식처럼 수용소에서는 대단히 귀중한 선물을 지급했다. 실제로 그 글이 연보에 실리면 마오쩌둥 배지를 달아주면서 고된 잡역을 면제해주기까지 했다. 이 단계에서도 많은 포로들이 기꺼이 참여했다. 오랜 시간에 걸친 이와 같은 작업을 통해 공산주의에 대한 미군 포로들의 태도는 완전히 바뀌었고, 급기야 본국 소환을 거부한 이들까지 나타난 것이다.

이처럼 공산 진영은 굳이 고문이나 세뇌에 의존할 필요가 없었다. 다만 포로들 스스로가 공산주의를 지지하는 연설을 반복적으로 하도록 하고, 그러한 연설을 수행하는 자신의 모습을 관찰하도록 했다. 그리고 그들의 믿음이 이러한 경험과 조화를 이루기까지 기다렸다.

이와 똑같은 전략으로 국민 전체에 강력한 영향력을 행사할 수도 있다.[19] 나치는 매일 국민들이 '하일 히틀러'라고 외치게 함으로써 그들이 자신들의 이데올로기를 적극적으로 받아들이도록 했다. 마찬가지로 매일 애국가를 부르게 함으로써 애국심을 고취할 수 있다. 또는 아침마다 기도를 드리게 함으로써 신앙을 끌어올릴 수 있다. 이 사례 모두 '말하면 믿게 된다'는 사실을 입증한다. 이러한 연구 결과에 강한 인상을 받은 과학자들은 말 외에 어떤 행동이 강력한 설득력을 발휘할 수 있는지 연구했다. 그중 대표적인 사례로는 눈동자 색깔에 관한 실험과 '제3의 물결'을 꼽을 수 있다.

고개 끄덕이기의 놀라운 힘

가정 원칙에는 정치적 신념을 뒤집어놓을 만한 힘이 있다. '행동이 믿음을 만든다'는 명제를 그대로 활용함으로써 일상생활에서도 다양한 믿음을 만들어낼 수 있다. 간단한 실험을 해보자. "최고예요"라고 말하듯 엄지를 추켜올리고 다음 문장을 읽어보자.

"도널드는 몇 달간 월세로 집을 얻어 살았는데, 계약 기간이 끝나 다른 곳으로 이사 가기로 했다. 그런데 무슨 이유인지 집주인은 보증금을 돌려주지 않고 계속 버티고 있다. 몇 번 이야기를 했는데도 아무런 반응이 없다. 마땅한 방법을 찾지 못한 도널드는 결국 주인에게 전화를 걸어 마구 욕설을 퍼부었다."

자, 도널드의 행동을 보니 어떤 느낌이 드는가? 그의 입장이 이해가 가는가? 그렇다면 다음으로 욕을 하는 것처럼 가운뎃손가락을 들고 다시 한번 읽어보자. 다 읽었는가? 그렇다면 이번에는 어떤 느낌이 드는가? 일반적으로 중지를 들어 보이는 것은 적대적인 감정을, 엄지를 들어 보이는 것은 긍정적인 감정을 의미한다. 어떤 사람에 대한 호감과 반감은 여러분 자신의 행동에 커다란 영향을 미친다. 그렇다면 그 반대도 성립할까? 즉, 행동이 어떤 사람에 대한 느낌을 바꿀 수 있을까?

방금 여러분이 한 행동은 제시 챈들러Jesse Chandler가 했던 실험이다.[20] 챈들러는 피실험자들을 모아놓고 언어와 손짓에 관한 실험이라고 소개했다. 그러고는 엄지 또는 중지를 들고 앞서 도널드 씨의 이야기를 읽고, 각각의 경우에서 도널드에 대한 호감을 평가하도록 했다. 그 결과, 중지를 들고 그것을 읽었을 때는 도널드를 공격적인 사람이라고 평가한 반면, 엄지를 들었을 때는 별로 공격적이지 않고 호감이 가는 인물로 평가했다.

이 실험에서 우리는 두 가지 사실을 확인할 수 있다. 첫째, 이론적인 차원에서 꽤 짧은 시간 동안 ' ~인 것처럼' 행동하게 함으로써 특정 인물에 대한 호감도에 중대한 영향을 미칠 수 있다. 둘째, 실용적인 차원에서 지금 불편한 관계에 있는 사람을 향해 자주 '엄지'를 들어 보이면 예상 밖의 효과를 얻을 수 있다.

이것 말고도 일상생활에서 다양한 방법을 활용해 호감도에 영향을 미칠 수 있다. 또 다른 실험에서 연구 팀은 학생들에게 등록금 인상에 관한 주장을 들려주었다.[21] 그 이야기를 듣는 동안 일부 학생들에게는 고개를 아래위로 끄덕이게 했고, 다른 학생들에게는 고개를 가로젓도록 했다. 그러고 나서 모든 학생에게 적절한 등록금 인상률을 물어보았다. 그 결과, 고개를 가로저은 학생들이 고개를 끄덕인 학생들보다 훨씬 더 낮은 인상률을 제시했다.

상대방이 여러분의 생각에 동의하도록 만들고 싶은가? 그렇다면 이야기를 나누는 도중에 고개를 미묘하게 아래위로 끄덕여보자. 그러면 상대방은 아마 자신도 모르는 사이에 여러분의 행동을 따라 하면서 여러분의 의견에 동의하게 될 것이다.

의자에 관련된 실험 역시 재미있는 시사점을 준다. 한 연구 팀은 피실험자들에게 딱딱한 나무 의자 또는 푹신한 의자에 앉도록 하고 나서, 모르는 사람과 함께 자동차 구매 과정에서 협상을 벌이는 롤플레잉을 해보도록 했다. 그런 다음 상대방의 성격에 대해 이야기해보도록 했다. 그 결과, 딱딱한 의자에 앉았던 사람들은 협상 과정에서도 비교적 경직된 모습을 보였고, 상대방에 대한 호감도도 낮았다. 결론적으로 말해서 딱딱한 의자는 딱딱한 행동을 만들어낸다. 그러므로 가급적 푹신한 가구를 들여놓는 게 좋다.

우리의 믿음은
어떻게 조작되는가

　　1960년대 후반 제인 엘리엇Jane Elliott은 아이오와주 라이스빌의 한 초등학교에서 아이들을 가르치고 있었다. 마틴 루서 킹 목사가 암살당한 1968년 4월 4일, 엘리엇은 수업 시간에 인종차별을 주제로 토론을 해보도록 했다. 그러나 아이들은 좀처럼 토론에 참여하려 하지 않았다. 수업을 마치고 엘리엇은 어떻게 하면 아이들이 좀 더 적극적으로 이야기하도록 유도할 수 있을지 고민했다. 그리고 그날 저녁, 획기적인 아이디어가 떠올랐다.²²

　　다음 날 엘리엇은 학생들에게 눈이 파란 아이들이 갈색 눈인 아이들보다 머리가 좋다는 이야기를 들려주었다. 고개를 갸우뚱하는 학생들에게 엘리엇은 뭔가 과학적으로 느껴지는 설명을 들려주었다. 푸른색은 멜라닌 때문에 나타나는데, 멜라닌은 지능과 직접적인 관계가 있다는 것이었다. 학생 대부분이 고개를 끄덕였고, 엘리엇은 다음 단계로 넘어갔다. 그녀는 머리가 더 좋은 푸른 눈의 아이들에게 특권을 주었다. 이를테면 급식을 더 많이 주고, 더 오랫동안 쉬는 시간을 즐기도록 허락해주며, 앞자리에 앉아서 수업을 들을 기회를 주었다.

반면 갈색 눈 학생들은 2급 시민이 되어버렸다. 그녀는 갈색 눈 아이들끼리만 놀도록 하고, 푸른 눈 아이들이 사용하는 음료수대를 쓰지 못하게 했다. 그리고 그 차이를 더욱 확연하게 만들기 위해 서로 다른 색상의 스카프를 두르도록 했다. 그러자 가정 원칙이 힘을 발휘하기 시작했다. 행동에서 나타난 변화가 태도의 변화로 이어진 것이다. 파란 눈 아이들은 제멋대로 거만하게 행동했고, 갈색 눈 아이들은 소심하고 복종적인 모습을 보였다. 이 밖에 다양한 시험에서도 눈이 파란 아이들이 두드러진 성적을 올렸다.

며칠 뒤, 엘리엇은 아이들에게 사실은 갈색 눈이 파란색 눈보다 더 머리가 좋은데 자기가 실수를 했다고 설명했다. 그러자 정체성에 대한 아이들의 인식도 뒤바뀌었다. 파란 눈 아이들은 소심해졌고 갈색 눈 아이들은 자신감이 넘쳤다. 실험이 끝나는 날, 엘리엇은 아이들에게 사실 파란 눈과 갈색 눈에는 아무런 차이가 없으며, 차별이 어떤 것인지 알려주기 위해 실험한 것이라고 설명했다. 그리고 아이들에게 스카프를 벗으라고 했다. 그러자 아이들은 소리를 지르며 서로를 끌어안았다.

엘리엇의 놀라운 실험 결과는 언론에 알려졌고, 급기야 그녀는 조니 카슨의 〈투나잇 쇼〉에도 출연하게 되었다. 많은 미국 시청자들이 큰 감명을 받았지만, 정작 라이스빌 주민들은 이번 실험 때문에 자신들이 사는 동네가 인종차별의 온상이 되었다고 항의했다. 엘리엇 역시 동료들에게 눈총을 받았고, 그녀의 가족도 언어적, 육체적 모욕에 시달렸다.

그럼에도 엘리엇은 이후 수십 년 동안 비슷한 실험을 계속했고, 그때마다 행동의 변화가 서로에 대한 인식에 큰 영향을 미친다는 동일한 결론을 재차 확인할 수 있었다. 엘리엇의 실험에 참여한 많은 성인들 역시 사회적으로 소외되고 힘없는 사람들을 예전과는 다른 눈으로 바라보게 되었다고 밝혔다. 이후 엘리엇은 교직을 떠나 사회적 다양성을 가르치는 전문 트레이너로 활동하고 있다.[23]

엘리엇이 눈 색깔을 가지고 학생들을 차별하는 실험을 한 것과 비슷한 시기에, 또 다른 교사는 비슷한 방식으로 작은 나치 세상을 재현하는 실험에 도전했다. 1967년, 카리스마 넘치는 스물다섯 살의 역사 교사이자 농구부 코치인 론 존스Ron Jones는 캘리포니아 팔로알토의 한 고등학교에서 학생들을 가르치고 있었다.[24] 존스는 새로운 교육 방법을 탐구하는 과정에서, 특별한 행동적 접근 방식으로 나치 독일이 사용한 전략의 효력을 확인해보고자 했다.

처음에 존스는 학생들에게 훈련과 자기통제의 중요성을 설명했다. 그리고 똑바로 앉아서 발바닥을 땅에 밀착한 채 손을 등 아래에 갖다 대는 연습을 반복적으로 시켰다. 다음 날에는 공동체의 중요성에 대해 설명하면서 아이들에게 '뭉치면 살고 흩어지면 죽는다'라는 구호를 반복해서 외치도록 했다. 그리고 오른손을 오른쪽 어깨 위에 올려놓는 식으로 '학급 인사'까지 하도록 했다. 수업이 끝나는 종이 울리면 존스가 먼저 천천히 학급 인사를 했고, 그러면 아이들도 똑같이 따라 했다.

다음 날에는 '회원 카드'를 만들어 학생들에게 나눠주며 '제3의 물결'이라는 조직을 만들었으니 다른 친구들에게도 소개하라고 당부했다. 만약 그 조직에 비판적인 말을 하는 학생이 있으면 즉시 그 이름을 알려달라고도 했다. 제3의 물결에 대한 이야기는 순식간에 학교 전체로 퍼져나갔고, 일부 학생들은 조직을 알리기 위해 현수막을 걸고 전단을 뿌리기도 했다. 회원 수는 순식간에 100명을 넘었다. 조직에 가입한 학생들은 대부분 권위적인 모습으로 다른 학생들에게 규율에 대한 엄격한 복종을 강요했다.

조직이 점차 자신의 통제를 벗어나자, 존스는 실험을 끝내기로 하고 회원들을 위한 특별 발표가 있으니 모두 강당으로 집합하도록 했다. 200명이 넘는 학생들이 흰색 셔츠에 직접 만든 완장을 차고 강당으로 모여들었다. 거기서 존스는 프로젝터를 통해 나치 제국의 역사와 히틀러가 연설하는 뉘른베르크 전당 대회 사진을 보여주었다. 그리고 나서 이번 제3의 물결 실험은 얼마나 쉽게 사람들의 행동과 믿음을 조작할 수 있는지 보여주고, 자신의 실험은 우리 모두에게 행동에 대한 책임이 있다는 사실을 강조하기 위한 것이라고 설명했다. 그제야 내막을 알게 된 학생들은 소리를 질러댔다.

몇 년 후 존스는 학교의 종신 재직권 심사에서 탈락했다. 이후 그는 30년이 넘게 지적 장애인들과 함께 글을 쓰고 연설을 하는 등 다양한 일을 해오고 있다. 존스의 실험은 이후 『물결The Wave』이라는 소설로도 소개되었고, 오늘날 독일의 많은 학교들이 이 책을 필독서로 지정하고 있다. 또 2008년에는 〈디 벨레Die Welle〉라는 영화로도 제작되었으며, 2010년에는 실험에 대한 이야기를 뮤지컬 무대에 올리기도 했다.

내가 먹지 못한 포도가
신 이유

2004년 미국 시사 프로그램인 〈60분60Minutes〉에서는 이라크 아부그라이브 교도소에서 미군이 포로를 끔찍하게 학대한 충격적인 현장을 보도했다. 그 기사에 따르면 미군들은 포로들을 구타하고 강간하고 고문하는 등 전반적인 학대를 자행했다. 포로들을 개처럼 끌고 다니거나 벌거벗겨 수용소 복도에 무더기로 쌓아놓은 사진을 보고 전 세계는 충격에 빠졌다. 사건이 터지자 미 국방부는 책임자들을 해임하고 그중 일부를 범죄 행위로 기소하는 등 부랴부랴 대응에 나섰다. 하지만 사람들의 마음속에 한 가지 의문이 남았다. 어떻게 그들은 그렇게 끔찍한 일을 아무렇지 않게 자행할 수 있었을까?

우리는 그 해답의 상당 부분을 가정 원칙에서 발견할 수 있다. 이솝 우화에는 여우와 포도에 관한 이야기가 있다. 여우는 과수원을 서성이다 높은 포도나무 가지에 달린 탐스러운 포도송이를 발견한다. 흐르는 침을 삼키며 여우는 몇 걸음 뒤로 물러났다가 달려와 포도를 향해 점프한다. 하지만 안타깝게도 닿지 않는다. 다시 힘을 내서 뛰어봐도 포도는 너무 높은 곳에 있다. 오후 내내 여우는 계속해서 뛰어올랐지만, 한 번도 성공하지 못하고 쓸쓸히 과수원을 빠져나온다. 그러면서 이렇게 생각한다.

'어차피 너무 시어서 맛도 없을 거야.'

'신포도 sour grapes'라는 표현을 낳은 이 우화는 가정 원칙의 힘을 보여주는 전형적인 사례이기도 하다. 탐스러운 포도를 먹지 못하고 과수원을 떠나야 하는 상황에 처한 여우는 포도에 대한 시선을 부정적으로 바꾸었다. 여우는 결국 실패하고 만 자신의 모습을 보았고, 그러한 모습을 정당화할 새로운 믿음을 만들어낸 것이다. 사람들은 가질 수 없는 것들은 싫어하면서 가질 수 있는 것들은 더 좋아하는 것일까?

과학자들은 이를 알아보기 위해 피실험자들에게 커피메이커, 샌드위치 그릴, 토스터, 휴대용 라디오 등 다양한 물건을 놓고 그것들을 얼마나 좋아하는지 점수를 매겨보도록 했다.[25] 그러고 나서 같은 점수를 준 두 가지 물건 중 한 가지를 가져갈 수 있다고 설명했다. 최종적으로 선택한 제품은 상자에 넣고 끈으로 묶어 피실험자의 코트 옆에 놓아두었다. 그 물건을 집으로 가지고 갈 수 있다는 확신을 주기 위해서였다(실험이 끝나고 연구 팀은 예산이 넉넉지 않아 '선물'을 돌려달라고 부탁해야만 했다). 그리고 마지막으로 동일한 점수를 받은 두 가지 제품에 대한 선호도를 다시 한번 평가하도록 했다. 최종 결정을 내리기 전, 피실험자들은 분명 두 제품에 대해 동일한 점수를 주었다.

가정 원칙에 따르면 사람들은 선택을 정당화하기 위해 자신이 고른 물건을 더 좋아하게 될 것이라고 기대할 수 있다. 그렇다면 그 결과는 어떠했을까? 가정 원칙의 예측이 옳은 것으로 나타났다. 피실험자들은 선택한 물건을 더 좋아한다고 답했다.

또 다른 실험에서 연구 팀은 실험실을 떠나 경마장으로 향했다.[26] 그들은 마권을 사려는 사람들을 무작위로 선택해 그들이 내기에 걸려고 하는 말의 우승 가능성을 평가해보도록 했다. 그 질문에 대부분의 사람들이 '충분히 가능성이 있다'라고 답했다. 다음으로 이제 막 마권을 구입한 사람들에게도 똑같은 질문을 던졌다. 전통적인 심리학의 입장에서 본다면, 우승 가능성에 대한 예측은 내기를 걸기 전후로 변화가 없어야만 한다. 반면 가정 원칙에 따른다면, 사람들은 무의식적인 차원에서 이렇게 생각한다고 기대할 수 있다.

'지금 저 말에 베팅했어. 그렇다면 나는 저 말이 우승할 것이라고 확신하고 있는 거야.'

정말로 사람들은 결정을 내리고 나서 더욱 확신을 갖게 되었을까? 실험 결과에 따르면 우승 가능성에 대한 질문에 막 마권을 구입한 사람들은 '대단히 가능성이 높다'고 답변했다.

우리는 동일한 효과를 다양한 상황에서 쉽게 경험할 수 있다.

예를 들어 두꺼운 재킷을 사기 위해 옷 매장에 들렀다고 하자. 커다란 진열장에 수많은 재킷이 가득 걸려 있다. 멋진 옷이 너무 많아서 몇 시간을 둘러봤는데도 무엇을 골라야 할지 모르겠다. 결국 하나를 선택하고 계산대에서 신용카드를 넘겨준다. 바로 그 순간, 우리는 지금 선택한 그 옷이 다른 옷들보다 더 좋은 이유를 발견해냄으로써 자신의 선택을 정당화하고자 한다. 선택은 곧바로 새로운 믿음으로 이어지고, 그 믿음을 바탕으로 우리는 금방 최고의 선택을 내렸다고 확신하게 된다.

그러나 이러한 효과는 자만심으로 이어지기도 한다. 예를 들어 정치인은 성과 없는 정책을 밀어붙이고, 경영자는 실패한 제품을 계속해서 광고하며, 투자자는 비전이 불투명한 투자처에 대한 미련을 버리지 못한다.

가정 원칙은 행동이 어떻게 자만심으로 넘어가는지 설명하는 데서 그치지 않는다. 가정 원칙을 통해 우리는 하기 싫은 일을 하겠다고 결심했을 때 나타나는 놀라운 효과까지 이해할 수 있다. 듀크 대학교의 심리학자 잭 브렘Jack Brehm은 1960년대에 가정 원칙을 기반으로 채소에 대한 아이들의 입맛을 바꿀 수 있을지 확인해보고자 했다.[27] 브렘은 50명 정도의 아이들을 대상으로 다양한 채소 목록을 보여주고 선호도를 조사했다.

몇 주 후, 그는 직접 채소를 먹고 나서 다시 한번 선호도를 조사하겠다고 설명하고는 아이들로 하여금 무작위로 선택한 채소를 먹도록 했다. 하지만 사실 무작위로 선택한 것이 아니었다. 브렘이 아이들에게 먹도록 한 채소는 앞서 그들이 싫다고 평가한 것들이었다. 그는 이렇게 선택한 채소를 다음 몇 주 동안 매주 3인분씩 먹으라고 했다. 한 달 후, 브렘은 다시 그 아이들을 대상으로 전체 채소 목록을 보여주고 선호도를 평가하도록 했다. 가정 원칙에 따르면 아이들은 자신이 직접 어떤 채소를 먹는 경험을 했고, 이에 대해 자신이 그 채소를 좋아한다고 생각함으로써 행동을 정당화할 것이라고 기대할 수 있다. 이 실험 결과 역시 그 기대를 충족시켰다.

평소에 싫어하는 일을 직접 해보도록 하면, 사람들은 그 일이 실제로는 그렇게 싫어할 만한 일이 아니라고 생각을 바꿈으로써 자신의 행동을 정당화하려는 경향이 있다. 이처럼 흥미로운 심리 현상을 통해 여론의 변화를 이끌어낼 수 있다. 예를 들어, 영국 정부가 공공장소 금연 정책을 실시했을 때 많은 흡연자들이 담배를 피우기가 더 힘들어졌다는 사실을 깨닫고는 금연을 좀 더 긍정적으로 받아들였다. 마찬가지로 영국 정부가 안전벨트 착용을 의무화하고 나서 실시한 여론 조사를 살펴보면, 더 많은 사람들이 안전벨트 착용을 좋은 습관으로 받아들이게 되었다는 사실을 확인할 수 있었다. 가정 원칙의 예상 그대로, 이러한 사례는 행동을 함으로써 새로운 인식을 받아들이게 된다는 사실을 보여준다.

물론 이 현상은 긍정적인 변화뿐만 아니라 부정적인 변화로 이어지기도 한다. 몇 년 전, 오하이오주립대학교의 심리학자 데이비드 글래스David Glass는 놀라운 실험을 한 가지 수행했다.[28] 글래스는 한 번에 한 명씩 피실험자를 실험실로 들어오게 해서, 또 다른 피실험자

(사실은 연구 보조 요원이었다)와 인사를 하도록 했다. 그리고 이들이 잠깐 이야기를 나누게 한 뒤 피실험자에게 방금 소개받은 사람과 친구로 지낼 의향이 있는지, 또는 아파트를 공동으로 쓸 생각이 있는지와 같은 질문을 몇 가지 던져보았다.

다음으로 사회심리학 실험이 오랫동안 지켜온 전통을 따라, 글래스는 피실험자 두 명이 함께 어떤 실험에 참여하게 될 것이라고 설명했다. 그중 한 사람은 기다란 목록의 단어들을 외우고, 다른 사람은 상대방이 실수할 때마다 전기 충격을 가한다. 역할은 동전 던지기로 결정하지만, 이쯤 되면 아마 여러분도 예상하다시피 전기 충격은 진짜 피실험자가 맡게 된다. 이제 피실험자는 전기 충격 장치가 있는 방으로, 보조 요원은 그 옆방으로 들어간다. 두 방은 인터컴으로 연결되어 피실험자는 보조 요원이 내는 소리를 들을 수 있다. 요원이 실수를 할 때마다(아주 자주) 피실험자는 100볼트의 충격을 가한다(실제로는 작동하지 않으며, 사실 보조 요원은 편안하게 앉아 샌드위치를 먹고 있다).

몇 차례 전기 충격을 가하도록 하고 나서, 글래스는 전기 충격을 가한 일에 대해 어떻게 생각하는지 피실험자들에게 물어보았다. 그리고 또 다른 피실험자라고 생각한 보조 요원에 대한 호감도를 평가하도록 했다. 놀랍게도, 피실험자 대부분은 자신의 행동에 대해 부정적으로 생각하려 하지 않고 합리화하는 경향을 보였다. 그들은 상대편 피실험자가 별로 좋은 사람이 아니며, 그렇기 때문에 충격을 받아도 마땅하다고 생각했다.

가정 원칙의 예상대로 피실험자들은 자신의 행동에 따라 새로운 믿음을 만들어냈다. 여기서 피실험자들은 상대방을 싫어하는 것처럼 행동했고, 그랬기 때문에 상대방은 좋은 사람이 아니며 고통을 받을 만하다는 결론에 이른 것이다.

앞서 우리는 이라크 아부그라이브 감옥에서 미군들이 어떻게 포로를 학대했는지 살펴보았다. 이제 글래스의 연구 결과를 가지고 어떻게 그런 일이 가능했는지 설명할 수 있다. 자존심 강한 교도관은 규정에 약간 어긋난 방식으로 포로에게 처벌을 가하면서도, 아마 그 포로가 나쁜 사람이기 때문에 그러한 대우를 받아 마땅하다고 스스로를 합리화했을 것이다. 그리고 이러한 생각은 더 잔인한 처벌로 이어졌고, 이는 다시 포로가 그러한 벌을 받아 마땅하다는 확신으로 강화되었다. 아무런 규제가 없는 상황에서 이러한 악순환이 반복되다가 급기야 통제 불가능한 상황에 이르렀고, 결국 전 세계를 경악하게 만든 충격적인 사건으로 이어지고 말았다.

그래도 다행스러운 점은, 가정 원칙이 사람들의 믿음에 영향을 미친 방식에 대한 연구 중 해피엔드로 이어진 사례도 많다는 사실이다. 긍정적인 사례들을 다룬 많은 연구는 가정 원칙을 통해 집단의 단결을 도모하고, 사람 목숨까지 살릴 수 있다는 사실을 보여준다.

가까워지고 싶다면 온도를 높여라

어릴 적부터 사람들은 따스함에서 '안전'이나 '안심'을 떠올린다(포옹 또는 모닥불을 떠올려보자). 반면 차가움에서는 냉정함을 연상한다('무시cold shoulder', '싸늘한 눈빛icy stare' 등의 표현이 그렇다). 이러한 연상 작용에 착안한 노스웨스턴대학교의 첸보 종Chen-Bo Zhong 교수는 주변 사람들에게 따돌림을 당할 때, 사람들은 정말로 물리적인 차가움을 느끼지 않을까 궁금했다.[29]

이를 확인하기 위한 실험에서 종 교수는 피실험자 그룹을 대상으로 절반에게는 인생에서 다른 사람에게 거절당한 경험을 떠올리게 하고, 다른 절반에게는 구성원으로 인정받은 경험을 떠올리게 했다. 그러고 나서 그 방의 온도를 맞혀보라고 했다. 그 결과, 놀랍게도 거절당한 경험을 떠올린 사람들이 방 온도를 상대적으로 낮게 예측한 것으로 드러났다. 거절의 기억이 실제로 그들을 더 춥게 만들었던 것이다. 종 교수는 어릴 적 부모와 포옹을 하면서 온기와 안정감을 동시에 느끼는 것처럼, 따스함으로부터 사회적 인정을 연상하는 경험은 상당히 이른 나이부터 시작된다고 믿었다.

외로울 때 더 춥게 느끼는 것처럼, 가정 원칙에 따를 때 주변 환경을 따뜻하게 함으로써 친밀감을 높일 수 있다고 기대할 수 있다. 이를 확인하기 위해 콜로라도대학교의 심리학자 로런스 윌리엄스Lawrence Williams는 한 가지 실험을 수행했다.[30] 윌리엄스는 피실험자들에게 따뜻한 커피나 차가운 음료수를 마시게 하면서 전혀 모르는 사람에 대한 간단한 설명을 읽고 그 사람의 성격을 평가해보도록 했다. 그 결과 커피 덕분에 몸이 따뜻해진 피실험자들은 상대적으로 더 높은 친밀감을 표현했다. 이 실험의 의미는 분명하다. 누군가와 더 친해지고 싶다면, 에어컨이 나오는 술집에서 얼음 채운 칵테일을 마시지 말고 모닥불 앞에서 따스한 차 한잔을 나눠야 한다는 사실이다.

나의 카리스마와 공감 능력 측정

아래 항목들에 대해 1점(절대 그렇지 않다)에서 5점(정말 그렇다)으로 점수를 매겨보자.

항목	점수
1. 음악을 듣다가 종종 발장단을 맞춘다	1 2 3 4 5
2. 고독한 사람을 보면 측은한 생각이 든다	1 2 3 4 5
3. 포옹을 좋아한다.	1 2 3 4 5
4. 동물을 끔찍이도 사랑한다.	1 2 3 4 5
5. 다른 사람들을 쉽게 웃길 수 있다.	1 2 3 4 5
6. 주변 사람들이 나를 많이 걱정하면 곧바로 염려가 된다.	1 2 3 4 5
7. 다른 사람의 이목을 쉽게 끌 수 있다.	1 2 3 4 5
8. 로맨스 영화나 사랑 노래를 접하면 종종 눈물을 흘린다.	1 2 3 4 5
9. 주변 사람들은 나를 모임의 활력소이자 핵심이라고 말한다.	1 2 3 4 5
10. 선물을 주고 사람들이 기뻐하는 모습을 보면 즐겁다.	1 2 3 4 5

카리스마 넘치는 인물이라고 하면 대부분 마틴 루서 킹이나 넬슨 만델라, 존 F. 케네디, 버락 오바마 같은 사람들을 떠올린다. 하지만 왜 그렇게 생각하는지 콕 집어서 이야기해보라고 하면 대부분 그들의 미묘한 특성을 제대로 잡아내지는 못한다. 사실 우리는 주변 사람들의 표정과 몸짓을 따라 한다.[31] 그것도 지극히 무의식적이고 자동적으로, 그리고 순식간에 따라 한다. 누군가 웃음을 지으면 우리 입꼬리도 저절로 올라간다.

마찬가지로 짜증 내는 사람과 마주칠 때 우리 미간에도 주름이 잡힌다. 이러한 방식으로 감정은 한 사람에게서 다른 사람으로 퍼져나가고, 그 과정에서 집단적 공감과 단결력이 강화된다. 어떤 이들은 태어날 때부터 표정, 몸짓, 목소리를 가지고 자신의 감정을 다른 사람들에게 효과적으로 전달한다.

캘리포니아대학교의 심리학자 하워드 프리드먼Howard Friedman은 이러한 능력이 뛰어난 사람일수록 카리스마가 높다는 사실을 실험을 통해 입증했다.[32] 이러한 사람들은 주변 사람들에게 자신의 열정과 에너지를 자연스럽게 전달하고, 한 사람에게서 다른 사람으로 전파되는 감정적 전이를 쉽게 만들어낸다. 그래서 주변 사람들의 내면 에너지를 자극하고, 수많은 청중이 그의 말에 귀를 기울이도록 만든다. 이처럼 카리스마 넘치는 사람들은 간접적인 방식으로 사람들을 설득하면서 생각하기보다 느끼도록 만든다. 다시 말해, 이들은 머리가 아니라 가슴에 대고 이야기를 한다.

마찬가지로 어떤 사람들은 다른 사람의 감정을 파악하는 데 능하다. 스웨덴 웁살라대학교의 페르 안드레아손Per Andréasson은 피실험자들에게 공감 능력을 평가하는 질문을 던지고 나서 행복하거나 화가 난 사람들의 사진들을 보여주었다.[33] 공감 능력이 높은 사람들의 경우, 행복한 표정을 보자마자 입꼬리 부근의 근육이 움직이기 시작했다. 반면 스스로 공감 능력이 낮다고 평가한 피실험자들은 거의 아무런 반응을 보이지 않았다. 화난 표정을 접했을 때 공감 능력이 높은 사람들은 즉각적으로 미간이 좁아졌다. 하지만 공감 능력이 낮은 사람들에게는 별다른 변화가 일어나지 않았다.

공감 능력이 뛰어난 사람들은 다른 사람들의 감정을 그대로 경험하는 것처럼 반응함으로써 말 그대로 기쁨과 슬픔을 함께 나눈다. 위 설문을 가지고 얼마나 효과적으로 자신의 감정을 전달하고, 다른 사람의 감정을 받아들이는지 평가할 수 있다.[34]

먼저 홀수(1, 3, 5, 7, 9) 항목의 점수를 더하자. 이것이 바로 여러분의 카리스마 점수다. 다음으로 짝수(2, 4, 6, 8, 10) 항목을 모두 더하자. 이는 여러분의 공감 능력 점수를 의미한다.

카리스마 점수 : 5~15점이면 낮고, 16~25점이면 높은 편이다.

공감 능력 점수 : 5~15점이면 낮고, 16~25점이면 높은 편이다.

소속감 만들기와
적대감 만들기

무자퍼 셰리프Muzafer Sherif는 1906년 터키에서 태어났다. 10대 시절 그는 그리스-터키 전쟁에서 그리스 군대가 자행한 참담한 살상의 현장을 목격했다. 그들은 무고한 터키 시민들을 약탈하고 고문하며 살해했다. 셰리프는 도대체 무엇이 군인들이 그토록 무자비하게 행동하도록 만드는지 알고 싶었다. 이후 그는 심리학을 전공으로 선택해 학자로서 경력을 쌓아나갔다. 미국에서 연구하는 동안 셰리프는 어릴 적에 목격한 끔찍한 장면들을 설명하기 위해 많은 논란을 불러일으키게 될 놀라운 연구 프로젝트에 착수했다.[35] 그리고 가정 원칙을 활용해 다른 사람에게 감성적인 차원에서 가까이 다가갈 수 있도록 도와주는 인상적인 실험을 실시했다.

가장 먼저 셰리프는 실험의 원래 목적을 모르는 피실험자를 모집해야만 했다. 이를 위해 그는 학교 운동장을 돌아다니며 열두 살 무렵의 소년들을 몰래 관찰했다('심리학자들은 대개 그렇게 설명한다'). 그는 심리적으로 안정적이고 인기가 많으며 정상적인 지적 능력을 갖춘 소년들에게 주목했다. 그리고 그러한 소년을 발견할 때마다 곧장 학교 생활기록부를 뒤져 그 소년이 정말로 짜증을 잘 내지 않는 성격에 출석 기록도 양호한지 살펴보았다. 이러한 방식으로 셰리프는 피실험자를 모았다.

다음으로 셰리프는 그렇게 모은 소년들의 부모들을 만나 어떤 실험을 하고 있는지 설명하면서, 그들의 아들을 3주 동안 심리학 실험에 참여시켜도 좋을지 물어보았다. 이렇게 해서 셰리프는 22명으로 이루어진 피실험자 그룹을 꾸렸다. 어느 아이도 자신이 어떤 실험에 참여하게 될 것이라고는 상상하지 못했다. 셰리프는 아이들에게 여름 캠프에 참여하게 되었다고만 일러두었다.

다음으로 셰리프는 소년들의 생각을 조작하고 행동을 감시할 작은 세상을 만드는 단계로 넘어갔다. 이를 위해 선택된 곳이 오클라호마의 외딴 주립공원이었다. 총 80만 제곱미터 이상의 숲으로 이루어진 그 공원은 가장 가까운 마을에서 60킬로미터 넘게 떨어진 고립된 곳으로, 셰리프의 실험을 위해서는 안성맞춤이었다. 공원 안에 위치한 두 캠프는 숲을 사이에 두고 있어 서로 보이지 않았다. 그리고 각 캠프에는 숙소와 식당, 수영장, 그리고 보트를 탈 수 있는 호수가 있었다. 또 커다란 야구장 하나를 서로 공유하고 있었다.

셰리프는 무작위로 소년들을 두 그룹으로 나누고, 각 그룹이 상대 그룹의 존재를 알지 못하도록 했다. 실험이 진행되는 동안 셰리프는 공원 관리인 역할을 맡았고, 연구 팀원들은 캠프 도우미로 일했다. 이들은 아무런 관심이 없는 듯 일했지만, 실제로는 소년들의 일상을 철저하게 기록하고 대화를 몰래 엿들으며 계속 사진을 찍어 댔다. 실험 1부에서 셰리프는 소년들을 단결시키고자 했다. 이를 위해 그는 하이킹, 야구, 수영 등 협력 활동을 활용했다. 그리고 캠프 이름을 짓고 깃발도 만들도록 했다. 첫 번째 그룹 소년들은 '래틀러스', 두 번째 그룹은 '이글스'라고 이름을 지었다.

상황은 셰리프의 예상대로 흘러갔다. 서로를 전혀 알지 못했던 두 그룹의 아이들은 불과 며칠 만에 공동체의 일원으로 친하게 지냈다. 소속감이 충분히 형성되었다고 판단하자 셰리프는 실험의 2부로 넘어갔다. 2부의 목적은 의도적으로 적대감을 만들어내는 것이었다. 어느 날 아침, 연구원들은 래틀러스와 이글스 소년들에게 상대방 캠프의 존재를 알려주었다. 지금까지 아이들은 야구 경기를 하면서 야구장을 사용할 수 있는 독점권을 가지고 있으며, 그들의 영토 중 하나라고 생각하고 있었다.

연구 팀은 이러한 생각을 이용해 경쟁심을 부추기기로 했다. 그리고 이글스와 래틀러스 모두에게 지금 상대방 캠프에서 야구장을 사용하고 있다고 알려주었다. 그러자 두 캠프의 아이들 모두 위기감을 느끼며 상대편과 대결하고 싶어 했다. 연구원들은 줄다리기나

야구 시합을 제안했고, 이긴 팀에게는 메달과 트로피를 수여하겠노라고 선언했다.

다음 날 래틀러스와 이글스 간의 야구 시합이 벌어졌다. 시작부터 팽팽한 긴장감이 감돌았다. 이글스는 깃발을 흔들며 영화 〈드래그넷Dragnet〉의 위협적인 주제가를 부르면서 등장했다. 시합이 시작되자마자 이글스 아이들은 다 같이 "우리 투수가 훨씬 낫다"며 외쳐댔고, 래틀러스 아이들은 욕설을 퍼부었다. '뚱보'나 '멍청이' 같은 말에 화가 난 이글스 아이들은 급기야 성냥을 꺼내 래틀러스의 깃발에 불을 붙였다. 이에 격분한 래틀러스 아이들은 모두 숙소로 돌아가 새로운 공격 구상에 들어갔다.

그날 밤 10시 30분, 래틀러스 아이들은 코만도처럼 얼굴과 팔에 검은색으로 페인트칠을 하고 이글스 숙소를 공격했다. 침대가 뒤집히고 모기장이 찢어지는 소리에 이글스 아이들은 벌떡 일어났다. 잔뜩 약이 오른 이글스 아이들은 새벽 기습을 모의하며 돌멩이를 하나둘 모으기 시작했다. 결국 연구원들은 아이들을 말려야만 했다. 잔뜩 무장한 이글스 아이들은 야간 기습은 하지 않는 대신 아침에 쳐들어가겠노라고 했다. 막대기와 야구 배트로 무장한 이글스 아이들은 래틀러스 숙소를 몰래 염탐하고 돌아왔고, 혹시 있지도 모를 또 다른 보복 공격에 대비해 양말에 돌멩이를 넣어두었다.

평화롭기만 하던 두 캠프는 며칠 만에 윌리엄 골딩의 소설 『파리대왕Lord of the Flies』의 한 장면으로 변해버리고 말았다. 앞서 소년들을 선택하는 과정에서 셰리프는 심리적으로 건강한 아이들만 신중하게 선택했다. 하지만 그때 아이들의 모습을 본 사람이라면 누구나 '사악하고 불안하며 악의로 가득한 소년들'이라고 생각했을 것이다.

어떻게 상황이 그렇게 갑자기 변했을까? 이번 실험을 통해 셰리프는 아무리 차분하고 지극히 정상적인 아이들이라도 특정한 상황에서는 다분히 공격적으로 변할 수 있다는 사실을 보여주고자 했다. 아주 오래전 셰리프는 그리스 군대가 터키 사람들을 잔혹하게 짓밟는 장면을 목격했으며, 강한 정체성으로 똘똘 뭉친 공동체가 제한된 자원을 놓고 경쟁을 벌일 때 잔인한 공격성이 드러난다고 결론 내렸다. 자신의 가설을 확인하기 위해 셰리프는 그와 같은 상황을 작은 규모로 재현했으며, 처음에는 소년들을 뭉치게 했다가 야구장에 대한 사용권을 놓고 서로 다투도록 했다. 결국 상황은 아수라장으로 변했고 아이들은 계속해서 서로에게 보복했다. 분쟁의 대상이 땅이든 권력이든 아니면 돈이나 일자리든 간에, 공동체들은 동일한 과정을 밟아나가면서 서로에 대한 적대감을 키운다.

의도적으로 만들어낸 공격성이 위험 수위에 도달하면서 셰리프는 실험의 마지막 단계로 넘어갔다. 3부의 목적은 서로 단결하도록 유도하는 것이었다. 3부를 시작하면서 연구원들은 아이들에게 자신이 속한 팀과 상대 팀의 특성을 묘사해보도록 했다. 그러자 아이들은 자신이 속한 그룹은 용감하고 힘이 세다고 설명했고, 상대 그룹은 약삭빠르고 믿음이 가지 않는다고 했다.

셰리프는 이제 다양한 정보를 통해 아이들의 인식을 바꿀 수 있는지 알아보기로 했다. 그는 아이들 모두가 일요일 예배 시간에 참석해 용서와 협력, 형제애를 위한 특별한 기도를 올리도록 했다. 하지만 소년들은 예배당을 빠져나가자마자 또다시 복수를 계획했다. 아무런 효과가 나타나지 않자 셰리프는 다른 방법을 연구했다. 그러고는 서로를 돕는 방식을 생각해보았다. 다른 이들과 연결되어 있다고 느낄 때, 사람들은 조화를 이루는 방식으로 움직인다. 이를테면 종교가 같은 사람들은 함께 믿음을 나누고 함께 기도를 올린다. 군대는 발을 맞춰 행군하고 스포츠 팬은 함께 응원하며, 정치 집회에 참여한 사람들은 동시에 박수를 친다. 그렇다면 거꾸로 조화를 이루는 방식으로 행동하면 서로 연결되어 있다는 느낌을 만들어낼 수 있을까?

이를 확인하기 위해 셰리프는 가상으로 응급 상황을 만들어 래틀러스와 이글스 소년들이 함께 협력하도록 유도해보았다. 우선 누가 수도 시설을 망가뜨려놓아서 두 캠프가 함께 문제를 해결해야 한다고 설명했다. 물론 실제로 그런 일은 일어나지 않았다. 다만 연구원 몇 명이 커다란 바위를 얹어놓았을 뿐이다. 두 캠프 모두 그 시설에서 물을 받아 마시고 있었으므로 바위를 치우기 위해 어쨌든 서로 힘을 합해야 했다. 다음으로 '캠프 도우미'로 가장한 연구원이 아이들에게 차를 타고 마을로 내려가 맛있는 음식을 먹고 오자고 했다. 그런데 그만 트럭에 문제가 생겨 이글스와 래틀러스 소년들 모두가 힘을 모아야 차를 움직일 수 있다고 설명했다.

두 가지 시도의 결과는 놀라웠다. 이글스와 래틀러스 사이에 조성된 적대감은 불과 며칠 사이에 눈에 띄게 줄었다. 두 캠프의 아이들은 조금씩 함께 어울렸고, 실험 마지막 날에는 한 이글스 소년이 우쿨렐레 연주로 래틀러스 아이들의 귀를 즐겁게 해주었다. 이에 대한 화답으로 한 래틀러스 소년은 도널드 덕 흉내를 냈다. 셰리프는 연구 노트에 이렇게 기록하고 있다. '……이러한 모습에 아이들은 열광했다.'

셰리프는 실험의 마지막 단계에서 가정 원칙을 통해 어떻게 서로에 대한 인식을 바꿀 수 있는지 보여주었다. 래틀러스와 이글스 아이들은 함께 협력하는 과정에서 서로를 좀 더 긍정적인 시선으로 바라보게 되었다. 이러한 연구 결과에 영감을 얻은 한 과학자는 현실에서도 똑같은 방식으로 아이들을 하나로 뭉치게 만들 수 있을지 궁금했다.

우정은 직소 퍼즐처럼 피어난다

1970년대 초, 텍사스대학교의 심리학자 엘리엇 애런슨[Elliot Aronson]은 지역의 한 학교장에게서 연락을 받았다. 그 교장은 최근 오스틴 지역의 많은 학교들이 인종차별 폐지 정책에 동참하면서 이제 아이들 모두가 함께 교실을 쓰게 되었다고 설명했다. 하지만 아직까지 깊이 자리 잡고 있는 인종 간 불신으로 교실 내 적대적인 분위기가 사라지지 않고 있으며, 종종 폭력 사태로까지 이어진다고 했다.

이 문제를 해결해달라는 요청을 받은 애런슨은 상황을 확인하기 위해 몇몇 학교들을 방문해보았다. 거기서 그는 많은 학생들이 경쟁의식에 사로잡혀 있다는 사실을 발견했다. 래틀러스와 이글스 아이들이 야구장을 놓고 싸움을 벌이도록 만든 것처럼, 일선 교사들은 무의식적으로 학생들이 성적을 놓고 서로 경쟁을 벌이도록 부추기고 있었다. 앞서 셰리프가 소년들을 다시 뭉치게 만들었던 시도를 떠올리면서, 애런슨은 이후 '직소 방법Jigsaw Method'이라는 이름으로 널리 알려진 새로운 형태의 교육 방법을 개발했다.

예를 들어 마틴 루서 킹의 삶과 사상을 주제로 수업을 한다고 해보자. 일단 성별, 인종, 성적을 고려해 5~6명으로 그룹을 만든다. 다음으로 수업 내용을 여러 부분으로 나눈다. 예를 들어 마틴 루서 킹의 어린 시절, 그에게 영향을 미친 지도자들, 초기 저항운동, 권력을 향한 도전, 암살과 전설 등의 소제목으로 나눌 수 있겠다. 다음으로 각각의 주제를 그룹 내 각각의 학생에게 할당하고 자신이 맡은 주제에 대해 조사하도록 시간을 준다. 그러고는 동일한 주제를 맡은 학생들끼리 모여 앉도록 한다.

이렇게 새롭게 형성된 그룹으로 학생들은 자신이 조사한 자료에 대해 토론을 벌인다. 이를테면 한 그룹은 마틴 루서 킹의 어린 시절에 관해 그들이 조사한 자료를 교환하고, 다른 그룹은 그의 전설과 관련해 다양한 이야기를 함께 나눈다. 그렇게 토론을 마치고 나면, 학생들은 원래 그룹으로 돌아와 토론 시간에 배운 내용을 다른 학생들에게 들려준다. 마지막으로 교사는 간단한 퀴즈를 내서 학생들이 어떤 것들을 배우고 어떤 것들을 놓쳤는지 점검하도록 한다.

애런슨은 무작위로 선택한 많은 학급들을 대상으로 직소 방법을 소개했다. 아주 잠깐 동안 직소 방법으로 공부를 했음에도, 학생들은 재빨리 선입견을 버리고 좀 더 자신감 있는 모습을 보여주었다. 또 직소 방법으로 수업을 한 아이들은 출결 상황 및 기말고사에서 더 좋은 점수를 보여주었다.

사회심리학 분야에 큰 영향을 미친 『사회적 동물The Social Animal』이라는 책에서 애런슨은 카를로스라는 멕시코계 미국 학생에 대한 직소 방법의 사례를 소개했다. 당시 카를로스는 영어를 잘 못했고, 인종차별이 여전히 남아 있는 평균 수준 이하의 학교에 다니면서 소심함과 불안감을 떨쳐버리지 못했다. 직소 방법 수업에 참여한 카를로스는 그룹 아이들에게 자신이 맡은 주제에 대해 더듬더듬 이야기했고, 다른 아이들은 그런 카를로스를 놀렸다. 이를 본 연구원은 그룹 내 협력 분위기를 조성하기 위해, 다가오는 시험에서 좋은 성적을 받고 싶거든 카를로스가 제대로 설명할 수 있도록 다 함께 도와야 한다고 이야기했다.

몇 주 후, 카를로스 그룹 학생들은 서로 도움이 되는 질문을 하고 합리적으로 결론을 도출하면서 능숙하게 토론을 이끌어나갔다. 아이들은 자신이 카를로스를 좋아하는 것처럼 행동했고, 카를로스를 그룹의 일원으로 재빨리 받아들일 수 있었다. 덕분에 카를로스는 자존감과 학업 모두에서 한층 나아진 모습을 보였다.

몇 년이 흘러 카를로스는 애런슨의 책을 읽으면서 과거의 자신과 마주하게 되었다. 그때 카를로스는 하버드대학교에서 로스쿨 합격 통지서를 받은 상태였다. 그는 애런슨이 자신의 학교를 방문해 "키가 무척 크구나. …… 덥수룩한 턱수염에 항상 우리 모두를 웃게 만들어주었지"라고 말해주었던 것, 그리고 직소 방법이 어떻게 적을 친구로 바꾸어주었는지 흐뭇한 표정으로 회상했다. 애런슨에게 쓴 편지 마지막 부분에서 카를로스는 편지를 쓴 이유를 이렇게 밝히고 있다.

"어머니는 제가 태어났을 때 대단히 위험했다고 말씀하셨어요. 집에서 저를 낳으셨는데, 나올 때 탯줄이 목에 감겨 있었대요. 그때 산파를 했던 분이 인공호흡으로 제 목숨을 간신히 살려놓으셨죠. 그분이 지금도 살아 계신다면 이렇게 편지를 쓰고 싶어요. 제가 올바르게 자라 로스쿨에 들어가게 되었다는 소식을 전해드리고 싶어요. 하지만 그분은 몇 년 전에 세상을 떠나셨고, 그래서 저는 당신께 이 편지를 쓰기로 했습니다. 그분처럼 제 생명을 구해주셨으니까요."

지금 바로
써먹는
심리학

6

'척'하는 사이에 운명이 된다

새로운 자아를 창조해내는 것은
생각보다 어렵지 않다.
자신감을 갖고, 성격을 바꾸고,
젊음을 되찾는 방법을 살펴보자.

뇌 속에는 성격이 없다

 취업을 위한 면접 자리에서 면접관이 자신의 성격을 세 단어로 요약해보라고 한다면 뭐라고 대답할까? 외향적 혹은 내성적? 창조적 혹은 현실적? 적극적 혹은 느긋한? 이제 면접관은 어떻게 그런 성격을 가지게 되었느냐고 묻는다. 이번에는 뭐라고 답할까? 유전이나 어린 시절의 경험, 아니면 성인이 되고 나서 겪은 다양한 사건 때문이라고 할까?
 세계적으로 많은 위대한 사상가들이 이 문제로 고심했다. 빅토리아 시대의 과학자 프랜시스 골턴 경은 두개골과 코의 모양을 보고 성격을 파악할 수 있다고 믿었다. 반면 프로이트는 골턴의 접근 방식을 비판하면서, 유아기에 쾌감을 느꼈던 신체 부위에 따라 성격이 결정된다고 주장했다('구강형', '항문형' 등의 용어가 여기서 비롯되었다). 정신과 의사인 카를 융은 골턴과 프로이트를 모두 비판하면서, 인간의 성격은 탄생 별자리에 의해 결정된다고 말했다(융은 사자자리다. 사실 사자자리는 가끔 말도 안 되는 주장을 한다).

그러나 오늘날 두개골 모양, 쾌감 부위, 별자리를 가지고 인간의 성격을 설명하려는 심리학자는 거의 없다. 대신 기본적인 특성을 기준으로 성격을 분류한다.[1] 수천 년 전, 그리스의 뛰어난 철학자 히포크라테스는 두 가지 흥미로운 아이디어를 제시했다. 첫째, 의사는 '히포크라테스 선서'를 지키며 언제나 환자 편에서 결정을 내려야 한다. 둘째, 피, 점액, 흑담즙, 황담즙 등 네 가지 체액의 비율이 '우울질(걱정 많은 내향성)', '점액질(편안한 내향성)', '담즙질(편안한 외향성)', '다혈질(걱정 많은 외향성)'이라는 네 가지 성격을 결정한다. 이러한 히포크라테스 4체액설은 그리 오래지 않아 인기를 잃었지만, 다양한 인간의 성격을 단순한 도식으로 분류하려는 시도는 지금까지도 이어지고 있다.

1930년대에 이르러 심리학자 고든 올포트Gordon Allport는 히포크라테스 이론에 영감을 얻어 성격의 실체를 과학적으로 규명해보고자 했다. 그는 두꺼운 사전에서 인간의 성격을 묘사하는 형용사를 찾아 모두 적어보았다. 성실하고 끈질긴 성격의 올포트는 그렇게 해서 4000개의 단어를 선별했다. 그리고 이 연구를 동료 레이먼드 커텔Raymond Cattell에게 넘겨주었다. 열정적이고 배려심이 많으며 공감 능력이 뛰어난 커텔은 올포트의 형용사 목록을 검토했고, 그중 보편적인 성격을 의미하면서 중복되는 단어를 모두 제거했다. 그렇게 해서 170개가량의 핵심 형용사 목록이 완성되었다.

이후 많은 학자들은 커텔의 목록을 기반으로 피실험자 스스로 자신의 성격을 묘사해보도록 했다. 그리고 첨단 통계 기법을 통해 성격에 관련된 데이터를 분석한 결과, 히포크라테스의 네 가지 성격설이 틀렸다는 사실이 드러났다. 대신 인격 '차원'이라는 것이 몇 가지 존재하며, 한 사람의 성격은 각 차원의 스펙트럼상 어딘가에 해당한다는 사실이 밝혀졌다. 예를 들어 '외향적' 또는 '내향적'이라는 고정된 범주로 성격을 분류하는 것이 아니라 한쪽 끝에는 '만세! 파티 시간이야!'가, 반대편 끝에는 '집에서 재미있는 책을 읽어야겠군'이 자리 잡고 있는 스펙트럼을 가정하는 것이다. 이와 같은 기본적인 인격 차원을 '특성$_{trait}$'이라고 한다.

이후 50년간 심리학자들은 인간의 성격을 완벽하게 설명하기 위해 얼마나 많은 특성이 필요한지를 놓고 열띤 논쟁을 벌였다. 커텔이 16개의 핵심 특성을 제안한 반면, 영국 심리학자 한스 아이젠크$_{Hans\ Eysenck}$는 세 가지로 충분하다고 말했다. 그러나 1990년대에 접어들면서 많은 심리학자들이 다섯 가지 근본적인 특성을 기반으로 하는 성격 5요인설에 동의하는 모습을 보인다. 그 다섯 가지는 '개방성$_{openness}$'(새롭고 특이한 경험을 선호하는), '성실성$_{conscientiousness}$'(조직과 자기 통제에 대한 성향), '외향성$_{extraversion}$'(외부 세계와 다른 사람들로부터 자극을 원하는), '친화성$_{agreeableness}$'(다른 사람과의 관계를 중요시하는), '신경성$_{neuroticism}$'(부정적인 감정에 취약한)이다.

　많은 학자들은 다섯 가지 특성에 대한 개인의 점수가 부분적으로 유전적 요인에서 비롯된다고 생각한다. 예를 들어 외향성에 대해 생각해보자. 전통적 성격 이론은 DNA가 각성 상태를 결정한다고 말한다. 그것은 TV를 켰을 때 특정 볼륨 상태로 소리가 나오는 것과 같은 이치다. 내향적인 사람의 경우 뇌의 각성 상태가 이미 높은 수준을 유지하고 있기 때문에 굳이 외부에서 새로운 자극을 얻으려고 하지 않는다. 따라서 정신없고 시끌벅적한 모임 대신 독서나 담소를 나누는 정적인 활동에 항상 더 이끌린다. 반면 외향적인 사람은 뇌의 각성 상태가 낮은 수준에 머무르기 때문에 지속적으로 외부 자극을 필요로 한다. 그 결과, 언제나 모임에 참여하고 위험을 감수하며, 충동적인 행동으로 새로운 자극을 얻고자 한다.

　이러한 관점에 따른다면 성격은 뇌에 또렷이 각인된 것이라고 말할 수 있다. 그렇다면 인간은 상황에 상관없이 똑같은 방식으로 행동할 것이며, 그 성향은 절대 변하지 않을 것이다. 그러나 이는 그럴듯해 보이기는 해도 현실과는 거리가 먼 주장이다. 많은 심리학자들은 인간의 성격이 다양한 상황에서 일관된 행동 패턴을 드러낸다는 생각을 검증하기 위해 종종 다양한 실험을 했다.

　한 연구 팀은 청소년 여름 캠프에서 일하는 상담사들로 하여금 아이들이 식사 시간에 잡담을 나누고, 친구들의 인기를 얻기 위해 노력하며, 대화를 시작하는 등 다양한 형태의 외향적 행동을 얼마나 자주 하는지 몰래 관찰하도록 했다.[2] 그리고 그렇게 드러난 외향성 수치를 짝수와 홀수 날을 기준으로 비교해보았다. 성격이 행동을 만든다고 보는 기존 이론에 따르면, 아이들의 행동 패턴은 날짜에 상관없이 일관된 모습으로 드러날 것이라고 예상할 수 있다. 즉 외향적인 아이들은 항상 친구들과 잡담을 나누고, 내성적인 아이들은 항상 혼자 있으려고 할 것이다. 하지만 연구 팀은 데이터에서 이러한 일관성을 발견할 수 없었다. 이를테면 한 소년은 어떤 날에는 심하게 장난을 치고 수다를 떨다가, 다음 날에는 과묵하고 소심한 모습을 보였다.

또 다른 실험에서 심리학자들은 학생들의 정직성을 관찰하기 위해 여러 학교를 방문해 특정한 상황을 만들고 관찰했다.[3] 예를 들어 탁자 위에 돈을 놓아두어 학생들이 훔치도록 유도하거나, 문제를 회피하기 위해 거짓말을 하고 부정행위를 할 기회를 일부러 제공했다. 이때 연구 팀은 학생들의 행동을 몰래 관찰하며 상황별로 비교해보았다. 성격이 행동을 만든다고 주장하는 기존 이론에 따르면 특정한 아이들이 항상 돈을 훔치고, 거짓말을 하고, 부정행위를 할 것이라고 예상할 수 있다. 그러나 이번에도 연구 팀은 그러한 일관성을 발견할 수 없었다. 다시 말해, 어떤 상황에서 솔직하지 않은 행동을 한 학생이 다른 상황에서는 양심의 목소리를 따른 것으로 드러났다.

성격이 행동을 만든다는 기존 이론에 실망한 일부 심리학자들은 이제 완전히 다른 시각에서 인간의 정체성을 바라보고자 했다. 앞에서 우리는 행동이 감정과 믿음, 의지를 만들어내는 다양한 실험 결과를 살펴보았다. 웃으면 행복감이 들고, 손을 잡으면 친근감이 느껴지며, 근육에 힘을 주면 의지력이 높아진다. 이와 같은 여러 실험 결과에 영감을 얻은 몇몇 과학자들은 행동과 정체성 사이에서도 동일한 패턴을 발견할 수 있으리라고 기대했다. 성격이 특정한 행동 패턴을 만들어내는 것이 아니라, 행동이 특정한 유형의 성격을 만들어내는 것은 아닐까?

기존 이론에 따르면 : 외향적 성격 → 적극적 행동
가정 원칙에 따르면 : 적극적 행동 → 외향적 성격

가정 원칙이 옳다면, 성격에 대한 완전히 새로운 접근 방식을 기반으로 얼마든지 자신의 의지대로 성격을 바꾸어나갈 수 있다. 즉 행동 방식을 바꿈으로써 우리는 얼마든지 더 부드럽고, 매력적이고, 자신감 넘치는 사람이 될 수 있다. 지난 40년 동안 과학자들은 가정 원칙을 가지고 인간의 정체성을 완전히 바꾸어놓을 수 있을지 확인해보았다. '피그말리온' 효과를 현실에서 재현하려는 이러한 시도는 추와 지렁이를 활용한 흥미로운 실험에서 시작되었다.

자존감을
조종하는 기술

　다른 사람들이 의심할 때도 여러분은 자신의 결정을 믿는 편인가? 과거의 잘못을 묻어두고 앞으로 생겨날 문제를 담담하게 바라보는 성격인가? 모든 게 다 잘될 것이라고 생각하는가? 이 질문에 모두 "예"라고 답했다면, 여러분은 아마 자존감이 대단히 높은 사람일 것이다. 반면 "아니오"를 연발했다면, 불안한 정도가 다소 높다고 볼 수 있다. 성격이 행동을 만든다는 기존 이론에 따르면, 자존감이 낮은 사람은 살아가는 동안 모욕을 당하고 심리적인 상처를 받는 등 다양한 어려움을 종종 겪게 된다.
　그런데 가정 원칙은 이 상황에 다르게 접근한다. 자존감이 낮은 사람이 모욕적인 상황을 참는 게 아니라, 모욕적인 상황을 참으면 자존감이 떨어진다는 것이다. 제임스 레어드는 이것이 사실인지 알아보고 싶었다.⁴ 1장에서 우리는 가정 원칙을 검증하기 위해 실시한 레어드의 초기 연구를 살펴보면서 웃음이 행복감을 높인다는 사실을 확인했다. 그 과정에서 얻은 긍정적인 성과를 기반으로 레어드는 가정 원칙의 힘을 입증하는 데 많은 시간을 바쳤다.

자, 이제 레어드의 실험에 여러분이 참여하게 되었다고 상상해보자. 실험실로 들어가 자존감에 관한 설문지를 작성한다. 그리고 연구원의 안내에 따라 작은 탁자 앞에 앉는다. 탁자 위에는 무게 추 몇 개와 칼과 포크, 그리고 벌레 몇 마리가 꿈틀대고 있다. 연구원은 여러분에게 두 가지 과제 중 하나를 하게 될 것이라고 설명한다. 첫 번째는 무게 추를 들어보고 무거운 정도에 따라 순서대로 배열하는 것이고, 두 번째는 살아 있는 벌레를 칼로 잘라서 먹는 것이다.

그리고 동전을 던지더니 안타깝게도 벌레 먹기 과제에 당첨이 되었다고 말한다. 여러분은 잠시 그 징그러운 벌레들이 꿈틀거리는 모습을 바라본다. 그런데 갑자기 연구원이 다시 다가와 벌레를 먹기 전에 자존감에 관한 두 번째 설문 조사를 해야 한다고 말한다. 물론 그 실험은 가정 원칙이 자존감에도 적용될 것인지 알아보기 위해 치밀하게 계획된 것이다.

레어드는 사람이 스스로의 품위를 떨어뜨리고 모욕적인 경험을 하게 될 상황(즉, 자존감이 낮은 사람처럼 행동하게 되는 상황)을 앞두면, 사람들은 자신이 정말로 자존감이 낮은 사람이라고 느끼게 될 것이라 예상했다. 그리고 실험 결과, 레어드의 예상대로 벌레를 먹어야 하는 상황에 처하자 사람들의 자존감이 크게 떨어진 것으로 나타났다. 웃음이 행복감을 높인 것처럼 모욕적인 경험이 자존감을 끌어내린 것이다.

하지만 이번 실험은 여기서 끝나지 않는다. 두 번째 설문을 마치고 나서 여러분은 칼과 포크를 들고 벌레와 다시 마주한다. 그런데 갑자기 연구원이 방으로 뛰어 들어와 뭔가 착오가 있었다고 말한다. 동전 던지기가 아니라 여러분 스스로 과제를 선택할 수 있다고 한다. 자, 그냥 그대로 벌레를 먹을 것인가 아니면 무게 추 과제로 바꿀 것인가? 자존감이 낮은 사람들은 나쁜 경험을 당해도 그럴 만하다고 자책하는 경향이 있다는 사실을 레어드는 잘 알고 있었다. 그리고 의도적으로 자존감을 떨어뜨린 시도가 피실험자들의 행동에 영향을 미쳤는지를 확인하고자 했다.

실험 결과, 무작위로 벌레 먹기에 당첨된 사람들 중 겨우 20퍼센트만이 무게 추 과제로 바꾼 것으로 드러났다. 더 쉽고 더 편한 과제를 선택할 기회가 있었음에도 자존감이 떨어진 사람들 대다수가 그냥 벌레를 먹으려고 했던 것이다(물론 진짜로 벌레를 먹으려는 순간, 연구원들이 달려와 제지했다).

그러나 레어드가 실험 결과를 발표했을 때, 일부 심리학자들은 방법적인 오류를 지적하면서 피실험자들이 일종의 롤플레잉을 했던 것이라고 비판했다. 다시 말해 피실험자들은 그들이 벌레를 먹도록 연구원들이 절대 가만히 내버려두지는 않을 것이라는 확신이 있었다는 말이다. 이러한 비판에 대해 또 다른 과학자들은 먹을 만한 가능성이 충분히 있는 애벌레를 사용해 레어드의 실험을 재현해 보았다.[5] 그리고 그 실험에서 피실험자들은 실제로 애벌레를 먹기도 했다. 하지만 실험 결과는 레어드의 원래 실험과 차이가 없었다.

이러한 실험 결과는 우연히 부정적인 사건을 경험한 운 나쁜 사람들이 자존감이 낮고 자책하는 모습을 보이는 이유를 잘 설명해준다. 우연히 폭력 사건에 휘말린 피해자는 종종 본인이 어떤 방식으로든 사건의 빌미를 제공했다고 생각한다. 불치병으로 고생하는 사람들은 과거의 잘못으로 기구한 운명을 겪게 되었다고 한탄한다. 가정 원칙의 예상대로 이러한 모습은 불운한 사건을 겪고 난 이후의 결과물이다.

더 안타까운 사실은 일단 이러한 현상이 시작되면 계속해서 자가 발전한다는 것이다. 자존감이 떨어지면 더욱 가혹한 경험도 참으려고만 하고, 이는 다시 자존감 하락으로 이어진다. 그래도 다행스러운 소식은 똑같은 원리를 활용해 자존감을 신속하게 끌어올릴 수도 있다는 것이다.

자존감이 높아지는 행동에 숨은 비밀

오늘날 자존감을 높여준다는 프로그램 대부분이 문제의 원인을 잘못된 사고방식에서 찾는다. 그리고 과거의 성공에 집중하면서 확신에 가득 찬 자아를 떠올리라고 조언한다. 하지만 가정 원칙은 생각이 아니라 행동을 바꾸어야 빠른 효과를 볼 수 있다고 말한다.

어떤 실험에서 과학자들은 플라스틱 안경으로 사람들의 인식에 영향을 줄 수 있는지 확인해보았다.[6] 그들은 피실험자를 두 그룹으로 나누어 지능 및 성격 테스트를 실시했다. 이때 한 그룹에만 도수 없는 안경을 쓰고 테스트를 하도록 했다. 일반적으로 사람들은 안경에서 지적인 이미지를 떠올리므로, 연구원들은 안경을 쓴 사람들이 스스로 더 자신 있고 똑똑하다고 느낄 것으로 기대했다. 실험 결과는 이들의 기대를 충족시켰다. 지능 검사는 두 그룹에서 큰 차이를 보이지 않았지만, 안경을 쓴 그룹은 스스로를 좀 더 차분하고 유능하며 학문을 좋아하는 사람이라고 평가한 것으로 드러났다.

다음으로 자세에 관한 실험도 있다. 컬럼비아대학교 연구원 다나 카니Dana Carney는 자신감이 높은 사람들은 스스로에게 긍정적인 느낌을 갖고 있으며, 위험을 기꺼이 무릅쓴다는 사실을 알고 있었다. 또 이들은 지배와 관련된 호르몬인 테스토스테론 수치는 높은 반면, 스트레스와 관련된 호르몬인 코르티솔은 낮다는 사실도 파악하고 있었다. 카니는 다른 사람들을 지배하는 방식으로 행동할 때 어떤 일이 벌어지는지 알아보기로 했다.

카니는 피실험자를 모집하고 그들에게 새롭게 개발된 심박 수 측정 장비를 시험할 것이라고 설명했다. 본격적인 실험에 앞서 카니 연구 팀은 피실험자를 두 그룹으로 나누었다.[7] 우선 첫 번째 그룹에는 자신감을 나타내는 두 가지 자세를 보여주었다. 여기서 일부에게는 마치 사장님처럼 책상 앞에 다리를 걸치고 시선을 위로 향하면서 두 손은 머리 뒤로 깍지를 껴달라고 요청했다. 다른 일부에게는 책상에서 약간 떨어져 손바닥으로 책상을 짚고 몸을 약간 앞으로 몸을 숙이라고 했다.

다음으로 두 번째 그룹에는 지배와는 관련 없는 두 가지 자세를 소개했다. 일부에게는 의자에 앉아서 손을 무릎 위에 가지런히 모으고 바닥을 바라보도록 했고, 다른 이들에게는 서서 약간 삐딱하게 팔과 다리를 꼬아보라고 지시했다. 연구 팀은 두 그룹에 1분 동안 자세를 유지하고 나서 자신이 얼마나 '힘 있고' '책임감 있는' 사람인지 평가하도록 했다. 그 결과는 자세가 자신감에 큰 영향을 미친다는 사실을 보여주었다. '자신감 있는 자세'를 취한 그룹은 자기 자신에 대해 더욱 높은 점수를 준 것으로 드러난 것이다.

다음으로 연구 팀은 위험에 대한 선호도를 측정하기 위해 간단한 테스트를 실시했다. 그들은 피실험자들에게 2달러를 주면서 그냥 돈을 갖거나 동전 던지기 방식으로 도박을 할 수 있는 선택권을 주었다. 동전 던지기에서 이기면 4달러를 얻지만, 지면 한 푼도 받지 못하고 집으로 돌아가야 한다. 마찬가지로 실험 결과는 '자신감 있는 자세가 도전 정신을 높인다'는 예상을 그대로 입증했다. 자신감 있는 자세를 취했던 그룹에서는 80퍼센트 이상이 도박에 도전한 반면, 다른 그룹에서는 60퍼센트만이 도전했다.

실험의 마지막 단계에서 연구 팀은 혈관 속 호르몬으로 시선을 돌렸다. 앞서 설명한 자세를 취하기 전후로 연구 팀은 피실험자들이 몇 분 동안 껌을 씹도록 해서 입속에 침이 충분히 분비되도록 했다(이 방법이 '수동적 침 흘리기' 방법만큼 효과가 좋다고 설명하면서 말이다). 그리고 실험관에 타액을 받아 성분을 분석해보았다. 그 결과 자신감 있는 자세를 취한 그룹이 그렇지 않은 그룹에 비해 테스토스테론 수치는 더 높고 코르티솔 수치는 낮은 것으로 드러났다. 잠깐 동안의 지배적인 자세가 몸속 화학적 구성까지 바꾼 것이다.

만약 이와 같은 자신감 자세를 취할 여유가 없다면 다른 방법은 무엇이 있을까? 그냥 주먹을 한번 쥐어보자.[8] 심리학자 토마스 슈베르트Thomas Schubert는 피실험자 그룹을 대상으로 자신감의 정도를 측정했다. 그러고 나서 몇 초간 주먹을 쥐도록 한 뒤('가위바위보'를 한다는 핑계로) 다시 한번 자신감 정도를 측정해보았다. 그리고 이를 통해 행동이 심리에 크게 영향을 미쳤다는 사실을 확인할 수 있었다. 잠깐 동안 주먹을 쥐고 있던 사람들의 자신감 정도가 급격하게 상승했던 것이다.

양손으로 만들어내는 자신감

지금부터 자신감을 높이기 위해 필요한 것은 펜과 종이, 그리고 두 손이다. 먼저 스스로의 자신감을 1점(전혀 자신감이 없다)에서 7점(자신감이 넘친다)으로 평가해보자. 다음으로 아래 목록에서 자신의 긍정적인 성격을 나타내는 단어 세 가지, 부정적인 성격을 나타내는 단어 세 가지를 골라보자.

· 충직한, 애정이 넘치는, 냉담한, 야심 찬, 열정 없는, 입이 무거운
· 자상한, 쌀쌀맞은, 유쾌한, 까다로운, 신중한, 경솔한
· 협동적인, 쓸모없는, 용감한, 건방진, 단호한
· 열광적인, 무관심한, 유연한, 고집스러운, 가혹한
· 몰두하는, 검소한, 관대한, 감사하는, 부지런한, 게으른
· 솔직한, 부정직한, 겸손한, 거만한, 질투심 많은, 미성숙한
· 조심스러운, 낙관적인, 비관적인, 시간을 잘 지키는, 자신감 있는
· 불안한, 진실한, 부주의한, 자만하는, 허세가 심한

이제 주로 쓰지 않는 손으로 펜을 잡고 부정적인 특성 세 가지를 천천히 종이에 쓰자. 이번에는 주로 쓰는 손으로 펜을 잡고 긍정적인 특성 세 가지를 천천히 종이에 쓰자. 마지막으로 다시 한번 자신감의 정도를 1점(전혀 자신감이 없다)에서 7점(자신감이 넘친다)으로 평가해보자. 여기서 자신감 점수가 높아졌는가?

이 실험은 스페인 아우토노마대학교의 심리학자 파블로 브리뇰Pablo Briñol이 수행한 것이다.[9] 그 실험에서 브리뇰은 피실험자들에게 필적학에 관한 실험에 참여하게 될 것이라고 설명하고, 주로 쓰는 손과 그렇지 않은 손으로 자신의 성격을 드러내는 최고와 최악의 특성을 적어보도록 했다. 그리고 나서 곧바로 자신감을 평가해보게끔 했다.

주로 쓰지 않는 손으로 삐뚤빼뚤 단어를 쓸 때, 사람들은 그러한 형용사에 대해 확신이 없는 것처럼 행동하는 자신의 모습을 바라보게 된다. 여기서 브리뇰은 주로 쓰지 않는 손으로 긍정적인 특성을 적는 행동이 자신감을 떨어뜨리는 데 비해, 주로 쓰지 않는 손으로 부정적인 특성을 쓰는 것은 자신감과 의욕이 넘치는 느낌을 만들어 낼 것이라고 추측했다. 실험 결과는 이러한 추측이 옳았음을 입증했다. 빠른 시간 내에 자신감을 높이고 싶은가? 그렇다면 지금 바로 양손을 활용해 자존감을 높이는 행동을 시도해보자.

검정 유니폼이 승리를 부른다

　소설가 존 하워드 그리핀John Howard Griffin은 참으로 화려한 삶을 살았다. 1920년 텍사스에서 태어난 그리핀은 어린 나이에 유럽으로 건너가 그레고리오 성가를 공부했다. 이후 제 2차 세계대전이 터지자 프랑스 레지스탕스에 가담해 오스트리아에 살던 유대인들을 탈출시키는 일을 도왔다. 전쟁이 끝나고 다시 미국으로 돌아간 후에는 연구 기자로 활동하면서 남부 지역의 아프리카계 미국인들이 겪고 있는 참상을 널리 알리는 일을 맡았다.

　그리핀은 단지 인종차별에 관한 기사를 쓰는 수준을 넘어 그들의 삶을 직접 체험해보는 특별한 실험에 도전했다. 이를 위해 그는 피부과 전문의의 도움을 받아 인공색소와 약물, 자외선 요법을 활용해 하얀 피부를 검게 만들었다. 마지막으로 머리까지 밀고 나니 영락없는 흑인의 모습이었다. 이후 버스와 히치하이킹으로 미국 남부를 돌아다니면서 흑인들이 겪는 사회적 적대감과 차별을 몸으로 느꼈다.

이 실험을 소개한 베스트셀러[10] 앞머리에서, 그리핀은 거울에 비친 달라진 자신의 모습을 묘사하며 그 경험이 자신의 정체성에 미친 영향력을 다음과 같이 생생하게 설명한다.

> 그저 변장한 모습을 기대했는데, 완전히 다른 일이 벌어졌다. 예전의 나와는 아무런 관계가 없는, 너무나도 낯선 차가운 얼굴의 나를 발견했다. …… 아무리 거울을 들여다봐도 백인으로서 존 그리핀의 모습은 하나도 남아 있지 않았다. 이제 내 얼굴은 저 멀리 아프리카 대륙을, 빈민가와 슬럼가를, 그리고 흑인의 굴레에서 벗어나기 위한 부질없는 몸부림을 떠올리게 한다. …… 존재의 신비가 나를 감싸고, 원래의 나는 사라져버렸다. 그건 분명 충격적인 사건이다. 과거의 그리핀은 이제 존재하지 않는다.

피부 색깔의 변화만으로 그리핀은 자신을 다른 사람처럼 느끼게 되었다. 평생 그는 거울을 들여다보면서 백인의 얼굴을 보았다. 피부 색깔이 정체성의 중요한 요소라고 생각하면서, 그는 스스로 외모와 관련된 배경과 특성을 갖고 있다고 믿었다. 그러나 이제는 달라진 얼굴에서 아프리카계 미국인의 모습을 보았고, 이러한 경험은 무의식적 차원에서 그에게 새로운 정체성을 부여했다. 그는 순식간에 기존의 자아가 산산이 흩어지면서 새로운 정체성이 생겨나는 신비한 경험을 했다.

물론 피부색을 바꾸는 시도는 현실적으로 힘든 일이다. 하지만 단지 옷차림을 바꾸는 노력만으로도 비슷한 효과를 맛볼 수 있다. 사람들은 종종 입은 옷으로 상대방을 평가하곤 한다. 값비싼 옷을 입고 있는 남성을 보면 성공을 거둔 유능한 사람이라고 생각한다. 그리고 터키인이 즐겨 입는 카프탄이나 꽃무늬 셔츠를 입은 사람을 보면 창조적인 사람이라고 생각한다. 또는 커다란 신발에 빨간 코, 그리고 품이 넉넉한 바지를 입은 사람을 보면 이제 쇼가 시작될 시간이라고 짐작한다.

이와 같은 인식은 행동에 영향을 미친다. 앞서 4장에 등장했던 심리학자 게겐은 남성들에게 일상복 또는 소방관 복장을 입게 하고 길거리에서 200명 이상의 여성들에게 무작위로 다가가서 말을 걸도록 했다.[11] 이들은 여성들에게 다가가 대본대로 이렇게 말했다. "안녕하세요. 안토니라고 합니다. 정말 아름다우시네요. 지금 일하러 가는 중이라 전화번호를 알려주시면 나중에 연락을 드리겠습니다. 그때 한잔해요."

여기서 게겐은 여성들이 전화번호를 건넨 비율을 분석해보고 소방관 복장이 큰 도움이 되었다는 사실을 확인할 수 있었다. 평상복을 입은 경우에는 성공률이 8퍼센트에 불과한 반면, 소방관 복장을 한 경우에는 22퍼센트나 되었다.

이와 비슷한 실험에서 마셜 타운센드Marshall Townsend는 버거킹 점원과 깔끔한 정장을 입은 다양한 배우들의 사진을 여성들에게 보여주고, 그들과 잠자리를 할 의향이 있는지 물어보았다.[12] 이번에도 옷이 날개라는 결론을 다시 한번 확인할 수 있었다. 버거킹 유니폼이 아닌 말끔한 정장을 입고 있을 때, 훨씬 많은 여성들이 긍정적인 반응을 보였다.

또 다른 실험에서는 사소한 차이가 중대한 변화를 만들어낸다는 사실을 확인할 수 있다. 시장 조사원으로 가장한 한 심리학자가 사람들에게 다가가 설문 조사에 응해달라고 요청한다.[13] 여기서 절반의 경우는 넥타이를 매고, 나머지 절반은 매지 않았다. 그 결과, 이러한 사소한 차이가 큰 변화를 이끌어낸 것으로 드러났다. 넥타이를 하지 않았을 때 설문 요청을 승낙한 사람의 비율이 30퍼센트에 불과한 반면, 넥타이를 한 경우에는 90퍼센트가 넘었다.

지금 우리가 입고 있는 옷이 다른 사람이 우리를 바라보는 방식에 영향을 미치는 것처럼, 우리가 우리 자신을 바라보는 방식에도 영향을 미칠까? '성격이 행동을 만든다'라는 기존 이론에 따른다면, 자신에 대한 인식은 오랜 시간에 걸쳐 천천히 형성되기 때문에 새 셔츠를 입거나 새 신발을 신는 것처럼 일시적인 변화로 달라지지 않는다. 반면, 가정 원칙은 특정한 유형의 사람인 것처럼 옷을 입는 시도는 자신에 대한 인식에 큰 영향을 미칠 수 있다고 말한다. 어느 쪽이 옳은지 확인하기 위해 코넬대학교의 마크 프랭크Mark Frank는 여러 가지 특이한 실험을 준비했다.[14]

프랭크는 사람들이 검은 옷에서 권위주의적이고 공격적인 느낌을 받는다는 사실을 잘 알고 있었다. 그는 검은 옷을 착용함으로써 행동 패턴에 변화를 줄 수 있는지 알아보고자 했다. 매우 다행스럽게도 가설 검증을 위해 프랭크가 필요로 하는 모든 자료는 이미 세상에 나와 있었다. 가장 먼저 프랭크는 전미 미식축구 리그NFL의 자료를 바탕으로 검은색 유니폼을 입은 로스앤젤레스 레이더스, 피츠버그 스틸러스, 신시내티 벵골스 등 다섯 팀을 뽑아 경기장에서 그들의 움직임을 관찰하기 시작했다.

미식축구에서는 공격 반칙의 경우 5·10·15야드를 후퇴해야 한다. 이에 프랭크는 이들 팀을 대상으로 공격 반칙으로 후퇴하는 평균 거리를 분석해보았다. 그 결과는 놀라웠다. 검은 유니폼을 입은 팀들이 다른 팀들에 비해 훨씬 더 많은 거리를 후퇴하는 것으로 드러난 것이다. 이 말은 곧 검은 유니폼을 입은 선수들이 좀 더 공격적으로 움직였다는 뜻이었다.

성과에 용기를 얻은 프랭크는 전미 하키 리그NHL에서도 똑같은 분석 작업을 실시했다. 하키의 경우, 반칙의 정도에 따라 2·5·10분간 벤치에 앉아 있어야 한다. 프랭크는 여기서도 마찬가지로 검은 유니폼을 입은 선수들이 훨씬 더 오랜 시간 벤치에 앉아 있다는 사실을 확인할 수 있었다. 게다가 하키 리그 자료에서 프랭크는 자신의 가설을 확인할 수 있는 좀더 특별한 사례를 발견했다. 피츠버그 펭귄스와 밴쿠버 커넉스, 두 팀이 기존 유니폼을 버리고 새로운 검은색 유니폼으로 바꾸었던 것이다. 좀처럼 벤치에 들어가는 일이 없던 두 팀 선수들이 검은색 유니폼으로 바꾸고 나서는 아예 벤치에 눌러사는 모습을 보여주었다.

여느 학자라면 아마 이쯤에서 연구를 마무리했을 것이다. 그러나 프랭크는 공격 성향이 강한 선수들일수록 검은색 유니폼을 입은 팀에 더 끌렸을 것이라는 비판을 예상하고 있었다. 이러한 지적에 대응하기 위해 프랭크는 또 다른 실험에 착수했다. 피실험자를 무작위로 두 그룹으로 나누고 한 그룹에는 검은 옷을, 다른 그룹에는 흰 옷을 입혔다. 그리고 다시 작은 팀으로 나누어 여러 게임을 하게 될 것이라고 설명하면서 게임 목록을 보여주고 선택하도록 했다. 피실험자들은 모르고 있었지만, 사실 목록의 게임들은 다양하게 구성되어 있었다. 이를테면 '다트 건 듀얼'처럼 서로 총질을 하는 대단히 공격적인 게임은 물론 '골프 퍼팅'처럼 전혀 공격적이지 않은 게임도 있었다. 분석 결과, 여기서도 프랭크는 검은 옷 그룹이 흰 옷 그룹보다 훨씬 공격적인 게임을 선택했다는 사실을 확인할 수 있었다.

또 다른 연구 사례에서 아칸서스주립대학교의 로버트 존슨Robert Johnson은 피실험자들을 모아놓고 다른 사람에게 전기 충격을 가하게 될 것이라고 알려주었다.[15] 그리고 그전에 먼저 새로운 복장으로 사진을 찍어야 한다고 했다. 이 실험에서 존슨은 어떤 유니폼을 준비했을까? 연구 보조 요원이 두 가지 옷을 들고 왔다. 우선 피실험자들 절반에게는 KKK단의 망토처럼 보이는 옷을 나눠주면서 이렇게 중얼거렸다.

"아무래도 재봉사는 안 하는 게 낫겠어. 무슨 KKK도 아니고 말이야."

다음으로 나머지 절반에게는 간호사 옷을 입도록 하면서 이렇게 말했다.

"다행히 병원 회복실에서 간호사 복장을 빌려주더라고요."

다음 단계로 넘어가서 연구원들은 지금 옆방에서 한 사람이 단어 목록을 외우고 있으며, 암기에 실패할 때마다 전기 충격을 가하게 될 것이라고 설명했다. 사실 옆방에 있는 사람은 연구 보조 요원이며 전기 충격 역시 가짜였다. 어쨌든 피실험자에게는 실수를 할 때마다 그가 다른 사람에게 전기 충격을 가해야 하고, 충격의 강도를 레버를 조정해 높이거나 낮출 수 있다고 설명했다. 과연 어느 팀이 타인에게 더 강한 충격을 가했을까? 가정 원칙의 예상대로 KKK 복장을 한 그룹이 간호사 그룹보다 훨씬 더 높은 정도의 충격을 가한 것으로 드러났다.

이와 같은 현상은 실험실 밖에서도 확인할 수 있다. 1969년 캘리포니아 멘로파크 지역의 경찰서는 공동체와의 관계를 개선하기 위해 기존의 딱딱한 네이비 블루 제복을 버리고 좀 더 편안해 보이는 복장으로 갈아입었다.[16] 그들은 일선 경찰관들에게 흰색 셔츠와 검은색 바지, 짙은 녹색 스포츠 상의, 그리고 검은색 타이를 지급했다. 그리고 무기는 상의 안으로 감추어 드러나지 않도록 했다. 이 소문은 다른 지역으로 급속히 퍼져나갔고, 400곳이 넘는 다른 경찰서도 이와 비슷한 시도를 했다.

이를 조사한 연구 팀은 18개월에 걸쳐 경찰을 대상으로 다양한 테스트를 실시했고, 그 과정에서 권위의 상징을 없애자 그들이 '공공서비스 직원'이라는 새로운 역할을 자연스럽게 받아들이게 되었다는 사실을 확인할 수 있었다. 기존의 딱딱한 제복을 고수하는 다른 지역에 비하면 이 지역 경찰들은 새롭게 받아들인 정체성과 조화를 이루는 방식으로 행동하면서 권위적인 모습은 가급적 잘 드러내려 하지 않았다. 연구 기간 동안 경찰 때문에 시민들이 부상을 당한 사건은 50퍼센트나 줄어든 것으로 드러났다.

이 실험 결과의 메시지는 분명하다. 옷을 입는 방식은 자신에 대한 인식에 직접적인 영향을 미친다. 검은색 셔츠를 입으면 권위적이고 공격적인 사람이 되고, 편안한 옷을 입으면 관대하고 인자한 사람이 된다. 바로 이러한 차원에서 심리학자들은 취업 준비생들에게 '말끔한 복장'을 강조한다. 여기서 가정 원칙은 한 발 더 나아가, 옷을 입는 방식이 면접관보다 자기 자신에게 더 중대한 영향을 미친다고 말한다. 옷을 말끔하게 차려입은 사람은 스스로를 더 성공적인 사람으로 느끼며, 이러한 느낌은 면접 과정에 도움을 준다. 옷은 세상의 모든 남자와 여자, 그리고 아이들까지 완성한다.

창조적인 사람이 되는 최고의 행동법

더 창조적인 사람이 되고 싶은가? 그렇다면 다음 실험에 도전해보자. 먼저 60초 동안 직선 형태로 실내를 걸어보자. 직선으로 걷다가 90도로 방향을 꺾는 식으로 말이다. 그런 다음 1분 동안 종이에 연필의 다양한 쓰임새를 적어보자. 둘째, 종이를 가지고 할 수 있는 다양한 일을 떠올려보자. 이를테면, 접어서 모자를 만들거나 가구를 괼 수 있다. 이번에도 1분 동안 실내를 돌아다니자. 다만 직선이 아니라 구불구불하고 예측하기 힘든 모양으로 걸어보자.

싱가포르 경영대학교의 앤절라 렁Angela Leung 연구 팀에 따르면, 행동은 창조성에 직접적인 영향을 미친다.[17] 한 실험에서 렁 연구 팀은 피실험자 일부에게 가로세로 1.5미터짜리 상자에 들어가서 앉아 있도록 하고, 다른 사람들에게는 상자 밖에 앉아 있으라고 했다. 또 다른 실험에서는 피실험자 일부에게 직선으로 방을 돌아다니게 하고, 다른 일부에게는 무작위적인 곡선으로 방을 돌아다니도록 했다. 그러고 나서 모든 사람에게 다양한 창조적 과제를 내주었다. 그 결과 상자 밖에 앉아 있었던 사람들과 마음대로 돌아다녔던 사람들이 상대적으로 더 높은 창조성 점수를 받은 것으로 나타났다. 자유로운 행동이 피실험자들의 창조성을 직접적으로 자극한 것이다.

여러분의 창조적 능력이 샘솟게 만들고 싶은가? 그렇다면 엄청나게 비싼 혁신 프로그램에 등록하는 대신 산책을 나가서 어지럽고 복잡한 길로 돌아다녀보자. 아, 물론 또 다른 방법이 있다. 그것은 스스로 대단히 창조적인 사람처럼 움직여보는 것이다. 책 페이지를 찢어 예술 작품으로 바꿀 방법을 생각해보자. 작품을 만들기 전에 아래 목록을 살펴보면서 기발한 아이디어를 떠올려보자. 다음과 같은 방식으로 종이를 가지고 창의적인 예술품을 만들 수 있다.

- 지평선이나 사람의 윤곽으로 오려보기
- 박스나 빌딩 모양으로 접기
- 종이 위에 아무렇게나 휘갈겨 쓰고 나서, 다시 그 낙서를 그림으로 만들기
- 구겨서 조각품 만들기
- 책을 펴면 튀어나오는 입체 모형 만들기
- 종이를 변형해 재미있는 모양으로 그림자 만들기
- 유명한 그림이나 작품을 따라 하기
- 공익광고 만들어보기
- 접어서 개구리나 새, 비행기, 백조 만들기
- 접은 자국으로 그림 그리기
- 접고 오려서 눈송이 모양 만들기
- 접고 오려서 사람들이 죽 늘어선 모습 만들기
- 플릭 북 flick book (연속해서 넘기면 영화처럼 그림이 이어지는 책_옮긴이) 만들기
- 주름을 잡아 아코디언 모양 만들기
- 작은 조각으로 찢어 새로운 방식으로 배열해 작품 만들기
- 모자, 반지, 배지 등 의류나 보석 제품으로 만들기
- 표면을 문질러보기
- 마법 왕국에서 쓰는 종이 화폐 만들기
- 책갈피 만들기
- 구멍을 두 개 뚫어 가면으로 써보기

감옥에서 찾은 자아의 비밀

　　사회심리학 역사에 관한 책이라면 반드시 '짐바르도 감옥 실험'을 소개해야 한다는 심리학계의 규칙이 있다. 이를 위해 사회심리학 저자들은 악명 높은 밀그램의 무시무시한 전기 충격 실험, 그리고 세상 어디에나 악은 존재한다는 분명한 결론 사이 어딘가에 짐바르도 감옥 이야기를 집어넣어야 한다. 하지만 다행스럽게도 나는 그런 것을 고민할 필요가 없었다. 그것은 가정 원칙과 정체성의 긴밀한 관계를 살펴보는 우리의 여정 속에서 짐바르도의 고전적 실험이 중요한 자리를 차지하고 있기 때문이다.

　　필립 G. 짐바르도Philip G. Zimbardo는 대공황 무렵 뉴욕 사우스 브롱

크스의 빈민가에서 태어났다. 주변 환경이 사람들의 행동에 큰 영향을 미친다는 사실에 많은 호기심을 가지고 있던 그는 1960년대에 심리학 분야에 뛰어들었고, 스탠퍼드대학교 교수가 되었다. 그리고 거기서 심리학 역사상 가장 악명 높은 실험에 도전했다.[18]

1971년, 짐바르도는 대학 건물 지하실을 가상의 교도소로 개조했다. 조그만 방 여러 개에 쇠창살로 된 문을 달아 감방으로 만들고, 교도관 숙소와 감옥 '안뜰'까지 만들었다. 또 피실험자들의 행동을 관찰하고 기록할 수 있도록 반대편에서 들여다볼 거울과 카메라를 곳곳에 설치해두었다.

다음으로 짐바르도는 2주 동안 죄수 생활을 체험해볼 피실험자를 모집하기 위해 지역신문에 광고를 냈다. 이를 보고 몰려든 지원자를 대상으로 연구 팀은 그들의 성장 배경, 심리적 건강 상태, 전과 등을 묻는 설문 조사를 실시했다. 그리고 그 결과를 분석해 심리적 안정감에서 높은 점수를, 반사회적 활동에서 낮은 점수를 보인 24명을 최종 피실험자로 선발했다. 그런 다음 24명을 무작위로 절반의 '죄수'와 절반의 '교도관' 그룹으로 나누었다. 짐바르도 자신은 교도소장 역할을 맡았다(이후 짐바르도는 이를 '치명적인 실수'라고 시인했다).

실험을 시작할 즈음, 스탠퍼드대학교 내에서는 경찰과 반전 시위자들 간에 무력 충돌이 벌어지고 있었고, 짐바르도는 담당 경찰국장이 대학과의 관계를 개선하고 싶어 한다는 소식을 들었다. 짐바르도는 국장에게 연구 초기 단계에 필요한 인력 지원을 요청했고 국장은 흔쾌히 협조했다.

드디어 실험 첫째 날, 팔로알토 경찰국 소속 경찰들이 '죄수' 역할을 맡은 피실험자 아홉 명의 집으로 출동해 무장 강도 혐의로 이들에게 수갑을 채우고 경찰서로 연행했다. 이들은 경찰서에서 취조를 받고 지문을 찍은 다음, 눈을 가린 채 짐바르도의 가상 교도소로 호송했다. 반면 '교도관' 역할을 맡은 피실험자들에게는 카키색 유니폼과 호루라기, 번쩍번쩍 빛나는 선글라스, 그리고 나무로 만든 진압봉을 지급했다. 세 명이 한 조가 되어 여덟 시간 단위로 함께 근무를 서면서 죄수들을 감시하게 될 것이라고 일러두었다.

죄수들의 생활은 괴롭고 힘들었다. 이들이 도착하자마자 교도관들은 수감 번호를 나눠주고, 옷을 벗겨 조사한 뒤 허름한 작업복을 입혔다. 내의도 입지 못하도록 했고 발목에는 쇠사슬까지 달아놓았다. 또 하루 종일 교도소 안에서 생활하면서 하루 세끼 부족한 양의 식사를 하고, 24시간 중 세 번만 화장실에 갈 수 있었다.

반면 교도관들은 자신들에게 주어진 임무에 신속하게 적응해나갔다. 죄수들을 수감 번호로 부르고 욕설을 하는 등 대단히 위압적인 모습을 보였다. 죄수들이 반항하면 수감 번호를 반복해서 외치도록 하거나 화장실을 가지 못하게 했고, 감방에서 침상을 빼버리기까지 했다. 실험 둘째 날, 몇 명의 죄수들이 감방 문을 걸어 잠그고 수감 번호를 떼는 난동을 부리자 교도관들은 소화기를 가지고 죄수들을 공격했다(아이러니하게도 그 소화기는 대학 윤리위원회가 죄수 보호 차원에서 요청한 것이었다). 그리고 가담자들을 발가벗겨 독방에 감금하고 팔굽혀펴기를 시키는 등 처벌을 가했다.

한편 짐바르도의 연인이자 같은 학교 대학원에서 심리학을 공부하고 있던 크리스티나 매슬랙Christina Maslach은 남자 친구의 실험이 어떻게 진행되고 있는지 궁금한 마음에 가상 감옥을 방문했다. 비번인 한 교도관이 아주 친근하고 상냥하게 매슬랙을 맞이했다. 그녀는 연구 팀을 따라 교도관들이 실제로 활동하는 모습을 살펴보았는데, 연구 팀은 죄수들을 혹독하게 다루는 바람에 '존 웨인'이라는 별명이 붙은 교도관을 보여주겠다고 했다. 그런데 놀랍게도 '존 웨인'은 아까 만난 바로 그 친절한 교도관이었다. 교도소 밖에서 그는 분명 유쾌하고 차분한 사람이었으나, 감옥 안에서 소리를 지르고 위협을 가하는 모습은 완전히 딴판이었다.

가상 감옥을 나온 매슬랙은 짐바르도에게 상황이 이미 한계를 넘어섰으며 당장 실험을 중단해야 한다고 말했다. 평소에는 부드럽고 섬세한 남자 친구는 마치 다른 사람이 되어버린 것처럼 절대 그럴 수 없다고 맞섰다. 게다가 짐바르도 자신이 교도소장을 맡았고, 그렇기 때문에 실험을 관찰하는 입장이 아니라 스스로 참여하고 있다는 설명에 매슬랙은 깜짝 놀랐다. 치열한 논쟁 끝에 짐바르도는 결국 자신이 지금 어떤 일을 벌이고 있는지 깨달았고, 마침내 실험을 중단했다.

결국 2주간 계획했던 실험은 6일 만에 끝을 맺고 말았다. 짐바르도는 사실 이 실험에서 스스로 죄수 또는 교도관처럼 행동함으로써 자신의 정체성에 어떤 영향을 미칠 수 있는지 알아보고자 했다. 그리고 너무나도 빠르고 분명하게 그 결과를 확인하게 되었다.

실험이 끝나고 나서 교도관을 맡았던 한 피실험자는 이런 이야기를 들려주었다.

> 저는 절대 그런 행동을 할 수 없을 것이라고 생각했습니다. 제가 믿고 있었던 것과 완전히 반대로 행동했다는 사실에 저 자신에게 실망스러울 따름입니다. 거기서 저는 어떠한 망설임이나 죄의식을 느끼지 못했습니다. 제가 한 행동을 돌이켜보고 나서야 상황을 이해하게 되었고, 그런 모습이 지금까지 발견하지 못한 저의 일부라는 사실을 깨닫게 되었습니다.

마찬가지로 죄수 역할을 한 사람들 역시 정체성에 큰 변화를 경험했으며, 대부분 극단적으로 수동적이고 복종적인 모습을 보였다. 이 같은 급속한 변화는 죄수들에게 매우 부정적인 영향을 미쳤다. 특히 죄수 번호 8612를 달았던 더그 코피라는 사람은 극심한 감정 변화를 보이면서 실험 이틀 만에 나가야만 했다(그 경험으로 행동에 혼란을 겪은 코피는 나중에 법심리학도가 되어 캘리포니아 지역의 교도소를 연구했다). 그리고 며칠 후에는 극단적인 불안과 우울, 분노 증상을 보인 또 다른 네 명의 죄수들도 추가 석방되었다.

이제 고전이 된 짐바르도 연구는 가정 원칙의 힘을 생생하게 보여준다. 자신의 정체성에 대한 인식은 이름, 복장, 외모에 기반을 둔다. 짐바르도는 이러한 모든 요소를 제거함으로써 참가자들이 기존 정체성에 대한 인식을 잃게 만들었고, 새로운 역할을 수행하도록 만들어 완전히 다른 정체성을 부여했다. 피실험자들은 죄수 혹은 교도관처럼 입고 행동함으로써 자신이 맡은 역할과 조화를 이루는 방식으로 스스로를 바라보기 시작했다. 그래서 순식간에 한 그룹은 공격적이고 권위적으로 바뀐 반면, 다른 그룹은 수동적이고 순응적으로 변했다.

짐바르도의 가상 감옥뿐만 아니라 다른 연구들 역시 이러한 현상이 일상생활에서도 얼마든지 나타날 수 있으며, 다양한 측면에서 정체성에 영향을 준다는 사실을 입증한다. 예를 들어 한 연구 팀은 수년간에 걸쳐 여성들의 삶을 추적하면서, 직장에서 더 많은 책임을 맡은 사람들일수록 좀 더 단호한 모습을 보인다는 사실을 확인할 수 있었다.[19] 비슷한 연구 역시 힘든 업무를 맡은 직장인일수록 더욱 유연하고 자신감 있는 태도를 보인다는 사실을 밝혀냈다.[20]

이러한 연구 결과는 인간의 성격 중 상당 부분이 유동적이라는 사실을 보여준다. 사람들은 자기 자신 또는 다른 사람들이 부여한 역할을 받아들이고, 그에 따라 행동하면서 그 역할과 조화를 이루는 방식으로 자신의 정체성을 개발해나간다. 더 흥미진진한 점은 지금도 수많은 심리학자들이 사람들의 삶을 좀 더 행복하게 만들기 위해 이러한 원리에 기반을 둔 다양한 방법을 개발하고 있다는 사실이다.

정체성의 연극에서 주연 맡기

조지 켈리George Kelly는 1905년 캔자스의 한 농장에서 태어났다. 물리학을 전공해 학위를 받은 그는 미네소타로 이주해 대중 연설을 주제로 강의를 시작했다. 강의를 그만둔 다음에는 다시 아이오와 주립대학교에서 공부를 시작해 심리학 박사 학위를 받았다. 대공황 시절이던 당시, 켈리는 농촌 지역들이 어려움을 겪는 모습을 지켜보면서 이곳저곳을 돌아다니며 심리치료사로 활동을 시작했다. 활동 초기에 그는 프로이트의 접근 방식을 기반으로 농부들을 소파에 눕히고 꿈에 대해 이야기하도록 했다. 그러나 얼마 지나지 않아 프로이트 방식은 힘든 현실을 살아가는 농부들에게 너무 어렵다는 사실을 깨닫고 좀 더 현실적인 접근 방식을 모색하기 시작했다.

그가 개발한 초기 방법 중 널리 알려진 것으로는 '거울 시간mirror time'을 꼽을 수 있다. 사람들은 30분 동안 거울에 비친 자신의 모습을 보며 생각한다. 거울 속 그 사람이 좋은가, 싫은가? 거울 속 사람과 자신이 꿈꾸었던 사람 사이의 차이는 무엇인가? 다른 사람이 보지 못한 것을 거울에 비친 얼굴에서 발견할 수 있는가? 농부들은 그의 지시대로 열심히 자신의 눈을 바라보았지만, 그러한 방법이 특별한 도움이 되었다는 확신이 들지 않았다. 그래서 연설을 주제로 강의했던 경험을 바탕으로 사람들이 세상을 다른 시선으로 바라볼 수 있도록 자극해보기로 했다.

광범위한 임상 경험을 통해 켈리는 인간의 성격이 고정된 것이 아니라는 사실을 깨달았다. 마치 배우가 오랜 시간 다양한 배역을 맡는 것처럼, 사람 역시 평생 동안 다양한 정체성의 옷을 갈아입게 된다는 것이었다. 여기서 문제의 핵심은 자신을 바라보는 시선에 있으며, 그 시선에 문제가 생겼을 때 이를 치료하기 위해서는 위험성이 낮은 정체성을 받아들이도록 해야 한다고 결론 내렸다. 켈리는 이러한 접근 방식을 '고정 역할 치료fixed-role therapy'라고 불렀으며, 이후로도 오랜 시간 동안 사람들이 새로운 정체성을 받아들일 수 있도록 도와주는 여러 방법을 개발했다.[21]

고정 역할 치료의 첫 단계는 지금 자신의 모습을 바라보는 시선을 이해하도록 도와주는 다양한 방법으로 이루어져 있다. 그중 가장 유명한 방법으로는 자기 자신과 자신이 아는 사람들을 비교함으로써, 사람을 분류하는 기본적인 심리적 기준을 확인하도록 만드는 것이다. 또 다른 방법으로는 다른 사람의 시각에서 스스로를 간단히 묘사해보도록 하는 것도 있다. 그 결과를 바탕으로 우리는 자신에 대한 새로운 정체성을 설계할 수 있다. 여기서 새로운 정체성은 성격을 완전히 뒤집는 혁신적인 것일 수도 있고, 단지 몇몇 사소한 측면만 바꾸는 것일 수도 있다.

다음으로는 잠깐 동안 자신의 일상생활에서 '새로운 자아'가 어떻게 움직여야 할지 상상한다. 그리고 롤플레잉을 통해 새로운 행동 패턴을 강화해나간다. 이제 다음 단계에서 사람들은 2주 동안 새로운 정체성을 '연기'한다. 여기서 켈리의 연구 결과는 상당히 의아한 결과를 보여준다. 그것은 일상생활에서 전혀 다른 방식으로 행동하고 나서, 많은 사람들이 자신이 지금 연기하고 있다는 사실을 잊어버린 채 새로운 정체성을 받아들인다는 사실이다. 켈리를 찾아온 사람들 중 상당수가 자신에게 주어진 새로운 역할을 마치 원래의 자아인 듯 받아들였으며, 그러고 나서 비로소 자신의 문제를 정확히 인식할 수 있었다. 가정 원칙이 예상했듯 자신이 바라는 이상형에 따라 행동함으로써 정체성에 대한 새로운 인식을 갖게 된 것이다.

한편 가정 원칙을 똑같은 방식으로 활용하면 다른 사람이 세상을 어떻게 바라보는지 이해하게 만들어 조직의 단결력을 높일 수 있다. 예를 들어, 한 실험에서 연구 팀은 학생들을 대상으로 자동차 사고로 사지가 마비된 환자처럼 휠체어를 타고 돌아다니도록 했다.[22] 주어진 25분 동안 일부 학생들은 엘리베이터를 타고, 경사로를 오르고, 문을 여닫으면서 정해진 경로를 따라 휠체어를 타고 돌아다녔다.

반면 다른 학생들은 단지 휠체어 뒤를 따라다니면서 무슨 일이 일어나는지 살펴보기만 했다. 휠체어 여행이 모두 끝나고 나서 연구 팀은 두 그룹 모두에게 "새로운 재활 센터 건립을 위해 공공 예산을 투자해야 하는가?"와 같은 장애인 정책에 관한 질문을 던져보았다. 그 결과, 실제로 휠체어를 타고 돌아다닌 그룹이 이 문제와 관련해 훨씬 높은 정도로 공감을 표현했다.

'심리극'이라는 이름으로 알려진 치료법 역시 똑같은 원리에 기반을 둔다. 사람들이 다른 사람의 상황을 체험하도록 함으로써, 그리고 친구와 동료들의 역할을 롤플레잉하도록 함으로써 예전과는 아주 다른 방식으로 세상을 바라보게 만들 수 있다. 이와 같은 연구를 통해 켈리는 아직도 전 세계 수만 명의 사람들이 새롭고 더 나은 정체성을 받아들이도록 도와주고 있다. 그리고 최근에 나온 다양한 방법은 켈리의 아이디어를 이전에는 상상조차 못했던 수준으로 실현해나가고 있다.

내가 원하는 자아를 만들어보자

이 방법을 소개하는 이유는 심리학자들이 실제로 사용하는 다양한 접근 방식에 관한 일반적인 이해를 돕기 위한 것이다(심각한 문제를 겪고 있다면 전문가의 상담을 받아보자). 여러분이 자신과 다른 사람들을 어떻게 바라보는지 이해하고 싶은가? 켈리의 연구에 따른 다음 두 가지 방법으로 지금 스스로를 어떻게 인식하고 있는지 이해할 수 있을 것이다.

① 자신의 기준 파악하기

다음 네 단계를 마치는 데 20분 정도의 시간이 걸린다. 이를 통해 자기 자신과 다른 사람들을 바라보는 과정에서 여러분이 적용하는 핵심적인 기준을 이해할 수 있을 것이다.

우선 잘 알고 있는 다섯 사람을 떠올려보자. 어머니와 아버지, 친구,

상사, 배우자, 연인, 직장 동료 등이 되겠다. 그리고 그 사람들의 이름을 차례로 적어보자.

이제 표를 그려본다. 아래 예시를 보면 '사람 1'과 '사람 2'에 해당하는 칸에 'X'가 표기되어 있다. 이 말은 사람 1과 사람 2가 나와 다르게 공통적으로 가지고 있는 한 가지 특성을 떠올려보라는 뜻이다. 가령 사람 1과 사람 2는 외향적인 반면, 자신은 내성적이라고 말할 수 있을 것이다. 아니면 두 사람은 인색한데 자신은 관대하다고 생각할 수도 있다. 이처럼 '나'에게는 없으나 사람 1과 사람 2가 가지고 있는 공통점을 '다른 사람들의 공통점' 항목에 적어 넣자. 그리고 '나' 항목에는 그들과 상반된 자신만의 특성을 적자.

다음 행도 똑같은 방식으로 해보자. 사람 2와 사람 3의 공통점 중 여러

사람1	사람2	사람3	사람4	사람5	다른 사람들의 공통점	나
X	X				구체적인 것을 좋아하는	좀 더 큰 그림에 주목하는
	X	X			이상적인	현실적인
		X	X		성실한	못 미더운
			X	X	비관적인	낙관적인
X				X	예민한	편안한
X	X				내성적인	외향적인

분과 다른 특성을 생각해보자. 그리고 아래 모든 행도 똑같이 해보자. '나'에 적힌 특성을 살펴보고 그 속에서 공통점을 찾아보자. '불안한'이나 '편안한'과 같은 단어가 많은가? 또는 '외향적인'이나 '내성적인'과 같은 단어가 자주 등장하는가? 그런 단어들이 있다면, 이는 자신과 다른 사람을 바라볼 때 여러분이 적용하는 기본적인 심리적 기준을 의미한다.

② 제3자의 시선으로 묘사하기

표를 다 채웠으면 20분 동안 자신을 간략하게 묘사해보자. 단, 친구나 직장 동료가 여러분을 바라보는 것처럼 제3자의 시선으로 자신을 바라보자.

③ 새로운 정체성 받아들이기

이 단계는 새로운 정체성 측면을 만들고 이를 자연스럽게 받아들이는 것을 돕는 과정이다.[23] ①에서 자신을 묘사하는 용어를 살펴보자. 이 중 부정적이거나 문제가 있는 것은 어떤 것들인가? 다음으로 ②에서 자신을 묘사한 표현을 살펴보자. 여기서 자신이 바꾸고자 하는 정체성의 요소에 대한 어떤 실마리를 발견할 수 있는가? 이를테면 자신감이 부족하고, 친구를 사귀는 데 어려움을 겪으며, 지나치게 공격적이고, 이기적이라는 표현에서 힌트를 얻을 수 있다.

다음으로 새로운 자아를 창조하자. 자신이 어떤 정체성의 요소를 원하는지 잘 모르겠다면 친구나 동료, 롤모델, 혹은 책이나 영화에서 만난 가상의 인물들에게서 존경할 만한 요소를 떠올려보자. 창조성, 호기심, 개방성, 용감함, 리더십, 활력, 사랑, 친절 등 뭐든 좋다. 머릿속에 떠오른 요소 중 특히 끌리는 것을 몇 가지 선택해보자.[24]

이제 일상에서 다르게 행동하는 방식에 초점을 맞추어 '새로운 자아상'에 대해 짧게 묘사해보자. 가령, 지나치게 공격적이고 친구나 동료와 종종 말다툼을 벌이는 경향이 있다고 해보자. 그렇다면 '새로운 자아상'을 사람들과 함께 편안하고 즐거운 시간을 보내는 모습으로 묘사할 수 있을 것이다. 이를 위해 어떻게 행동해야 할까? 주변 사람들과 더 많이 농담을 주고받아야 할까? 다른 사람의 생각과 의견을 놓고 논쟁을 벌이는 대신 이를 그대로 받아들여야 할까? 남들에게 더 많은 칭찬과 격려를 베풀어야 할까?

또는 주변 사람들로부터 종종 인색하다는 핀잔을 듣는다고 상상해보자. 이 문제를 해결하기 위해 기존 성격을 바꾸어보기로 결심한다. 이 경우 비영리단체에 기부를 하고, 주변 사람들에게 선물을 하며, 다른 사람들을 돕기 위해 많은 노력을 기울이는 자신의 모습을 새로운 자아상으로 그려볼 수 있겠다.[25]

④ 롤플레잉 실천하기

이제 2주 동안 새로운 자아상을 롤플레잉 방식으로 실천해보자. 생각을 바꾸는 것이 아니라 '행동'을 바꾸는 데 집중하는 것이 핵심이다. 효과를 높이기 위해 가족이나 친구에게 여러분의 '새로운 자아상'과 조화를 이루는 방식으로 함께 롤플레잉을 하도록 부탁하는 것도 좋다. 그리고 완전히 변화된 모습으로 행동하려고 하기보다, 여러분의 오랜 성격에서 2주 동안 휴가를 떠나 있다고 상상한다면 마치 다른 사람인 것처럼 행동하는 데 도움이 될 것이다.

여기서 중요한 점은, 집에 혼자 있을 때도 계속해서 새로운 자아상을 실천해야 한다는 사실이다. 이제 가정 원칙을 통해 여러분은 스스로를 새로운 사람이라고 느끼게 될 것이며, 새로운 자아상은 조만간 진짜 정체성의 일부로 자리 잡을 수 있을 것이다.

매력적인 아바타가 현실을 바꾼다

제러미 베일런슨Jeremy Bailenson은 스탠퍼드대학교에서 '가상 인간 상호작용 연구소Virtual Human Interaction Lab'를 운영하고 있다. 그가 추진하고 있는 연구 중 상당 부분은 컴퓨터를 기반으로 인간의 표상을 만들어내는 일이다. 다시 말해 '아바타'를 창조하고 그들이 가상 세계를 돌아다니도록 만드는 작업을 한다. 가정 원칙을 접한 베일런슨은 자신이 만들어낸 가상의 공간에서도 가정 원칙이 통할까 궁금했다. 덩치가 큰 아바타를 선택하면 게임에서 더 자신감 있게 움직일까? 또는 검은색 옷을 입은 아바타를 선택하면 더 공격적으로 게임을 할까?

가장 먼저 베일런슨은 가정 원칙이 가상 세계에서도 정말로 작동하는지 알아보기로 했다. 이를 위해 그가 주목한 것은 당시 세계적으로 인기를 끌고 있던 〈월드 오브 워크래프트World of Warcraft〉라는 온라인 게임이었다. 이미 수백만 명의 사람들이 이 게임으로 가상 전쟁을 벌이고 있었다. 여기서 게이머들은 '웅장한 공성전'과 '다양한 전설적 경험'을 통해 난도가 점차 높아지는 60단계를 밟아나간다. 게임을 시작하기 전에 사람들은 먼저 자신의 아바타를 만들어야 하는데 드워프, 엘프, 오크, 트롤, 인간 등 여덟 가지 종족 중 고를 수 있다. 여기서 아바타의 키는 종족별로 다르다(이를테면 노움은 작고 트롤은 아주 큰 편이다).

베일런슨과 그의 동료 닉 이Nick Yee는 일반적으로 키가 큰 사람들이 자신감도 높다는 사실을 잘 알고 있었다. 그들은 이런 현상이 〈월드 오브 워크래프트〉 아바타들 사이에서도 나타나는지 궁금했다.[26] 이를 확인하기 위해 두 사람은 7만 6000명이 넘는 사람들을 조사해 아바타와 게임 단계의 상관관계를 분석했다.

그 결과, 가상 세계에서도 실제 세계와 똑같은 현상이 나타난다는 사실을 확인할 수 있었다. 키가 큰 아바타(트롤과 오크)를 선택한 사람들은 키가 작은 아바타(드워프나 노움)를 택한 사람들보다 게임에서 훨씬 더 앞선 단계에 있었다. 이는 중요한 두 가지 사실을 말해준다. 그것은 가정 원칙이 가상 세계에서도 위력을 발휘한다는 뜻이다. 그리고 실용적인 차원에서 말하면, 〈월드 오브 워크래프트〉에서 좋은 성적을 올리려면 노움보다는 트롤을 선택해야 한다는 사실이다.

베일런슨과 이는 실험 결과에 흥분을 감추지 못했지만, 여전히 두 가지 문제가 남아 있었다. 가령 게임을 더 잘하고 자신감 넘치는 사람들이 키가 큰 아바타를 선호했을 것이라고 지적할 수도 있다. 또 아바타의 키가 가상공간에서 사람들의 태도를 바꾸었다고는 하나, 그것이 현실로 이어진다고 말할 수는 없다. 이 문제들을 해결하기 위해 베일런슨과 이는 또 다른 실험을 준비했다.

여기서 두 사람은 피실험자인 학생들에게 컴퓨터 화면에서 자신의 가상적인 모습을 볼 수 있게 해주는 가상현실 안경을 쓰도록 했다. 그들은 현실감을 높이기 위해 학생들의 얼굴과 팔, 다리에 첨단 센서를 부착하고, 그들이 움직이는 대로 가상 인물이 따라서 움직이도록 프로그래밍해놓았다. 즉, 학생이 왼쪽을 보면 아바타 역시 왼쪽을 보고, 학생이 뛰기 시작하면 아바타도 함께 뛴다. 가상공간에서 아바타가 자신의 움직임을 그대로 따라 하는 모습을 본 학생들은 컴퓨터 화면 속 아바타가 곧 자신이라고 느끼게 되었다.

실험을 시작하면서 연구 팀은 피실험자들에게 무작위로 크거나 작은 아바타를 할당했다. 그리고 충분한 시간 동안 가상 세계를 돌아다니게 하고 나서 모든 센서를 제거해 다시 현실로 돌아오도록 했다. 다음으로 다른 피실험자들과 함께 〈최후통첩Ultimatum〉이라는 게임을 하도록 했다. 여기서 두 사람 중 한 사람은 100달러를 나누는 방법을 상대방에게 제안한다. 만약 상대방이 그 방법을 수긍하면 두 사람은 현금을 받는다. 하지만 거절하면 두 사람 모두 한 푼도 받지 못한다. 전 세계 수많은 심리학자들이 애용한 이 실험에서 첫 번째 사람의 제안은 자신감과 공격성을 의미한다.

가정 원칙이 맞다면, 키 큰 아바타를 받은 사람들이 작은 아바타를 받은 사람들보다 더 과감하게 제안했을 것이다. 실험 결과는 실제로 그 예상을 뒷받침해주었다. 키 큰 아바타의 경우 평균적으로 60:40 분할을 제안한 반면, 키 작은 아바타의 주인들은 50:50을 제안한 것으로 드러났다. 그리고 키 큰 아바타 주인들은 분할 제안을 받아들이는 데 있어서도 더욱 단호한 모습을 보여주었다. 첫 번째 사람이 75:25로 분할을 제안한 경우, 키 큰 아바타 주인들 중 약 60퍼센트가 거절했다. 반면 키 작은 아바타 주인들은 30퍼센트만 거절한 것으로 나타났다.

이처럼 가정 원칙이 가상 세계에서도 작용하며, 아바타의 특정한 모습과 행동을 본 사람들이 실제 상황에서도 동일한 방식으로 생각하거나 행동한다는 사실을 이후의 많은 연구들이 입증했다. 다른 한 실험을 살펴보면 일부 피실험자들의 아바타는 러닝머신 위에서 달리게 한 반면, 다른 피실험자들의 아바타는 가상 세계에서 빈둥거리며 놀도록 했다.[27] 연구 팀은 이후 오랫동안 피실험자들의 일상을 추적했고, 그 결과 자신의 아바타가 뛰어다니는 모습을 본 사람들이 실제 세상에서도 더 많이 운동하려고 한다는 사실을 확인할 수 있었다. 또 다른 실험에서는 늙은 아바타의 주인들이 실험이 끝난 후 연금에 더 많은 돈을 붓기로 한 제안에 좀 더 긍정적인 태도를 보인 것으로 드러났다.[28]

외모와 성격을 마음먹은 대로 바꿀 수 있는 그리스 신의 이름을 따서, 베일런슨은 이러한 심리적 현상을 '프로테우스 효과'라고 불렀다. 프로테우스 효과는 가상 원칙에서 상상할 수 있다면 무엇이든 이룰 수 있는 새로운 세상의 문을 활짝 열어주었다.

젊음을 되찾는 시간 여행

뉴욕 브롱크스 출신의 심리학자 앨런 랭거Ellen Langer는 처음에는 뉴욕대학교에서 화학을 전공했다. 그러나 시험관을 다루는 인생이 적성과 맞지 않는다는 생각에 필립 짐바르도의 심리학 입문 강의를 들었고, 거기서 심리학의 매력에 푹 빠져버리고 말았다. 이후 랭거는 하버드대학교에서 교수가 되었고, 많은 시간을 쏟아부어 노화의 신비를 밝히는 연구를 하고 있다.

오랫동안 랭거는 수준 높은 많은 연구에 도전했다. 이제는 고전이 된 한 실험에서 그녀는 요양원 환자를 대상으로 일부에게는 화분을 주고 관리하도록 하고, 다른 일부에게는 똑같은 화분을 주면서 요양원 직원들이 잘 관리해줄 것이라고 이야기했다.[29] 그리고 6개월 뒤, 화분 관리와 같은 사소한 권한도 주지 않은 환자 그룹이 덜 행복하고 덜 활기찬 모습을 보였다. 더 놀라운 사실은 직접 화분을 관리한 환자들의 사망률이 15퍼센트인 것에 비해, 그렇지 않은 환자들의 경우는 30퍼센트나 되었다는 것이다.

비슷한 연구에서 랭거는 노인들을 대상으로 정신적으로 아주 활발한 것처럼 행동하게끔 하고 나서 그 변화를 관찰해보았다.[30] 이 실험에서 연구 팀은 매주 한 그룹의 노인들을 방문해 다양한 질문을 던졌다. 간호사 이름을 묻거나 특정한 날에 요양원에서 참가하게 될 활동을 묻는 질문이었다. 그리고 그 질문에 노인들이 제대로 답변하지 못하면, 연구원들은 다음 방문 때는 대답을 잘해달라고 당부하고 돌아갔다.

실험은 대단히 놀라운 결과를 보여주었다. 연구 팀의 방문을 받은 노인들과 그렇지 않은 통제 그룹 노인들을 비교했을 때, 방문을 받은 그룹은 단기 기억 테스트에서 더 높은 점수를 보였고 더 민첩하게 반응한 것이다. 그 후 2년 반이 흘러 연구 팀이 다시 그들을 찾았을 때, 통제 그룹의 노인들은 30퍼센트가 세상을 떠난 반면, 방문 그룹은 사망률이 7퍼센트밖에 되지 않았다.[31]

랭거의 연구 중 가장 충격적인 것은 아마도 가정 원칙을 기반으로 한, 시간을 되돌리는 실험일 것이다.[32] 1979년 랭거는 보스턴 외곽의 한 요양원에서 70~80대 노인들을 모아놓고 '회상의 한 주'라는 프로젝트를 실시했다. 이 실험에서 랭거는 시간을 20년 전으로 돌려 피실험자들이 1959년을 다시 한번 살거나 단순히 그 시절을 회상하도록 하고자 했다.

시작에 앞서 랭거는 근력, 자세, 시력, 기억력 등 다양한 항목에서 모든 참가자를 검사했다. 다음으로 이들을 무작위로 두 그룹으로 나눴다. 먼저 시간 여행을 하게 될 그룹에는 실험을 통해 과거를 재현함으로써 어떤 심리적 효과를 불러일으킬 수 있는지 알아볼 것이라고 설명했다. 반면 다른 그룹에는 단지 회상의 영향력을 알아보는 실험이라고만 알려주었다.

랭거는 시간 여행자 그룹을 약 4만 제곱미터 규모의 시골 요양원으로 데려갔다. 실험 분위기에 쉽게 적응하도록 버스 여행을 하는 동안 1959년에 유행하던 라디오 방송을 내보냈다. 랭거는 실험을 하는 동안 사람들이 스무 살 더 젊어진 것처럼 행동하도록 만들고자 했다. 요양원에 도착했을 때 피실험자들이 버스에서 내리는 것을 아무도 도와주지 않았고, 이들은 모두 자기 짐을 직접 숙소로 옮겨야 했다. 게다가 요양원에서는 노인들이 이동하는 데 필요한 다양한 보조 기구를 전혀 찾아볼 수 없었다.

처음으로 숙소에 들어서는 순간, 사람들은 앞서 연구 팀에게 제출한 그들의 1959년 시절의 사진 사본과 1959년에 발행된 〈라이프〉, 〈새터데이 이브닝 포스트〉 등을 볼 수 있었다. 뿐만 아니라 흑백 TV와 라디오를 비롯해 1959년에 일반적으로 사용한 다양한 물건이 있었다. 랭거는 사람들에게 앞으로 며칠 동안 과거 이야기를 모두 현재 시제로 하고, 1959년 이후에 일어난 일에 대해서는 이야기하지 말도록 당부했다.

　실험을 하는 동안 피실험자들은 모두 치밀하게 계획된 다양한 활동과 토론에 매일 참여했다. 예를 들면 1959년으로 끝나는 자전적인 글을 쓰거나, 임시로 만든 극장에서 제임스 스튜어트가 출연하는 〈살인의 해부〉라는 영화를 관람했다. 미국이 최초로 발사한 위성에 대해 이야기를 나누며, 당시 물가를 알 수 있는 TV 프로그램인 〈더 프라이스 이즈 라이트The Price is Right〉를 보면서 게임을 즐겼다.

　또 아이젠하워 대통령의 연설을 들으며 라디오 주변에 옹기종기 모여 경마 대회인 프리크네스 스테이크스에서 로열 오빗이라는 말이 우승하는 모습을 알려주는 중계를 들었다. 반면 통제 그룹의 상황은 완전히 달랐다. 그들은 버스 안에서 최신 음악을 듣고, 1959년에 일어난 사건을 과거 시제로 이야기하며, 최근에 찍은 사진을 놓아두고 요즘 영화를 보았다.

　불과 며칠 만에 랭거는 실험의 효과를 확인할 수 있었다. 시간 여행자 그룹은 훨씬 더 빨리 걸었고 자신감이 넘치는 모습을 보였다. 그리고 많은 사람들이 일주일 만에 지팡이 없이 걸어보려는 시도를 했다. 그 과정에서 랭거는 다양한 심리학적, 생리학적 방법을 활용해 효과를 객관적으로 측정해보았다. 그 결과 시간 여행자 그룹이 민첩성, 움직임의 속도, 기억, 혈압, 시력, 청각에서 향상된 것을 확인할 수 있었다.

　흥미로운 사실은 지능검사에서 통제 그룹 중 40퍼센트가 개선된 결과를 보여준 반면, 시간 여행자 그룹은 60퍼센트 이상이 호전

된 모습을 보여주었다. 다시 말해, 마치 젊은 사람인 것처럼 행동함으로써 몸과 마음에서 세월의 무게를 떨쳐낸 것이다.

몇 년 전, BBC의 한 프로그램은 랭거의 실험을 재현해보았다. 이들은 나이 많은 여섯 명의 유명 인사를 대상으로 그들이 전성기를 누렸던 1970년대로 돌아가보았다. 이를 위해 제작진은 당시 그들이 활약한 모습을 담은 사진들을 꺼내두고 다양한 과거의 물건으로 방을 꾸몄으며, 환각적인 디자인의 벽지와 소용돌이 문양의 카펫으로 마무리했다. 그리고 그 한 주 동안 이들에게 인생에서 가장 빛났던 순간을 다시 한번 맛볼 기회를 선사했다. 이를테면 댄서였던 라이오넬 블레어에게는 팰러디움 무대에 다시 올라 안무를 연출하도록 했다.

불과 하루 이틀 만에 유명 인사들은 기억력, 근력, 활력, 기분에서 뚜렷한 개선을 보여주었다. 중풍을 세 차례나 겪은 여든여덟 살의 여배우 리즈 스미스는 얼마 지나지 않아 지팡이 없이 걸어 다녔다. 실험에 참여하기 전 은둔 생활을 했던 크리켓 심판 디키 버드는 며칠 만에 파티의 인기 스타로 떠올랐다. 이들의 상태를 분석한 결과 두 명은 뇌 연령이 무려 20년이나 젊어진 것으로 나타났고, 모든 사람이 전반적으로 기억력과 지능에서 뚜렷한 호전을 보여주었다.

이 외에도 젊은 사람처럼 행동하면 노화를 늦출 수 있다는 사실을 입증하는 실험은 수없이 많다. 다른 실험에서 랭거는 전투기 조종사 역할을 롤플레잉하도록 한 뒤에 시력을 측정해보았다.[33] 여기서 랭거는 먼저 사관생도 19명의 시력을 검사하고 무작위로 두 그룹으로 나누었다. 한 생도 그룹은 교관의 지시에 따라 한 명씩 비행 시뮬레이터에 탑승해 비행기를 조종했다.

반면 다른 그룹 생도들은 시뮬레이터 조종석에 올라가도록 했으나 고장 때문이라며 즉시 내려오도록 했다. 조종석에서 내려오기 전, 연구 팀은 생도 모두에게 조종석 창문으로 비행기 측면의 글자를 읽어보도록 했다. 그 결과 조종사인 것처럼 행동한 생도들의 시력은 40퍼센트나 좋아진 반면, 다른 그룹에서는 거의 변화가 나타나지 않았다.

또 다른 연구에서 랭거는 아이들과 함께 있으면 더 젊어진다는 사실을 확인했다. 여기서 그녀는 비교적 늦게 아기를 출산한 여성들의 기대 수명을 조사해보았고, 그 데이터를 젊은 시절에 아기를 낳았던 여성들과 비교해보았다.[34] 아마도 대부분 마흔이 넘은 나이에 아기를 낳고 돌보는 일이 무척 힘들겠다고 생각하겠지만, 꼭 그렇지만은 않다. 연구 결과 늦은 나이에 아기를 낳은 여성들의 기대 수명이 훨씬 더 긴 것으로 나타났다.

이와 비슷한 맥락에서 랭거는 혼인신고서를 바탕으로 네 살 이상 나이 차이가 나는 커플들의 삶을 추적해보았다. 여기서 그녀는 나이가 어린 쪽이 스스로 나이가 많은 것처럼 행동하고, 나이가 많은 쪽이 더 어린 것처럼 행동할 것이라고 예상했다. 연구 결과, 랭거는 나이 차이가 기대 수명에 큰 영향을 미친다는 사실을 확인할 수 있었다. 나이가 어린 쪽 사람들의 기대 수명이 훨씬 더 짧게 나타났던 것이다.

앞에서도 소개했듯, 춤은 아주 놀라운 위력을 발휘한다. 앨버트 아인슈타인 의과대학교 연구원들은 1980년에서 2001년에 이르기까지 500명이 넘는 피실험자의 삶을 추적했다.[35] 가장 먼저 연구 팀은 피실험자들이 읽기, 가벼운 글쓰기, 십자말풀이, 보드게임, 토론, 악기 연주 등 뇌를 자극하는 다양한 활동이나 테니스, 골프, 수영, 자전거, 춤, 산책 등 신체를 자극하는 활동 중 어떤 활동을 얼마나 자주 하는지 확인해보았다. 그런 다음 이들이 75세가 넘었을 때 치매 발병률을 조사해보았다.

그 결과, 독서를 주요 활동으로 보고한 사람들의 경우 평균 발병률보다 35퍼센트 낮은 수치를 보였고, 일주일에 4일 이상 십자말풀이를 한다고 보고한 사람들은 47퍼센트 낮은 수치를 보였다. 그러나 자전거나 수영 같은 신체적 활동을 보고한 사람들은 감소 효과가 거의 없는 것으로 나타났다.

특이하게도 한 가지 예외가 되는 신체 활동이 있었으니 바로 춤이었다. 주기적으로 춤을 춘다고 보고한 사람들의 경우, 평균 치매 발병률에서 76퍼센트나 낮은 수치를 보였다. 밤마다 춤을 추러 나간 사람들은 스스로 젊은 사람인 것처럼 행동했고, 덕분에 오랫동안 노화 속도를 늦출 수 있었던 것이다. 극작가 조지 버나드 쇼는 이런 말을 남겼다.

"나이가 들어서 못 노는 게 아니라, 못 노니까 나이가 드는 것이다."

노화를 멈추는 다섯 가지 행동 규칙

· 일상적인 권한 갖기

노년의 삶을 무력감, 혹은 다른 사람에 대한 의존으로 바라보지 말자. 대신 가능한 한 다양한 영역에서 자신의 통제 권한을 유지하자. 랭거의 연구 결과는 사소한 통제 권한으로 뚜렷한 차이를 만들 수 있다고 말한다. 스스로 가계부를 쓰고 쇼핑을 하며, 집 안에서 식물을 가꾸고 반려동물을 키워보자.

· 정신적 활력 유지하기

이른바 '두뇌 훈련'이 정신 건강에 얼마나 도움이 되는지에 대해서는 아직까지 논란이 많다. 하지만 주변에서 일어나는 일에 관심을 가지는 태도는 분명 도움이 된다. 뉴스를 따라잡고, 지역에서 벌어지는 일에 관심을 가져보자. 매사에 호기심을 갖고 취미와 관심사를 유지하며, 친구나 가족과 계속해서 연락을 주고받자. 목표를 세우는 것도 아주 좋다.

· 젊은 마음 지니기

랭거는 실험을 통해 아이들이나 젊은 사람들과 함께하면 젊음을 유지하는 데 도움이 된다는 사실을 보여주었다. 여러분의 인생에 아이들과 젊은 친구, 이웃과 함께할 자리를 마련해두자.

· **활기찬 모습 보이기**

젊은이들처럼 움직이자. 가능한 한 많이 움직이고 경쾌하게 걷자. 또한 춤이 최고의 심리적 효과를 발휘한다는 사실을 명심하자.

· **젊은 외모 추구하기**

외모는 스스로를 바라보는 시선에도 영향을 준다. 랭거는 한 연구에서 머리 염색을 하기 전후로 여성들의 혈압을 측정해보았다.[36] 그 결과 염색을 하고 나서 스스로 더 젊어졌다고 생각한 여성들의 혈압이 더 떨어진 것으로 나타났다. 외모와 옷차림에 신경 쓰는 것은 실제로 신체를 건강하게 만든다.

지금 바로
써먹는
심리학

나가는 말

뭔가 다른 것을 해봅시다

지금까지 이어온 긴 여정을 통해 인간의 몸과 뇌에 관한 놀라운 진실을 살펴보았다. 수천 년 동안 사람들은 마음과 몸이 마치 기수와 말의 관계와 같다고 생각했다. 기수가 말의 움직임을 조종하는 것처럼, 마음이 몸의 움직임을 결정한다고 여긴 것이다.

이러한 인식을 전제로, 인생을 획기적으로 바꾸고 싶은 사람들은 엄청난 시간과 돈을 들여 사고방식에 변화를 주기 위해 노력했다. 자칭 영혼의 스승이자 라이프 코치라고 주장하는 사람들의 조언을 따라 이상적인 자아상을 그리고, 백만장자처럼 생각하며 긍정적인 사고방식을 받아들이기 위해 안간힘을 썼다. 하지만 아쉽게도 그 방법들은 따라 하기 어렵거나 많은 시간이 필요하며, 효과 또한 기대에 못 미치는 것으로 드러났다.

그러나 지금으로부터 100여 년 전, 심리학자 제임스가 등장해 인간 심리에 대한 기존 인식을 완전히 뒤집어놓는 획기적인 이론을 제시했다. 제임스는 행동이 생각과 감정에 큰 영향을 미칠 수 있다고 설명하면서 행동을 바꿔야 생각과 감정을 바꿀 수 있다고 주장했다. 다소 의아하게 느껴지는 제임스의 주장이 처음 그 모습을 드러낸 뒤 무려 80년의 세월이 흘러서야, 몇몇 소수의 특이한 학자들이 그의 이론을 검증하기 위한 실험을 시작했다.

오랜 시간에 걸친 다양한 연구 성과는 분명한 메시지를 던진다. 그것은 마음이 몸에 영향을 미치는 것과 마찬가지로, 우리의 몸 역시 마음에 중대한 영향을 미친다는 사실이다. 즉, 가정 원칙을 통해 인간의 감정과 동기, 믿음, 성격을 효과적으로 설명할 수 있다는 것이다. 이후 이 단순한 아이디어를 기반으로 많은 과학자들은 행복감을 높이고, 걱정과 우울한 감정을 떨쳐버리며, 사랑에 빠지고, 미루는 습관을 없애고, 노화를 늦추는 신속하고 효과적인 다양한 방법을 개발해냈다.

이 방법들은 사고방식의 전환과는 별로 상관이 없다. 많은 과학자들은 기존 자기계발서의 조언은 모두 잊어버리고 '행동 방식의 변화'에 집중하라고 말한다. 이들이 제시하는 방법은 이미 100년 전에 "무언가를 원한다면, 이미 그것을 가지고 있는 것처럼 행동하라"고 말한 제임스의 주장에 기반을 둔다.

이러한 인식은 인간 심리의 신비를 풀어보고자 하는 모든 사람에게 매우 중요한 의미를 갖는다. 20세기가 시작될 무렵만 하더라도 과학자들은 감정과 생각, 행동 등 인간 심리의 다양한 측면을 일관되게 설명할 하나의 이론을 제시하지 못했다. 예를 들어 동기부여에 관한 이론은 사람들이 어떤 일을 하는 이유에 대해 다양한 설명을 제시했지만, 행복에 대해서는 그렇지 못했다. 우울한 감정에 대한 이론은 설득의 원리에 대해서는 타당한 설명을 내놓지 못했다.

하지만 가정 원칙만큼은 이러한 한계에서 벗어날 수 있었다. 가정 원칙은 한 가지 동일한 인식 기반으로 열정과 두려움, 자신감과 창조성, 끈기와 성격에 이르기까지 다양한 심리적 현상에 대한 놀라운 이해를 던져주기 때문이다.

이론적인 차원에서 흥미진진한 가정 원칙은, 실용적인 차원에서도 무한한 가능성을 보여준다. 지금까지 이 책을 읽는 동안 여러분은 아마도 아주 간단해 보이는 가정 원칙에서 빠르고 효과적인 변화를 이끌어낼 수 있다는 사실을 이해하게 되었을 것이다.

예를 들면 근육에 힘을 줌으로써 의지력을 높이고, 일부러 웃는 표정을 지어 행복감을 높이며, 똑바른 자세를 취해 자신감을 강화하는 방법 등이다. 또 성격을 변화시키고, 살을 빼고, 사회 전반에 대한 인식에 영향을 주는 등 장기적이고 거시적인 변화까지 이루어낼 수 있는 실천 방안 역시 가정 원칙에 기반을 둔다.

오늘날 여러 학회와 학술 잡지가 가정 원칙에 관련된 다양한 연구 결과를 소개한다. 커다란 논란을 불러일으켰던 제임스의 이론이 세상에 모습을 드러낸 지 100년이 흘러서야, 가정 원칙은 비로소 사람들의 주목을 받으면서 주류 심리학 중 한 분야로 자리 잡아가고 있다. 일부 과학자들은 가정 원칙이 단지 인간 심리를 들여다보는 흥미로운 유행을 넘어서서, 깨어 있는 모든 순간에 일어나는 뇌의 움직임을 밝혀낼 수 있으리라 믿고 있다. 그리고 이를 입증하기 위해 최면 후 암시, 뇌 수술, 그리고 닭발 그림을 활용하는 다채로운 실험을 실시하고 있다.

두 개의 뇌 사이에서 균형 잡기

나는 어릴 적부터 마술에 관심이 많았고 지금도 전문 마술사로 활동하고 있다. 20대 초반에는 최면술에도 흥미를 느끼고 인근 마술 숍을 방문해 오먼드 맥길Ormond McGill의 『새로운 최면술 백과사전 The New Encyclopedia of Stage Hypnotism』이라는 책을 사서 읽어보았다. '닥터 좀브Dr. Zomb'라는 별명으로도 활동했던 노련한 최면술사 맥길은 이 책에서 깊은 최면을 유도하는 방법을 단계별로 소개했다.

닥터 좀브의 권위 있는 설명에 매료된 나는 그의 백과사전을 처음부터 끝까지 꼼꼼히 읽어보았고, 거기서 배운 다양한 최면 방법을 어떻게든 시험해보고 싶었다. 그리고 그 첫 대상으로 클레어를 지목했다.

당시 클레어와 나는 1년 동안 아파트를 공동으로 쓰고 있었다. 그래서 그녀는 카드를 고르거나 숫자를 떠올려보라는 나의 요청에 익숙했다. 클레어는 친절하게도 나의 첫 최면 대상이 되는 것을 승낙했다. 10분 뒤, 푹신한 소파에 클레어를 눕히고 나는 그녀 가까이에 앉았다. 그러고는 닥터 좀브가 효과적이라고 추천한 주문 하나를 선택해서 낭송한 다음, 클레어에게 눈을 감고 점차 의식에서 멀어지라고 했다. 몇 분이 흐르자 클레어는 미동도 없이 편안한 자세를 취했다. 모든 것이 순조로워 보였다.

다음으로 클레어에게 6이라는 숫자가 세상에서 사라져버렸다고 말한 뒤 1부터 10까지 숫자를 세도록 했다. 클레어는 숫자를 세기 시작했다. 그리고 아무렇지 않게 "……넷, 다섯, 일곱……"이라고 말했다. 정말로 놀라운 순간이었다.

그 밖의 다양한 최면 방법을 시도해보고 나서, 나는 마지막으로 닥터 좀브가 그 책에서 설명한 최면 후 암시 방법에 도전해보았다. 나는 클레어에게 이제 깨어나면 최면에 대해서는 아무것도 기억하지 못할 것이며, 반대편에 있는 창문을 열고 싶은 이상한 충동에 휩싸일 것이라고 말했다.

내가 하나부터 열까지 세자 클레어가 눈을 떴다. 살짝 당황한 표정으로 클레어는 최면이 어떻게 되었는지 물었다. 나는 잘되었다고 이야기하면서 6이 사라진 놀라운 일과 그 밖의 여러 시도에 대해 설명했다. 그런데 갑자기 클레어가 벌떡 일어나더니 방을 가로질러 걸어가서 창문을 여는 게 아닌가! 깜짝 놀란 나는 날씨도 추운데 왜 창문을 열었는지 물었다. 그러자 클레어는 아무렇지 않게 덥기도 하고 환기도 시키고 싶었다고 대답했다.

최면 효과를 믿는 사람들은 이러한 현상을 클레어의 머릿속에 두 명의 사람이 살고 있기 때문이라고 설명한다. 여기서 한 사람은 '지시자'로서 클레어의 행동을 통제하는 역할을 맡는다. 그리고 다른 한 사람인 '관찰자'는 자신의 행동을 관찰하면서 어떤 상황이 벌어졌는지 이해하는 역할을 맡는다. 이러한 관점에 따른다면 일상생활에서 지시자는 실제로 행동을 통제하고, 관찰자는 행동을 인식하고 이해한다. 예를 들어 지시자는 레스토랑에 들어가라고 말하고, 관찰자는 레스토랑으로 들어가는 자신의 모습을 보면서 배가 고픈 것이라고 이해한다. 또는 지시자는 연인을 사랑스러운 눈빛으로 바라보라고 하고, 관찰자는 그러한 자신의 모습을 보면서 사랑에 빠져 있다고 판단을 내린다.

하지만 최면 상태에 빠지면 관찰자도 함께 잠이 든다. 그래서 최면술사는 지시자에게 직접 명령을 전달할 수 있다. 클레어가 최면에 빠졌을 때 나는 그녀의 지시자에게 깨어나거든 창문을 열라고 말했다. 최면에서 깨어났을 때는 클레어의 관찰자도 함께 깨어나면서 주변에 아무런 문제가 없다는 사실을 확인했다. 그리고 지시자의 말대로 창문을 열었고, 그러한 자신의 모습을 보고 덥다고 해석한 것이다.

심리학자들은 최면에 대해 오랫동안 논의를 해왔다. 일부 학자들은 가수면 상태와 같은 특별한 의식 상태가 존재하며, 이 상태에서 그 사람의 또 다른 심리적 존재와 이야기를 나눌 수 있다고 설명한다. 반면 또 다른 학자들은 최면이 복잡한 형태의 롤플레잉에 불과하다고 말한다.[1] 이처럼 최면에 대한 논의는 아직까지 복잡하게 이어져 내려오고 있다. 여기서도 물론 클레어의 사례만 가지고 지시자와 관찰자가 존재한다고 단언할 수 없다. 그래도 다행스러운 사실은 많은 연구 결과들이 인간의 머릿속에 두 사람이 살고 있다는 주장을 입증한다는 것이다.

일부 뇌 수술에서는 수술하는 동안 환자들이 완전한 의식 상태로 자신의 생각과 느낌을 이야기할 수 있다. 1960년대 후반, 신경외과 의사 호세 델가도José Delgado는 뇌 수술 도중 환자들의 다양한 뇌 부위를 자극하면 각각 어떤 반응이 나타날지 궁금했다.[2] 여러 번 뇌 수술을 하는 동안 델가도는 고개를 돌리는 움직임을 통제하는 뇌 부위에 미약한 전기 자극을 가해보았다. 그때마다 환자들은 천천히 머리를 오른쪽으로 돌렸다가 다시 왼쪽으로 돌렸다.

그런데 델가도가 환자들에게 왜 고개를 돌리는지 물었을 때, 대부분은 슬리퍼를 보려고 했다든가, 무슨 소리가 들렸다거나, 그냥 피곤해서 그랬다는 식으로 자신의 행동을 정당화하려는 모습을 보였다. 여기서도 환자들은 자신의 행동을 관찰하고 나서 이를 설명할 수 있는 그럴듯한 답변을 만들어낸 것이다.

이러한 인식과 관련해 1970년대 초 미국 신경심리학자 로저 스페리Roger Sperry가 추진한 연구가 결정적으로 기여했다. 원래 스페리와 그의 동료는 간질 환자를 위한 치료법을 개발하고 있었다. 그들은 인간 뇌가 두 개의 반구로 이루어져 있으며, 그 둘은 뇌량이라는 두꺼운 신경섬유 다발로 연결된다는 사실을 잘 알고 있었다. 그리고 과거의 연구들을 통해 하나의 반구에서 시작된 과도한 전기적 반응이 다른 반구로 급속도로 퍼져나가는 과정에서 간질 발작이 일어난다는 사실 역시 알고 있었다.

여기서 스페리는 뇌량을 절단하면 이와 같은 전기적 '돌풍'을 막을 수 있을 것이라고 기대했다. 그리고 이를 직접 확인하기 위해 여러 간질 환자의 뇌량을 완전히 절단하는 수술을 시행했다. 그의 과감한 시도는 성공적이었다. 수술을 받은 대부분의 환자가 정상적인 생활을 할 수 있게 된 것이다.

스페리는 '두 개의 분할된 뇌'를 갖게 된 환자들과 계속해서 실험하는 동안 인간 존재에 대한 놀라운 통찰력까지 얻을 수 있었다. 뇌의 반구는 몸의 반대편 근육을 통제한다. 우뇌는 몸의 왼쪽 근육을, 좌뇌는 오른쪽 근육을 담당한다. 이러한 구조는 시각에서도 마찬가지다. 왼쪽 눈으로 들어온 이미지는 우뇌로 들어가고, 오른쪽으로 들어온 이미지는 좌뇌를 향한다.

하지만 한쪽 뇌로 입력된 정보는 뇌량을 타고 다른 쪽으로 자유롭게 넘어갈 수 있기 때문에 양측 반구는 모두 동일한 정보를 활용할 수 있다. 스페리는 이와 같은 정보 공유가 '분할된 뇌'를 지닌 환자들에게서는 나타나지 않는다는 사실을 확인하고는, 이들을 대상으로 한 연구를 통해 양측 반구의 서로 다른 기능을 확인할 수 있으리라고 생각했다.

이를 위해 스페리 연구 팀은 캠핑 트레일러 안에 연구실을 마련하고, 이를 자동차에 연결해 여러 지역을 돌아다니면서 환자들을 검사했다. 다양한 실험에서 연구 팀은 환자들에게 모니터 화면 중심에 있는 점을 바라보게 하고, 오른쪽과 왼쪽에 이미지들이 잠깐 나타났다가 사라지도록 했다.

이미지들은 순식간에 사라졌기 때문에 환자들은 눈을 돌릴 겨를이 없었고, 그래서 각각의 이미지 정보는 곧바로 우뇌 또는 좌뇌로 입력되었다. 일반적으로 언어 기능과 자아에 대한 인식은 좌뇌가 담당한다. 그렇기 때문에 어떤 이미지가 오른쪽에 나타났을 때 환자들은 쉽게 그 이름을 말할 수 있었다. 그러나 동일한 이미지를 왼쪽에 나타나게 했을 때 그 정보는 곧장 우뇌로 입력되었고, 환자들은 아무것도 보지 못한 것처럼 느꼈다.

하지만 그 이미지들은 환자들의 행동에 분명한 영향을 주었다. 이를테면 '웃음'이라는 글자가 왼쪽에 나타났을 때, 환자들은 웃는 표정을 지었다. 그리고 벗은 여인의 이미지를 왼쪽에 보여주었을 때, 남성 환자들의 표정에 미묘한 미소가 번졌다. 하지만 환자들은 자신이 왜 그런 반응을 보였는지 인식하지 못했다. 연구 팀이 미소를 지은 이유를 설명해달라고 하자, 실험이 재미있어서 또는 연구원이 매력적이어서 그랬다고 답했다. 다시 한번 관찰자가 나서서 자신의 행동을 보고 상황을 설명하려고 했던 것이다.

또 다른 실험에서 연구팀은 분할된 뇌를 가진 환자들에게 두 가지 그림을 따로 양쪽 눈으로 보여주고 나서, 여러 가지 다른 그림을 제시하면서 아까 보았던 그림과 관련 있는 그림을 선택하도록 했다. 예를 들어 좌뇌 쪽에는 닭발 그림을, 우뇌 쪽에는 눈이 내리는 풍경을 보여주었다. 그러자 한 환자는 여러 가지 그림을 보더니 왼손으로는 삽을, 오른손으로는 닭을 가리켰다. 이유를 묻자 그 사람은 닭발이니까 당연히 닭과 관련이 있고, 닭장을 청소하려면 삽이 필요하기 때문이라고 설명했다.

이러한 스페리의 연구 결과는 우리 뇌의 한 부분이 먹고 자고 웃고 울지 결정 하고, 다른 한 부분은 그 행동을 관찰하면서 벌어진 상황을 설명하는 이야기를 만들어낸다는 주장을 강력하게 뒷받침한다. 이러한 관점에서 볼 때 가정 원칙은 단지 인간의 심리를 설명하는 한 가지 흥미로운 가설이 아니라, 우리가 일상생활에서 경험하는 모든 생각과 느낌에 대한 근본적인 설명을 제시하는 이론이라고 할 수 있다.

가정 원칙을 통해 우리는 인간 심리의 본질을 이해하고, 개인의 인생을 바꾸며, 조직의 단결을 도모하는 막강한 힘을 이끌어낼 수 있다. 이제 인간 심리에 대한 케케묵은 생각을 버리고 이 단순하면서도 혁신적인 아이디어를 받아들여야 할 때가 온 것이다.

순식간에 감정을 전환하는 열 가지 작은 행동

지금까지 생각과 행동을 신속하고 효과적으로 바꾸어주는 다양한 방법을 만나보았다. 그중 가장 효과적인 열 가지 방법을 정리해보자.

· **동기부여 : 밀고 당기기**

어떤 물건을 싫어하듯 밀어내면 정말로 그 물건이 싫어진다. 반대로 좋아하듯 끌어당기면 정말로 좋아진다. 앞으로 설탕으로 범벅된 스낵이나 초코 비스킷을 보면 곧장 접시를 밀어버리자. 그러면 유혹이 사그라지는 느낌을 받을 것이다.

· **다이어트 : 주로 쓰지 않는 손 이용하기**

주로 쓰지 않는 손으로 음식을 먹을 때, 우리는 특이한 상황에 처한 것처럼 행동하게 된다. 자신의 행동을 더 많이 의식해야 하므로 자연스럽게 음식을 덜 먹게 된다.

· **의지력 : 근육 긴장시키기**

근육에 힘을 주면 의지력을 높일 수 있다. 담배나 케이크의 유혹에 직면했을 때 주먹을 쥐고, 이두박근에 힘을 주며, 엄지와 검지를 맞닿게 해서 밀고, 손가락으로 펜을 강하게 쥐어보자.

· **끈기 : 똑바로 앉아서 팔짱 끼기**
심리학자들은 다양한 실험에서 피실험자에게 까다로운 문제를 내주고 그들의 집중 시간을 측정해보았다. 똑바로 앉아서 팔짱을 낀 자세를 유지한 사람들은 그렇지 않은 사람들에 비해 두 배 가까운 시간 동안 문제와 씨름한 것으로 나타났다. 컴퓨터 모니터를 눈높이보다 살짝 높은 곳에 두고, 어려운 문제에 직면했을 때는 팔짱을 끼자.

· **자신감 : 당당한 자세 취하기**
자신감을 높이고 싶다면 당당한 자세를 취하자. 앉아 있다면 의자에 등을 똑바로 기대고 위를 쳐다보면서 머리 뒤로 양손을 깍지 끼자. 서 있다면 발바닥을 바닥에 평평하게 대고 어깨와 가슴을 편다. 동시에 손을 앞쪽으로 내밀어보자.

· **미루는 습관 : 시작하는 척 행동하기**
해야 할 일을 자꾸 미루는 습관이 있다면, 해야 할 일에 많은 관심을 가진 것처럼 행동해보자. 잠깐이라도 시간을 내서 하기 싫은 일의 첫 단계를 시작해보자. 그러면 갑자기 그 일을 완성해야겠다는 욕구가 샘솟을 것이다.

· 창조성 : 상자에서 뛰쳐나오기

새로운 아이디어를 떠올리고 싶다면 새로운 방식으로 움직이자. 잠시 산책을 나가 구불구불하고 무작위적인 방식으로 걸어보자. 그래도 여전히 영감의 샘물이 펑펑 솟아나지 않는다면 그림을 그리거나 조각을 만들면서 스스로 예술적인 사람인 것처럼 행동해보자.

· 설득 : 고개 끄덕이게 만들기

과학자들은 사람들이 대화를 나누는 동안 마치 동의하는 것처럼 고개를 아래위로 끄덕일 때 더 쉽게 상대방의 주장을 받아들이는 경향이 있다는 사실을 발견했다. 상대방이 여러분의 의견을 받아들이도록 만들고 싶다면 대화를 나누면서 미묘하게 자신의 고개를 끄덕여보자. 그러면 상대방은 여러분의 행동을 자신도 모르게 따라 하면서 여러분의 주장에 이상하게 끌린다고 느끼게 될 것이다.

· 협상 : 따뜻한 차와 푹신한 의자 준비하기

다른 사람들과 연결되어 있다고 여길 때 사람들은 심리적으로 따뜻함을 느낀다. 그리고 따뜻한 차를 마시면서 몸을 데우면 훨씬 친절한 모습을 보이려 한다. 반면 딱딱한 의자에 앉으면 딱딱한 방식으로 행동한다. 한 실험에서 연구 팀은 사람들을 푹신한 의자와 딱딱한 의자에 앉힌 다음 중고차 가격을 놓고 협상을 벌이도록 해보았다. 그 결과, 딱딱한 의자에 앉았던 사람들이 좀 더 경직된 방식으로 가격을 제안한 것으로 드러났다.

· 죄의식 : 죄책감 씻어버리기
죄책감으로 마음이 불편하다면 손을 씻거나 샤워를 하자. 여러 연구 결과가 말해주듯, 잘못된 행동을 하고 나서 손을 씻는 행위는 죄책감이 다소 줄어드는 것처럼 느끼게 해준다.

감사의 글

 가장 먼저 그동안 나의 연구를 지원해준 하트퍼드셔대학교에 감사를 표한다. 그리고 원고를 처음으로 검토해준 클리브 제프리스와 에마 그리닝에게 고마움을 전한다. 나의 에이전트인 패트릭 월시, 편집을 맡은 존 버틀러와 밀리센트 베넷의 도움과 조언이 없었더라면 이 책은 세상에 나오지 못했을 것이다. 훌륭한 동료이자 협력자, 그리고 파트너인 캐롤라인 와트에게도 특별한 감사의 말씀을 전한다. 마지막으로 대릴 벰, 제임스 레어드, 스탠리 샤흐터, 아서 애런, 그리고 존경해마지않는 천재 심리학자 윌리엄 제임스를 비롯해 가정 원칙을 개발하고 연구하는 데 일생을 바친 모든 이들에게 감사드린다.

주석

1장 _ 연필을 입에 물기만 해도 행복해진다

1. Miller, G.A. (1993). *Psychology : The Science of Mental Life*. New York : Harper & Row.
2. 이 부분의 많은 정보는 다음 자료에 기반을 두고 있다 : Hunt, M. (1993). *The History of Psychology*, Doubleday : New York. Richardson, R.D. (2006). *William James: In the Maelstrom of American Modernism*. New York : Houghton-Mifflin.
3. Miller, G.A. (1962). *Psychology: The Science of Mental Life*. New York: Harper & Row.
4. Cited in Myers, G.R. (1986). *William James: His Life and Thought*. New Haven : Yale University Press.
5. James, W. (1892). *Psychology: Briefer Course*. New York : Henry Holt.
6. William, J. (1890). *The Principles of Psychology*, Volume 1. New York: Henry Holt & Co.

7. Snyder, P.S., Kaufman, R., Harrison, J., & Maruff, P. (2010). 'Charles Darwin's Emotional Expression "Experiment" and His Contribution to Modern Neuropharmacology'. *Journal of the History of the Neurosciences*, 19, 158~170.
8. James, W. (1899). *The Gospel of Relaxation*. Scribner's, 499~507.
9. 이 부분의 많은 정보는 다음 자료에 기반을 두고 있다 : Laird, J.D. (2007). Feelings : *The Perception of Self*. New York: Oxford University Press.
10. Zajonc, R.B., Murphy, S.T., Inglehart, M. (1989). 'Feeling and facial efference : implications of the vascular theory of emotion'. *Psychological Review*. 96(3) 395~416.
11. Larsen, R.J., Kasimatis, M., & Frey, K. (1992). 'Facilitating the furrowed brow : An unobtrusive test of the facial feedback hypothesis applied to unpleasant affect'. *Cognition and Emotion*, 6, 321~338.
12. Strack, F., Martin, L.L., and Stepper, S. (1988). 'Inhibiting and facilitatingconditions of the human smile: A nonobtrusive test of the facial feedback hypothesis'. *Journal of Personality and Social Psychology*, 54, 768~777.
13. Levenson, R.W., Ekman, P., & Friesen, W.V. (1990). 'Voluntary facialaction generates emotion-specific autonomic nervous system activity.' *Psychophysiology*, 27(4), 363~384.
14. Levenson, R.W., Ekman, P., Heider, K., & Friesen, W.V. (1992). 'Emotion and autonomic nervous system activity in the Minangkabau of West Sumatra'. *Journal of Personality and Social Psychology*, 62(6), 972~988.
15. Feinstein, J.S., Adolphs, R., Damasio, A., and Tranel, D. (2010). 'The Human Amygdala and the Induction and Experience of Fear'. *Current Biology*, 21, 34~38.
16. Lee, T.W., Josephs, O., Dolan, R.J., & Critchley, H.D. (2006). 'Imitating expre- ssions : Emotion- specific neural substrates in facial mimicry'. *Social Cognitive Affective Neuroscience*, 1, 122~135.
17. Hill, A., Rand, D., Nowak, M., & Christakis, N. (2010). 'Emotions as infectious

diseases in a large social network: the SISa model'. *Proceedings of the Royal Society B: Biological Sciences*, 277 (1701), 3827~3835.
18. Snodgrass, S.E., Higgins, J.G., and Todisco, L. (1986). 'The Effects of Walking Behavior on Mood'. 미국 심리학협회 회의에서 소개된 논문.
19. Koch, S.C. (2011). 'Basic body rhythms and embodied intercorporality : From individual to interpersonal movement feedback'. In W. Tschacher, & C. Bergomi (eds.),'The implications of embodiment: Cognition and communication' (pp.151~171). Exeter: Imprint Academic.
20. Velten, E. (1968). 'A laboratory task for induction of mood states'. *Behaviour Research and Therapy*, 6, 473~482.
21. Larsen, R.J., & Sinnett, L.M. (1991). 'Meta- analysis of experimental *manipulations: Some factors affecting the Velten mood induction procedure'. Personality and Social Psychology*, 17, 323~334.
22. Hatfield, E., Hsee, C.K., Costello, J., Weisman, M.S. & Denney, C. (1995). 'The impact of vocal feedback on emotional experience and expression'. *Journal of Social Behavior and Personality*, 10, 293~ 313.
23. Neuhoff, C.C. and Schaefer, C. (2002). 'Effects of laughing, smiling and howling on mood'. *Psychological Reports*, 91, 1079~1080.
24. Kim, S. and Kim, J. (2007). 'Mood after various brief exercise and sport modes : aerobics, hip-hop dancing, ice skating, and body conditioning'. *Perceptual and motor skills*, 104, 1265~1270.
25. Lovatt, P. (2011). Personal communication.
26. Clift, S., Hancox, G., Morrison, I., Hess, B., Kreutz, G. and Stewart, D. (2010) 'Choral Singing and Psychological Wellbeing', *Journal of Applied Arts and Health*, 1, 19~34.
27. Kreutz, G., Bongard, S., Rohrmann, S., Grebe, D., Bastian, H., and Hodapp V. 'Does singing provide health benefits?'. Proceedings of the 5th Triennial ESCOM Conference, 216~219.

2장 _ 최고의 사랑을 위한 심리학의 조언

1. Riley, J. (1967). 'The saga of the Barefoot Bag on Campus'. *Life* magazine,17 March, 72~73.
2. Cited in : Berscheid, E. and Walster, E. (1978). *Interpersonal Attraction*. Reading, Massachusetts : Addison-Wesley Publishing, p.149.
3. Clark, R.D., III & Hatfield, E. (1989). 'Gender differences in receptivity to sexual offers'. *Journal of Psychology and Human Sexuality*, 2, 39~55.
4. For a review of this work, see : Sternberg, R.J. and Weiss, K. (2006). *The New Psychology of Love*. New Haven : Yale University Press.
5. Byrne, D. (1971). *The Attraction Paradigm*. New York : Academic Press.
6. Hatfield, E. (1985). 'Passionate and companionate love'. In R.J. Sternberg & M.L. Barnes (eds.), *The Psychology of Love* (pp.191~217). Cambridge, MA : Yale University Press.
7. Traupmann, J., & Hatfield, E. (1981). 'Love and its effect on mental and physical health'. In R. Fogel, E. Hatfield, S. Kiesler, & E. Shanas (eds.). *Ageing : Stability and Change in the Family*. (pp.253~274). New York: Academic Press.
8. Beauman, F. (2011). *Shapely Ankle Preferr' d: A History of the Lonely Hearts Ad 1695~2010*. London: Chatto & Windus.
9. Asendorpf, J.B., Penke, L., & Back, M.D. (2011). 'From dating to mating and relating : Predictors of initial and long- term outcomes of speeddating in a community sample'. *European Journal of Personality*, 25, 16~30.
10. Schachter, S. and Singer, J.E. (1962). 'Cognitive, social and physiological determinants of emotional states', *Psychological Review*, 69, 379~399.
11. Anderson, C.A., Bushman, B.J., & Groom, R.W. (1997). 'Hot years and serious and deadly assault: Empirical tests of the heat hypothesis'. *Journal of Personality and Social Psychology*, 73, 1213~1223.
12. Baron, R.A., & Bell, P.A. (1976). 'Aggression and heat: The influence of

ambient temperature negative affect, and a cooling drink on physical aggression'. *Journal of Personality and Social Psychology*, 33, 245~255.
13. White, G.L., Fishbein, S., & Rutstein, J. (1981). 'Passionate love and the misattri bution of arousal'. *Journal of Personality and Social Psychology*, 41, 56~62.
14. 이 연구에 대한 전반적인 검토는 다음을 참조 : Berscheid, E. and Walster, E. (1978). *Interpersonal attraction*. Reading, Massachusetts: Addison-Wesley Publishing.
15. Dutton, D.G. and Aron, A.P. (1974). 'Some evidence for heightened sexual attraction under conditions of high anxiety'. *Journal of Personality and Social Psychology*, 30, 510~517.
16. Meston, C.M., & Frohlich, P.F. (2003) 'Love at first fright': Partner salience mo-derates roller coaster- induced excitation transfer'. *Archives of Sexual Behavior*, 32, 537~544.
17. Driscoll, R.H., Davis, K.E., & Lipetz, M.E. (1972). 'Parental interference and romantic love : The Romeo and Juliet effect'. *Journal of Personality and Social Psychology*, 24, 1~10.
18. Hatfield, E., & Berscheid, E. (1971). 'Adrenaline makes the heart grow fonder'. *Psychology Today*, 6, 46~62.
19. Brookes, M. (2004). *Extreme Measures: The Dark Visions and Bright Ideas of Francis Galton*. London : Bloomsbury.
20. Galton, F. (1884). 'Measurement of character', *Fortnightly Review* 36, 179~182.
21. For a review of this work, see : Givens, D. (2005). *Love Signals*. New York : St Martin's Press.
22. Gergen, K., Gergen, M., & Barton, W.H. (1973). 'Deviance in the dark'. *Psychology Today*, 11, 129~130.
23. Wegner, D.M., Lane, J.D., & Dimitri, S. (1994). 'The allure of secret relationships'. *Journal of Personality and Social Psychology*, 66, 287~300.
24. Fraley, B., & Aron, A. (2004). 'The effect of a shared humorous experience

on closeness in initial encounters'. *Personal Relationships*, 11, 61~78.
25. For a review of this work, see : Laird, J.D. (2007). *Feelings: The Perception of Self*. New York : Oxford University Press.
26. Epstein, R. (2006). 'Giving psychology away : A personal journey'. *Perspectives on Psychological Science*, 1(4), 389~400.
27. Epstein, R. (2010). 'How science can help you fall in love'. *Scientific American Mind*, January/February, 26~33.
28. Epstein, R. (2002). 'Editor as guinea pig : Putting love to a real test [Editorial]'. *Psychology Today*, May/June, 5.31. 이 부분의 많은 정보는 다음 자료에 기반을 두고 있다 : Epstein, R. 'Answersto 50 questions from the media: Regarding Dr. Epstein's "Learning-to-Love" Experiment'. PDF available at http://drrobertepstein.com/downloads/Q&ALearning_to_Love-4-05-c_2005_Dr._Robert_Epstein.pdf
29. see : http://www.signonsandiego.com/news/2009/apr/10/1n10psych232525-love-put-test-psych-course
30. Epstein, R. (2010). 'How science can help you fall in love'. *Scientific American Mind*, January/February, 26~33.
31. Strong, G., Fincham, F., & Aron, A. (2009). 'When nothing bad happens but you're still unhappy: Boredom in romantic relationships'. In *Mind*, 8. Tsapelas, I., Aron, A., & Orbuch, T. (2009). 'Marital boredom now, predicts less satisfaction nine years later'. *Psychological Science*, 20, 543~545.
32. Reissmann, C., Aron, A., & Bergen, M. (1993). 'Shared activities and marital satisfaction: Causal direction and self-expansion versus boredom'. *Journal of Social and Personal Relationships*, 10, 243~254.

3장 _ 마음을 치유하는 뜻밖의 방법들

1. Hohmann, G.W. (1966). 'Some effects of spinal cord lesions on experiencedemotional feelings'. *Psychophysiology*, 3, 143~156.
2. 이 실험들에 대한 전반적인 논의와 다양한 검증 시도는 다음을 참조 : Laird, J.D. (2007). *Feelings : The Perception of Self.* New York: Oxford University Press.
3. Davis, J.I., Senghas, A., Brandt, F., & Ochsner, K.N. (2010). 'The effects of BOTOX injections on emotional experience'. *Emotion*, 10(3), 433~440.
4. Cited In : Chaves, J. and Barber, T.X. (1973). 'Needles and knives: behind the mystery of acupuncture and Chinese meridians'. *Human Behavior*, 2, 19~24.
5. Lanzetta, J., Cartwright - Smith, J., & Kleck, R. (1976). 'Effects of nonverbal di ssimulation on emotional experience and autonomic arousal'. *Journal of Personality and Social Psychology*, 3, 354~370.
6. Bohns, V.K, and Wiltermuth, S., S. (in press). 'It hurts when I do this (or you do that) : Posture and pain tolerance'. *Journal of Experimental Social Psychology*.
7. U.S. Federal Bureau of Investigation. (2010). *Uniform crime reports.* Washington, DC : U.S. Government Printing Office.
8. Cited in : Seligman, Martin E.P. (1993). What You Can Change and What You *Can't : The Complete Guide to Successful Self-Improvement.* New York: Knopf.
9. 이 부분의 많은 정보는 다음 자료에 기반을 두고 있다 : Alvarado, C. (2009). 'Nineteenth- century hysteria and hypnosis: A historical note on Blanche Wittmann'. *Australian Journal of Clinical and Experimental Hypnosis*, 37, 21~36.
10. Simon, R.I. (1967). 'Great paths cross: Freud and James at Clark University, 1909'. *American Journal of Psychiatry*, 124(6), 139~142.

11. Straus, M.A. (1974). ' Leveling, Civility, and Violence in the Family'. *Journal of Marriage and the Family*, 36, 13~30.
12. Ebbesen, E.B., Duncan, B., & Kone ni, V.J. 'Effects of content of verbal aggression on future verbal aggression : A field experiment'. *Journal of Experimental Social Psychology*, 1975, 11, 192~204.
13. Goldstein, J.H., & Arms, R.L. (1971). 'Effects of observing athletic contests on hostility'. *Sociometry*, 34, 83~90.
14. http://www.telegraph.co.uk/news/uknews/scotland/8376041/ Revealedfull-scale-of-Old-Firm- football-madness.html
15. Whitaker, J.L., Bushman, B.J. (2011). 'Remain Calm. Be Kind. Effects of Relaxing Video Games on Aggressive and Prosocial Behavior'. *Social Psychological and Personality Science*, 3, 88~89.
16. Bremner, R.H., Koole, S.L., & Bushman, B.J. (2011). 'Pray for those who mistreat you : Effects of prayer on anger and aggression'. *Personality and Social Psychology Bulletin*, 37, 830~837.
17. Bushman, B.J. (2002). 'Does venting anger feed or extinguish the flame? Catharsis, rumination, distraction, anger, and aggressive responding'. *Personality and Social Psychology Bulletin*, 28, 724~731.
18. Much of the information in this section is taken from Hunt, M. (1993). *The Story of Psychology*. New York : Doubleday.
19. Watson, J.B. (1930). *Behaviorism*. Chicago : University of Chicago Press.
20. Gustafson, C.R., Kelly, D.J, Sweeney, M., & Garcia, J. (1976). 'Preylithium aversions : I. Coyotes and wolves'. *Behavioral Biology*, 17, 61~72.
21. Cited in : Seligman, Martin E.P. (1993). *What You Can Change and What You Can't : The Complete Guide to Successful Self- Improvement*. New York : Knopf.
22. See, for example : Clark, D.M. (1986). 'A cognitive approach to panic'. *Behaviour Research and Therapy*, 24, 461~470. Clark, D.M., Salkovskis, P.M.,Hackmann, A., Wells, A., Ludgate, J., and Gelder, M. (1999). 'Brief cognitive therapy for panic disorder : a randomized controlled trial'.

Journal of Consulting and Clinical Psychology, 67, 583~589.
23. Clark, D.M., Salkovskis, P.M., Hackman, A., et al. (1994). 'A comparison of cognitive therapy, applied relaxation and imipramine in the treatment of panic disorder'. *British Journal of Psychiatry*, 164, 759~769.
24. Goldfried, M.R., Linehan, M.M., & Smith, J.L. (1978). 'Reduction of test anxiety through cognitive restructuring'. *Journal of Consulting and Clinical Psychology* 46, 32~39. Goldfried, M.R., & Sobocinski, D. (1975). 'Effect of irrational beliefs on emotional arousal'. *Journal of Consulting and Clinical Psychology*, 43, 504~510. Langer, T., Janis, I., & Wolfer, J. (1975). 'Reduction of psychological stress in surgical patients'. *Journal of Experimental Social Psychology*, 11, 155~165.
25. Ben-Noun, L. (2003). 'What Was the Mental Disease that Afflicted King Saul?'. *Clinical Case Studies*, 2, 270~282.
26. Huisman, M. (2007). 'King Saul, work- related stress and depression'. *Journal of Epidemiology and Community Health*, 61, 890.30. Myers, D. (2001). *Exploring Psychology*. Worth Publishers : New York.
27. Cuijpers, P., van Straten, A., van Oppen, P., & Andersson, G. (2008). 'Are Psychological and Pharmacologic Interventions Equally Effective in the Treatment of Adult Depressive Disorders? A Meta-Analysis of Comparative Studies'. Journal of Clinical *Psychiatry*, 69, 1675~1685. Imel, Z.E., McKay, K.M., Malterer, M.B., & Wampold. B.E. (2008). 'A meta-analysis of psychotherapy and medication in unipolar depression and dysthymia'. *Journal of Affective Disorders*, 110, 197~206.
28. VanSwearingen, J.M., Cohn, J.F., and Bajaj- Luthra, A. (1999). 'Specific impairment of smiling increases the severity of depressive symptoms in patients with facial neuromuscular disorders'. *Aesthetic Plastic Surgery*, 23, 416~423.
29. Koch, S.C., Morlinghaus, K., & Fuchs, T. (2007). 'The joy dance. Effects of a single dance intervention on patients with depression'. *The Arts in Psychotherapy*, 34, 340~349.

30. Lewinsohn, P.M. (1974). ' A behavioral approach to depression'. In R.M. Friedman, & M.M. Katz (eds.), *The Psychology of Depression: Contemporary Theory and Research*. New York: Wiley. Lewinsohn, P.M., Antonuccio, D.O., Breckenridge, J.S., & Teri, L. (1984). *The 'Coping with Depression' Course*. Eugene, OR: Castalia.
31. 행동 활성화에 관한 추가 정보는 다음을 참조 : Veale, D. & Willson, R. (2007). *Manage Your Mood: Using Behavioural Activation Techniques to Overcome Depression*. London: Robinson publishing.
32. Dimidjian, S., Hollon, S.D., Dobson, K.S., Schmaling, K.B., Kohlenberg, R., Addis, M., Gallop, R., McGlinchey, J., Markley, D., Gollan, J.K., Atkins, D.C., Dunner, D.L., & Jacobson, N.S. (2006). 'Randomized trial of behavioral activation, cognitive therapy, and antidepressant medication in the acute treatment of adults with major depression'. *Journal of Consulting and Clinical Psychology*, 74 (4),658~670.
33. 이 연구에 대한 전반적인 검토는 다음을 참조 : Spates, C.R., Pagoto, S. & Kalata, A. (2006). 'A Qualitative and Quantitative Review of Behavioral Activation Treatment of Major Depressive Disorder'. *The Behavior Analyst Today*, 7(4), 508~518.

4장 _ 내 의지력을 조종하는 작은 행동들

1. Kohn, A. (1993). *Punished By Rewards : The Trouble with Gold Stars, Incentive Plans, A' s, Praise, and Other Bribes*. New York: Houghton Mifflin.
2. Curry, S.J., Wagner, E.H., & Grothaus, L.C. (1991). 'Evaluation of Intrinsic and Extrinsic Motivation Interventions with a Self-Help Smoking Cessation Program'. *Journal of Consulting and Clinical Psychology*, 59, 318~324.

3. Geller, E.S., Rudd, J.R., Kalsher, M.J., Streff, F.M., & Lehman, G.R. (1987). 'Employer- based programs to motivate safety belt use (a review of short-term and long- term effects)'. *Journal of Safety Research*, 18, 1~17.
4. See, for example : McQuillan, J. (1997). 'The Effects of Incentives on Reading'. *Reading Research and Instruction*, 36, 111~125.
5. Cited in : Kohn, A. (1993). *Punished By Rewards: The Trouble with Gold Stars, Incentive Plans, A' s, Praise, and Other Bribes*. New York: Houghton Mifflin.
6. Amabile, T.M. (1985). 'Motivation and Creativity: Effects of Motivational Orientation on Creative Writers'. *Journal of Personality and Social Psychology*, 48, 393~399.
7. Deci, E.L. (1971). 'Effects of externally mediated rewards on intrinsic motivation'.*Journal of Personality and Social Psychology*, 18, 105~115.
8. Lepper, M.R., Greene, D., & Nisbett, R.E. (1973). 'Undermining children's intrinsic interest with extrinsic reward: A test of the "overjustification" hypothesis'. *Journal of Personality and Social Psychology*, 28, 129~137.
9. Janis, I.L., & Mann, L. (1965). 'Effectiveness of emotional role playing in modifying smoking habits and attitudes'. *Journal of Experimental Research inPersonality*, 1, 84~90.
10. Mann, L. & Janis, I.L. (1968). 'A follow-up study on the long-term effects of emotional role-playing'. *Journal of Personality and Social Psychology*, 8, 339~342.
11. Pliner, P., Hart, H., Kohl, J., & Saari, D. (1974). 'Compliance without pressure : Some Further Data on the Foot-in-the-Door Technique'. *Journal of Experimental Social Psychology*, 10, 17~22.
12. Beaman, A.L., Cole, M.C., Preston, M., Klentz, B., & Mehrkens-Steblay, N. (1983) 'Fifteen years of foot-in-the-door research : a meta-analysis'. *Personality and Social Psychology Bulletin*, 9, 181~196.
13. Meineri, S. & Guéguen N. (2008). 'An Application of the Foot-in-the-Door Strategy in the Environmental Field'. *European Journal of Social*

Sciences, 7, 71~74.
14. Guéguen, N., & Jacob, C. (2001). 'Fund- raising on the web: The effect of an electronic foot-in-the-door on donation'. *CyberPsychology & Behavior*, 4, 705~709.
15. Guéguen, N., Pascual, A., Marchand, M. & Lourel, M. (2008). 'Foot-in-the-Door Technique Using a Courtship Request : A Field Experiment'. *Psychological Reports*, 103, 529~535.
16. Cialdini, R.B., Cacioppo, J.T., Basset, R., & Miller, J.A. (1978). 'The lowball procedure for producing compliance: Commitment then cost'. *Journal of Personality and Social Psychology*, 36, 463~476.
17. Staub, E. (1989). *The Roots of Evil*. New York: Cambridge University Press.
18. Purcell, A.H. (1981). 'The world's trashiest people : Will they clean up their act or throw away their future?'. *The Futurist*, 2, 51~59.
19. Burn, S.M. & Oskamp, S. (1986). ' Increasing Community Recycling with Persuasive Communication and Public Commitment', *Journal of Applied SocialPsychology*, 16, 29~41.
20. Martin, S. (1993). *What You Can Change and What You Can't : The Complete Guide to Successful Self- Improvement*. New York : Knopf.
21. Mann, T., Tomiyama, A.J., Westling, E., Lew, A., Samuels, B., & Chatman, J. (2007). 'Medicare's search for effective obesity treatments : Diets are not the answer'. *American Psychologist*, 62, 220~233.
22. Webber, L.S., Catellier, D.J., Lytle, L.A., Murray, D.M., Pratt, C.A., Young, D.R., Elder, J.P., Lohman, T.G., Stevens, J., Jobe, J.B., & Pate. R.R. (2008). 'Promo- ting Physical Activity in Middle-School Girls: Trial of Activity for Adolescent Girls'. *American Journal of Preventative Medicine*, 34, 173~184.
23. Schachter, S. (1968). 'Obesity and eating : internal and external cues differentially affect the eating behavior of obese and normal subjects'. *Science*, 161, 751~756.

24. Nisbett, R. (1968). 'Determinants of food intake in obesity'. *Science*, 159, 1254~1255.
25. Goldman, R., Jaffa, M., & Schachter, S. (1968). 'Yom Kippur, Air France, dormitory food, and eating behavior of obese and normal persons'. *Journal of Personality and Social Psychology*, 10, 117~123.
26. Wansink, B. (2004). 'Environmental Factors that Increase the Food Intake and Consumption Volume of Unknowing Consumers'. *Annual Review of Nutrition*, 24, 455~479.
27. Herman, C.P., Olmsted, M.P., & Polivy, J. (1983). 'Obesity, externality, and susceptibility to social influence : An integrated analysis'. Journal of *Personality and Social Psychology*, 45, 926~934.
28. Sentyrz, S.M., & Bushman, B.J. (1998). 'Mirror, mirror on the wall, who's the thinnest one of all? Effects of self-awareness on consumption of fatty, reduced-fat, and fat- free products'. *Journal of Applied Psychology*, 83, 944~949.
29. Neal, D., Wood, W., Wu, M., and Kurlander, D. (2011). 'The Pull of thePast : When Do Habits Persist Despite Conflict With Motives?'. *Personality and Social Psychology Bulletin*, 37, 1428~1437.
30. Förster, J. (2003). ' The influence of approach and avoidance motor actions on food intake'. *European Journal of Social Psychology*, 33, 39~50.
31. Riskind, J. (1984). 'They stoop to conquer : Guiding and self-regulatory functions of physical posture after success and failure'. *Journal of Personality and Social Psychology*, 47, 479~493.
32. Hyung-il, A., Teeters, A., Wang, A., Breazeal, C. & Picard, R. (2007). 'Stoop to Conquer : Posture and affect interact to influence computer users' persistence'. The 2nd International Conference on Affective Computing and Intelligent Interaction (ACII 2007), 12~14 September, Lisbon, Portugal.
33. Fletcher, B. (C). & Stead, B. (2000). (Inner) *FITness and the FIT*

Corporation (Smart Strategies), London : International Thomson Press.
34. Fletcher, B.(C)., Page, N. & Pine, K.J. (2007). 'A new behavioural intervention for tackling obesity : Do something different'. *European Journal of Nutraceuticals and Functional Foods*, 18, 8~10. Fletcher, B.(C)., Hanson, J., Pine, K.J. & Page, N. (2011). 'FIT—Do something different: A new psychological intervention tool for facilitating weight loss'. *Swiss Journal of Psychology*, 70, 25~34. Fletcher, B.(C), & Page, N. (2008). 'FIT Science for weight loss—a co ntrolled study of the benefits of enhancing behavioural flexibility'. *European Journal of Nutroceuticals & Functional Foods*, 19, 20~23.
35. Hung, Iris W. and Aparna A. Labroo (2011), 'From Firm Muscles to Firm Willpower : Understanding the Role of Embodied Cognition in Self-Regulation'. *Journal of Consumer Research*, 37, 1046~1058.
36. Friedman, R., Elliot, A.J. (2008). 'The effect of arm crossing on persistence and performance'. *European Journal of Social Psychology*, 38, 449~461.
37. See, for example: Fletcher, B(C), Penman, D., & Pine, K.J. (2006). *The No Diet Diet : Do Something Different*. London : Orion. Fletcher, B(C), & Pine, K.J. (2012). *Flex : Do Something Different*. Hatfield : University of Hertfordshire Press

5장 _ 작지만 강력한 설득의 비밀

1. Korea: 'Twenty-Three Americans'. *Time* magazine, 5 October 1953.
2. Aronson, E. (2004). *The Social Animal* (Ninth Edition). New York : Worth Publishers. p.150.
3. Kassarjian, H.H., and J.B. Cohen. (1965). 'Cognitive dissonance and consumer behavior', *California Management Review*, 8, 55~64.

4. Jones, E.E., & Kohler, R. (1958). 'The effects of plausibility on the learning of controversial statements'. *Journal of Abnormal and Social Psychology*, 57, 315~320.
5. Bickman, L. (1972). 'Environmental attitudes and actions', *Journal of Social Psychology*, 87, 323~324.
6. Batson, C.D., Thompson, E.R., & Chen, H. (2002). 'Moral hypocrisy : Addressing some alternatives'. *Journal of Personality and Social Psychology*, 83, 330~339. Batson, C.D., Thompson, E.R., Seuferling, G., Whitney, H., & Strongman, J. (1999). 'Moral hypocrisy: Appearing moral to oneself without being so'. *Journal of Personality and Social Psychology*, 77, 525~537.
7. For a review of this work, see : Maio, G.R., & Haddock, G. (2010). The *Psychology of Attitudes and Attitude Change*. London : Sage.
8. Peterson. A.V. Jr, Kealey, K.A., Mann, S.L., Marek, P.M., & Sarason, I.G. (2000). 'Hutchinson Smoking Prevention Project : long-term randomized trial in schoolbased tobacco use prevention—results on smoking'. *Journal of the National Cancer Institute*, 92, 1979~1991.
9. Wakefield, M., Terry-McElrath, Y., Emery, S., Saffer, H., Chaloupka, F., Szczypka, G., Flay, B., O'Malley, P., & Johnston, L. (2006). 'Effect of televised, tobacco company-funded smoking prevention advertising on youth smokingrelated beliefs, intentions and behavior'. *American Journal of Public Health*, 96, 2154~2160.
10. Monitor 2010 : Fresh fruit and vegetable production, trade, supply & consumption monitor in the EU-27 (covering 2004~2009). Freshfel Europe의 보고서. 다음 사이트에서 그 이야기를 찾을 수 있다 : http://www. dailymail.co.uk/health/article-1264937/Millions-spent- 5-day-mantra- eating- LESS- vegetables.html.
11. Hornik, R., Jacobsohn, L., Orwin, R., Piesse, A., & Kalton. G. (2008). 'Effects of the National Youth Anti-Drug Media Campaign on Youths'. *American Journal of Public Health*, 98, 2229~2236.

12. Clark, K.B. & Clark, M.K. (1940). 'Skin color as a factor in racial identification of Negro preschool children'. *The Journal of Social Psychology*, 11, 159~169. Clark, K.B. & Clark, M.K. (1950). 'Emotional factors in racial identification and preference in Negro children'. *Journal of Negro Education*, 19, 341~350.
13. 이 실험에 대한 설명은 다음을 참조 : Kleinke, C.L. (1978). Self- perception : *The psychology of Personal Awareness*. San Francisco : Freeman.
14. Halberstam, D. (1976). *The Best and the Brightest*. New York: Random House.
15. Elms, A.C. (1966). 'Influence of fantasy ability on attitude change through role playing'. *Journal of Personality and Social Psychology*, 4, 36~43.
16. Janis, I.L. & King, B.T. (1954). 'The influence of role-playing on opinion change'. *Journal of Abnormal Social Psychology*, 49, 211~218.
17. Laird, J. D. (2007). *Feelings: The Perception of Self*. New York : Oxford University Press.
18. Schein, E. H. (1956). 'The Chinese Indoctrination Program for Prisoners of War'. *Psychiatry*, 19, 149~172.
19. Myers, D. G. (2010). *Social Psychology* (10th ed.). New York : McGraw-Hill.
20. Chandler, J. & Schwarz, N. (2009). 'How extending your middle finger affects your perception of others : Learned movements influence concept accessibility'. *Journal of Experimental Social Psychology*, 45, 123~128.
21. Wells, G.L., & Petty, R.E. (1980). 'The effects of overt head movements on persuasion : Compatibility and incompatibility of responses'. *Basic and Applied Social Psychology*, 1, 219~230. Tom, G., Pettersen, P., Lau, T., Burton, T., & Cook, J. (1991). 'The role of overt head movement in the formation of affect'. *Basic and Applied Social Psychology*, 12, 281~289.
22. 이 방법에 관한 추가 정보는 다음을 참조 : Peters, W. (1971). *A Class Divided : Then and Now*. New Haven: Yale University Press.

23. Bloom, S.G., 'Blue-Eyes, Brown-Eyes : The Experiment that Shocked the Nation and Turned a Town Against its Most Famous Daughter'. Retrieved from : http://www.uiowa.edu/~poroi/seminars/2004- 5/bloom/poroi_paper.pdf
24. 이 실험에 관하여 존스가 직접 제시한 설명은 다음을 참조 : http://libcom.org/history/the-third-wave-1967-account-ron-jones
25. Brehm, J. (1956). 'Post-decision changes in desirability of alternatives'. *Journal of Abnormal and Social Psychology*, 52, 384~389.
26. Knox, R.E. & Inkster, J.A. (1968). 'Postdecision dissonance at post time'. *Journal of Personality and Social Psychology*, 8, 319~323.
27. Brehm, J.W. (1960). 'Attitudinal consequences of commitment to unpleasant behavior'. *Journal of Abnormal and Social Psychology*, 60, 370~383.
28. Glass, D.C. (1964). 'Changes in liking as a means of reducing cognitive discre-pancies between self-esteem and aggression'. *Journal of Personality*, 32, 531~549.
29. Zhong, C.B. & Leonardelli, G.J. (2008). 'Cold and Lonely : Does Social Exclusion Literally Feel Cold?'. *Psychological Science*, 19, 838~842.
30. Williams, L.E., & Bargh, J.A. (2008). 'Experiencing physical warmth promotes interpersonal warmth'. *Science*, 322, 606~607.
31. Hatfield, E., Cacioppo, J.T., & Rapson, R.L. (1994). *Emotional Contagion*. New York : Cambridge University Press.
32. See, for example : Friedman, H.S. & Riggio, R. (1981). 'The effect of individualdifferences in nonverbal expressiveness on transmission of emotion'. *Journal of Nonverbal Behavior*, 6, 96~104.
33. Andréasson, P., & Dimberg, U. (2008). 'Emotional Empathy and Facial Feedback'. *Journal of Nonverbal Behavior*, 32, 215~224. Dimberg, U., Andréasson, P., & Thunberg, M. (2011). 'Emotional empathy and facial reactions to facial expressions'. *Journal of Psychophysiology*. 25, 26~31.
34. 이 설문 조사는 다음 자료에서 제시한 기준을 적용하고 있다 : Friedman, H.S.,

Prince, L.M., Riggio, R.E., & DiMatteo, M.R. (1980). 'Understanding and assessing nonverbal expressiveness : The Affective Communication Test'. *Journal of Personality and Social Psychology*, 39, 333~351. Mehrabian, A., & Epstein, N. (l972). 'A measure of emotional empathy'. *Journal of Personality*, 40, 525~543.

35. Sherif, M., Harvey, O.J., White, B.J., Hood, W.R., & Sherif, C.W. (1961). *The Robbers Grave Experiment: Intergroup Cooperation and Conflict*. Norman, OK : University of Oklahoma.

6장 _ '척'하는 사이에 운명이 된다

1. For an excellent overview of this work, see: Matthews, G. & Deary, I.J. (1998). *Personality Traits*. Cambridge: Cambridge University Press.
2. For a description of this study, see: Ross, L., & Nisbett, R.E.(1991). *The Person and the Situation : Perspectives of Social Psychology*. New York : McGraw-Hill.
3. Hartshorne, H., & May, M.A. (1928). *Studies in the Nature of Character* (Vol.2). New York : Macmillan.
4. Comer, R., & Laird, J.D. (1975). 'Choosing to suffer as a consequence of expecting to suffer : Why do people do it?'. *Journal of Personality and Social Psychology*, 32, 92~101.
5. Foxman, J. & Radtke, R.C. (1970). 'Negative expectancy and the choice of an aversive task'. *Journal of Personality and Social Psychology*, 15, 253~257.
6. Kellerman, J., & Laird, J.D. (1982). 'The effect of appearance on self-perception'. *Journal of Personality*, 50, 296~315.
7. Carney, D., Cuddy, A.J.C., & Yap, A. (2010). 'Power posing: Brief nonverbal displays affect neuroendocrine levels and risk tolerance'.

Psychological Science, 21, 1363~1368.
8. Schubert, T.W. (2004). 'The power in your hand: Gender differences in bodily feedback from making a fist'. *Personality and Social Psychology Bulletin*, 30, 757~769.
9. Bri~nol, P. & Petty, R.E (2003). 'Overt head movements and persuasion : A self-validation analysis'. *Journal of Personality and Social Psychology*, 84, 1123~1139.
10. Griffin, J. H. (1961/2010). *Black Like Me*. San Antonio: WingsPress. For an account of Griffin's life, see Bonazzi, R. (1997). Man in the Mirror : John Howard Griffin and the Story of "Black Like Me" New York : Orbis Books.
11. Guéguen, N. (2009). 'Man's Uniform and Receptivity of Women to Courtship Request : Three Field Experiments with a Firefighter's Uniform'. *European Journal of Social Sciences*, 12, 235~240.
12. Townsend, J.M. and Levy, G.D. (1990). 'Effects of potential partners' physical attractiveness and socioeconomic status on sexuality and partner selection'. *Archives of Sexual Behavior*, 19`: 149~164.
13. Green, W.P., & Giles, H. (1973). 'Reactions to a stranger as a function of dress style : The Tie'. *Perceptual and Motor Skills*, 37, 676.
14. Frank, M.G., & Gilovich, T. (1988). 'The dark side of self and social perception : Black uniforms and aggression in professional sports'. *Journal of Personality and Social Psychology*, 54, 74~78.
15. Johnson, R.D. & Downing, L.L. (1979). 'Deindividuation and valence of cues : Effects of prosocial and antisocial behavior'. *Journal of Personality & Social Psychology*, 37, 1532~1538.
16. Tenzel, J.H. & Cizanckas, V. (1973). 'The uniform experiment'. *Journal of Police Science and Administration*, 1, 424. Tenzel, J.H., Storms, L. & Sweetwood, H. (1976). 'Symbols and behavior : an experiment in altering the police role'. *Journal of Police Science and Administration*, 1, 21~27.

17. Leung, A.K.-y., Kim, S., Polman, E., Ong, L., Qiu, L., Goncola, J., & Sanchez-Burks, J. (in press). 'Embodied metaphors and creative "acts"'. *Psychological Science*.
18. 이 실험에 관한 추가 정보는 다음을 참조 : http://www.prisonexp.org/links. htm. Zimbardo, P.G., Maslach, C., & Haney, C. (2000). 'Reflections on the Stanford Prison Experimen t : Genesis, transformations, consequences'. In T. Blass (ed.). *Obedience to Authority. Current Perspectives on the Milgram Paradigm* (pp.193~237). Mahwah, N. J. : Erlbaum.
19. Roberts, B.W. (1997). 'Plaster or plasticity: Are adult work experiences associated with personality change in women?'. *Journal of Personality*, 65, 205~231.
20. Kohn, M.L., & Schooler, C. (1978). 'The reciprocal effects of the substantive complexity of work and intellectual flexibility : A longitudinal assessment'. *American Journal of Sociology*, 84, 24~52.
21. 이 접근 방식에 관한 추가 정보는 다음을 참조 : Winter, D.A. (1987). 'Personal construct psychotherapy as a radical alternative to social skills training'. In R.A. Neimeyer and G.J. Neimeyer (eds.), *Personal Construct Therapy Casebook*. New York: Springer, pp.107~123. Beail, N., & Parker, C. (1991). 'Group fixed role therapy: A clinical application'. *International Journal of Personal Construct Psychology*, 4, 85~96. Lira, F.T., Way, W.R., McCullough, J.O., & Etkin, W. (1975). 'Relative effects of modeling and role playing in the treatment of avoidance behaviors'. *Journal of Consulting and Clinical Psychology*, 43, 608~618.
22. Clore, G.L., & Jeffrey, K.M. (1972). 'Emotional role playing, attitude change, and attraction toward a disabled person'. *Journal of Personality and Social Psychology*, 23, 105~111.
23. 여기서 이러한 훈련법을 소개하는 이유는 심리학자들이 실제로 사용하고 있는 다양한 방법에 관한 일반적인 이해를 돕기 위한 것이다. 일상생활에서 심각한 문제를 겪고 있다면 전문가의 상담을 받아보자.
24. 이 목록은 다음 연구에 기반을 두고 있다: Peterson, Christopher & Seligman,

M.E.P. (2004). *Character Strengths and Virtues : A Handbook and Classification*. Washington, D.C. : APA Press and Oxford University Press.

25. 이러한 변화를 시도하기로 마음먹었다면 내 사이트에서 많은 도움을 얻을 수 있을 것이다. http://richardwiseman.wordpress.com

26. Yee, N., Bailenson, J.N., & Ducheneaut, N. (2009). 'The Proteus Effect : Implications of Transformed Digital Self-Representation on Online and Offline Behavior'. *Communication Research*, 36, 285~312.

27. Fox, J.A., & Bailenson, J.N. (2009). 'Virtual self-modeling: The effects of vicarious reinforcement and identification on exercise behaviors'. *Media Psychology*, 12, 1~25.

28. Hershfield, H.E., Goldstein, D.G., Sharpe, W.F., Fox, J., Yeykelis, L., Carstensen, L.L., & Bailenson, J.N. (2011). 'Increasing saving behavior through age- progressed renderings of the future self'. *Journal of Marketing Research*, 48, S23~S37.

29. Rodin. J., & Langer, J.E. (1997). 'Long- term effects of a control relevant Intervention with the Institutionalized Aged'. *Journal of Personality and Social Psychology*, 35(12), 897~902.

30. Langer, E.J., Rodin, J., Beck, P., Weinman, C., & Spitzer, L. (1979). 'Environmental determinants of memory improvement in late adulthood'. *Journal of Personality and Social Psychology*, 37, 2003~2013.

31. Langer, E.J., Beck, P., Janoff- Bulman, R., & Timko, C. (1984). 'The relationship between cognitive deprivation and longevity in senile and non-senile elderly populations'. *Academic Psychology Bulletin*, 6, 211~226.

32. 이 프로젝트에 관한 추가 정보는 다음을 참조 : Langer, E. (2009). *Counter Clockwise: Mindful Health and the Power of Possibility*. New York: Ballantine Books. Langer, E. (1989). *Mindfulness*. Reading, MA : Addison-Wesley. Hsu, L.M., Chung, J., Langer, E.J. (2010). 'The Influence of Age-Related Cues on Health and Longevity'. *Perspectives on Psychological Science*, 5, 632~648.

33. Langer, E., Djikic, M., Pirson, M., Madenci, A. & Donohue, R. (2010), 'Belie- ving is Seeing—using mindlessness (mindfully) to improve visual acuity'. Psychological Science, 21, 661~666.
34. Hsu, L.M., Chung, J., Langer, E.J. (2010). 'The Influence of Age-Related Cues on Health and Longevity'. *Perspectives on Psychological Science*, 5, 632~648.
35. Verghese, J., Lipton, R.B., Katz, M.J., Hall, C.B., Kuslansky, G., Derby, C.A., Ambrose, A.F., Sliwinski, M., & Buschke, H. (2003). 'Leisure activities and the risk of dementia in the elderly'. *New England Journal of Medicine*, 348 : 2508~2516.
36. Hsu, L.M., Chung, J., Langer, E.J. (2010). 'The Influence of Age- Related Cues on Health and Longevity'. *Perspectives on Psychological Science*, 5, 632~648.

에필로그 _ 뭔가 다른 것을 해봅시다

1. 다음 자료에서 이 논의에 관한 쉬운 설명을 발견할 수 있다 : Waterfield, R. (2002). *Hidden Depths: The Story of Hypnosis*. London : Pan Macmillan.
2. Delgado, J.M.R. (1969). *Physical Control of the Mind : Towards a Psychocivilized Society*. New York : Harper and Row.

"어떤 성격을 원한다면,
이미 그런 성격인 것처럼 행동하라.
무언가를 원한다면,
이미 그것을 가지고 있는 것처럼 행동하라."

옮긴이 **박세연** | 고려대학교 철학과를 졸업하고 글로벌 IT 기업에서 마케터와 브랜드 매니저로 일했다. 현재 파주출판단지 번역가 모임 '번역인'의 공동대표를 맡고 있다. 《실리콘밸리의 팀장들》《디퍼런트》《죽음이란 무엇인가》 등 지금까지 60여 권의 책을 우리말로 옮겼다.

지금 바로 써먹는 심리학

초판 1쇄 발행 2019년 12월 12일
초판 5쇄 발행 2024년 9월 19일

지은이 리처드 와이즈먼
옮긴이 박세연

발행인 이봉주 **단행본사업본부장** 신동해
편집장 김예원 **책임편집** 김보람
디자인 최보나 **마케팅** 최혜진 이은미
홍보 반여진 허지호 송임선 **국제업무** 김은정 김지민 **제작** 정석훈

브랜드 웅진지식하우스 **주소** 경기도 파주시 회동길 20
문의전화 031-956-7352(편집) 02-3670-1123(마케팅)
홈페이지 www.wjbooks.co.kr
인스타그램 www.instagram.com/woongjin_readers
페이스북 www.facebook.com/woongjinreaders
블로그 blog.naver.com/wj_booking

발행처 ㈜웅진씽크빅 **출판신고** 1980년 3월 29일 제406-2007-000046호
한국어판출판권 © 2019 Woongjin Think Big
ISBN 978-89-01-23755-8 03180

웅진지식하우스는 ㈜웅진씽크빅 단행본사업본부의 브랜드입니다.
이 책의 한국어판 저작권은 EYA(Eric Yang Agency)를 통해 Conville & Walsh Ltd. 와 독점계약한 ㈜웅진씽크빅에 있습니다. 저작권법에 따라 한국 내에서 보호받는 저작물이므로 무단 전재와 복제를 금합니다. 이 책 내용의 전부 또는 일부를 이용하려면 반드시 저작권자와 ㈜웅진씽크빅의 서면 동의를 받아야 합니다.

※ 책값은 뒤표지에 있습니다.
※ 잘못된 책은 바꿔드립니다.